AUTOAYUDA

Napoleon Hill

Piense y hágase rico

Traducción de
José Manuel Pomares

⊡ DeBOLS!LLO

Piense y hágase rico

Título original: *Think and Grow Rich Action Pack*

Primera edición en Debolsillo: enero, 2008
Primera edición para Estados Unidos: octubre, 2008

D. R. © 1937, 1960, 1966, 1967 Napoleon Hill Foundation, por la
nueva edición revisada.

D. R © 1972, Hawthorn Books
D. R © 1990, José Manuel Pomares, por la traducción

Traducido de la edición original de Dutton Plume, un sello de
Penguin Putnam Inc. Publicado por acuerdo con dicha editorial

Diseño de la portada: Departamento de diseño de Random House Mondadori
Fotografía de la portada: © Photonica / Cover

D. R. © 1968, Hawthorn Books Inc., por "Manual para pasar a la acción"

D. R © 1990, de la edición en castellano para todo el mundo:
    Random House Mondadori, S. A.
    Travessera de Gràcia, 47-49. 08021 Barcelona

D. R © 2008, derechos de edición mundiales en lengua castellana:
    Random House Mondadori, S. A. de C. V.
    Av. Homero núm. 544, col. Chapultepec Morales,
    Delegación Miguel Hidalgo, 11570 México, D. F.

www.randomhousemondadori.com.mx

Comentarios sobre la edición y contenido de este libro a:
literaria@randomhousemondadori.com.mx

ISBN Random House Inc. 978-030-739-256-5

Impreso en México / *Printed in Mexico*

Distributed by Random House, Inc.

Índice

Unas palabras del editor estadounidense: en sus manos tiene uno de los libros más poderosos del mundo

Este libro pondrá en sus manos un plan de eficacia probada que le permitirá hacerse rico. Le enseñará exactamente cómo utilizar ese plan, empezando ¡ya!

¿Qué es lo que hace que un hombre avance durante toda su vida, logrando cosas, ganando, multiplicando sus riquezas y su felicidad, mientras que otros no acaban de salir adelante?

¿Qué es lo que hace que un hombre tenga un gran poder personal y en cambio otro sea un completo inepto? ¿Qué es lo que hace que un hombre sea siempre capaz de elevarse por encima de sus problemas y ver el camino a seguir hasta alcanzar sus sueños más preciados, mientras que otros luchan, fracasan y no llegan a ningún sitio?

Hace años, Napoleon Hill se sentó con Andrew Carnegie, uno de los hombres más ricos del mundo por aquel entonces, y atisbó por primera vez el Gran Secreto. Carnegie le encargó que investigara la forma en que otros empleaban ese Gran Secreto, que estudiara sus métodos e ideara un método común que pudiera ofrecerse al mundo como plan maestro.

Piense y hágase rico revela este Secreto, proporciona el Plan. Desde su publicación en 1937, las cuarenta y dos ediciones que se han publicado se han agotado tan pronto han salido a la venta. La presente edición se ha actualizado con nuevos elementos especiales de ayuda, incluyendo un resumen al final de cada capítulo para refrescar los puntos más importantes.

Al fin tenemos aquí el único método seguro y eficaz de superar todos los obstáculos, de alcanzar cualquier cosa que ambicionemos, de suministrar éxito como si brotara de un río inagotable. Este libro está a punto de sacudirle con su gran poder para transformar su vida. Pronto sabrá por qué ciertas personas consiguen el dinero y la felicidad en tan grandes cantidades... porque usted será una de ellas.

Prefacio del autor

En cada capítulo de este libro, que ha hecho fortunas para centenares de hombres extraordinariamente ricos a quienes he analizado de manera exhaustiva durante muchísimos años, se habla del secreto de cómo hacer dinero.

El secreto me lo señaló Andrew Carnegie, hace más de medio siglo. El viejo escocés, sagaz y encantador, me lo espetó sin miramientos cuando yo era un niño apenas. Luego se repantigó en la silla, con un destello de alegría en los ojos, y me miró detenidamente para ver si había comprendido plenamente el significado de lo que me acababa de decir.

Al ver que había captado la idea, me preguntó si estaría dispuesto a pasarme veinte años o más preparándome para ofrecérselo al mundo, a hombres y mujeres que, sin ese secreto, podían llevar una vida de fracasos. Le respondí que sí, y con la ayuda del señor Carnegie, he mantenido mi promesa.

Este libro contiene ese secreto, puesto a prueba por centenares de personas de casi todas las clases sociales. Fue idea del señor Carnegie que esta fórmula mágica, que le proporcionó una fortuna estupenda, debía ponerse al alcance de la gente que no tiene tiempo para investigar cómo ganan los hombres el dinero, y fue su deseo que yo pusiera a prueba y demostrara la eficacia de la fórmula a través de la experiencia de hombres y mujeres de todas las extracciones. Él opinaba que la fórmula debía enseñarse en todas las escuelas y universidades públicas, y expresaba la opinión de que, si se enseñaba de forma adecuada, revolucionaría el sistema educativo hasta tal punto que el tiempo que pasamos en la escuela se vería reducido a menos de la mitad.

En el capítulo sobre la fe, usted leerá la sorprendente historia de la organización de la gigantesca United States Steel Corporation, tal como fue concebida y llevada a cabo por uno de los jóvenes por medio de los que el señor Carnegie demostró que su fórmula funcionaría *con todo el que estuviera preparado para ella*. Esta sola aplicación del secreto, ejecutada por Charles M. Schwab, le dio una fortuna inmensa, tanto en dinero como en oportunidades. En pocas palabras, esa particular aplicación de la fórmula le valió *seiscientos millones de dólares*.

Estos hechos, bien sabidos por la mayoría de las personas que conocieron al señor Carnegie, dan una idea bastante cabal de lo que la lectura de este libro puede reportarle, suponiendo que usted *sepa qué es lo que quiere*.

El secreto fue revelado a centenares de hombres y mujeres que lo han empleado para su beneficio personal, tal como el señor Carnegie había planeado. Algunos han hecho fortunas con él. Otros lo han aplicado con éxito para crear la armonía en su hogar. Un sacerdote lo empleó con tal eficacia que le reportó unos ingresos de más de 75.000 dólares anuales.

Arthur Nash, un sastre de Cincinnati, usó su negocio casi en bancarrota como conejillo de indias para poner a prueba la fórmula. El negocio resurgió y permitió a su dueño hacer una fortuna. Todavía continúa prosperando, aunque el señor Nash se haya ido. El experimento resultó tan sorprendente que los periódicos y las revistas le hicieron publicidad muy elogiosa por valor de más de un millón de dólares.

El secreto fue revelado a Stuart Austin Wier, de Dallas, Texas. Él estaba preparado para recibirlo, hasta el punto de abandonar su profesión y ponerse a estudiar Derecho. ¿Que si tuvo éxito? También relatamos esa historia.

Cuando trabajaba como director de publicidad de LaSalle Extension University (Universidad a distancia LaSalle), que entonces era apenas algo más que un nombre, tuve el privilegio de ver cómo J. G. Chapline, presidente de la universidad, usaba la fórmula con tanta eficacia que hizo de LaSalle una de las universidades a distancia más importantes del país.

El secreto al que me refiero es mencionado no menos de un centenar de veces a lo largo de este libro. No se lo nombra directamente, ya que parece funcionar con más éxito cuando la persona está preparada, pues en ese momento se le aparecerá con total claridad. Por eso, el señor Carnegie me lo señaló de forma tan discreta, sin darme su nombre específico.

Si usted está preparado para ponerlo en práctica, reconocerá este secreto al menos una vez en cada capítulo. Me gustaría tener el privilegio de decirle cómo sabrá si está preparado, pero eso le privaría de muchos de los beneficios que recibirá cuando haga el descubrimiento según su propio criterio.

Si usted ha estado desanimado o ha tenido que superar dificultades extraordinarias, si ha probado y ha fracasado, si se ha visto disminuido por la enfermedad o por defectos físicos, la historia del descubrimiento de mi hijo y la aplicación de la fórmula Carnegie pueden demostrarle que en el Desierto de la Esperanza Perdida existe el oasis que usted ha estado buscando.

Este secreto fue utilizado por el presidente Woodrow Wilson durante la Primera Guerra Mundial. Fue revelado a cada soldado que luchó en el frente, cuidadosamente disimulado en el entrenamiento que recibieron antes de ir a luchar. El presidente Wilson me dijo que ése fue un factor importante en la obtención de los fondos necesarios para la guerra.

Una característica peculiar de este secreto es que quienes lo adquieren y lo emplean se ven literalmente arrastrados hacia el éxito. Si usted lo duda, lea los nombres de quienes lo han puesto en práctica, donde sea que se mencionen; constate usted mismo sus logros y convénzase.

¡Nunca obtendrá nada a cambio de nada!

El secreto al que me refiero no se puede obtener sin pagar un precio, aunque éste sea muy inferior a su valor. No pueden alcanzarlo a ningún precio aquellos que no lo estén buscando intencionadamente. Es imposible conocerlo a la ligera, y no se puede comprar con dinero, porque viene en dos partes. Una de ellas está ya en posesión de quienes se encuentran preparados para recibirlo.

El secreto sirve por igual a todos aquellos que estén preparados para recibirlo. La educación no tiene nada que ver con él. Mucho antes de que yo naciera, el secreto alcanzó a ser propiedad de Thomas Alva Edison, el cual lo utilizó de manera tan inteligente que llegó a ser el inventor más importante del mundo, aunque apenas tenía tres meses de escolarización.

El secreto fue transmitido a Edwin C. Barnes, un socio de Edison, que lo utilizó con tanta eficacia que, aunque sólo ganaba unos doce mil dólares anuales, acumuló una gran fortuna y se retiró del mundo de los negocios cuando todavía era muy joven. Se encontrará esta historia al comienzo del primer capítulo. Usted se convencerá de que la riqueza no está más allá de su alcance; que todavía puede llegar a ser lo que anhela; que el dinero, la fama, el reconocimiento y la felicidad pertenecen a todo aquel que esté preparado y decidido a tener esos beneficios.

¿Que cómo sé yo esas cosas? Usted también lo sabrá antes de que haya terminado este libro. Quizá lo descubra en el primer capítulo, o en la última página.

Mientras llevaba a cabo una tarea de veinte años de investigación, con la que me había comprometido a instancias del señor Carnegie, analicé a centenares de hombres famosos, y muchos de ellos admitieron que habían acumulado su vasta fortuna mediante la ayuda del secreto de Carnegie; entre aquellos hombres se encontraban:

HENRY FORD

THEODORE ROOSEVELT

WILLIAM WRIGLEY JR.

JOHN W. DAVIS

JOHN WANAMAKER

ELBERT HUBBARD

JAMES J. HILL

WILBUR WRIGHT

GEORGE S. PARKER

WILLIAM JENNINGS BRYAN

E. M. STATLER

DR. DAVID STARR JORDAN

HENRY L. DOHERTY

J. ODGEN ARMOUR

ELBERT H. GARY

JOHN D. ROCKEFELLER

DR. ALEXANDER
  GRAHAM BELL

THOMAS A. EDISON

JOHN H. PATTERSON

FRANK A. VANDERLIP

JULIUS ROSENWALD

F. W. WOOLWORTH

STUART AUSTIN WIER

CYRUS H. K. CURTIS

ARTHUR BRISBANE

GEORGE EASTMAN

CHARLES M. SCHWAB

HARRIS F. WILLIAMS

WOODROW WILSON

DR. FRANK GUNSAULUS

WILLIAM HOWARD TAFT

DANIEL WILLARD

LUTHER BURBANK

KING GILLETTE

EDWARD W. BOK

RALPH A. WEEKS

FRANK A. MUNSEY

JUEZ DANIEL T. WRIGHT

CORONEL ROBERT A. DOLLAR

DR. FRANK CRANE

EDWARD A. FILENE

GEORGE M. ALEXANDER

EDWIN C. BARNES

J. G. CHAPLINE

ARTHUR NASH

SENADOR JENNINGS RANDOLPH

CLARENCE DARROW

Estos nombres representan apenas una pequeña parte de los centenares de estadounidenses famosos cuyos logros, sean financieros o de otra índole, demuestran que quienes comprenden y aplican el secreto de Carnegie alcanzan posiciones elevadas en la vida. No he conocido a nadie que, inspirado por el secreto, no alcanzara un éxito notable en el campo que hubiera elegido. Jamás conocí a ninguna persona distinguida o que acumulara riquezas de alguna índole que no estuviese en posesión del secreto. A partir de estos dos hechos he llegado a la conclusión de que el secreto es más importante, como parte del conocimiento esencial para la autodeterminación, que cualquier otro concepto que uno reciba a través de lo que se conoce como «educación».

¿Qué es la educación, en cualquier caso? Esto ha quedado explicado con todo detalle.

En alguna parte del libro, a medida que usted vaya leyendo, el secreto al que me refiero resaltará en la página y se tornará evidente ante usted, si está preparado para ello. Cuando aparezca, lo reconocerá. Tanto si percibe el signo en el primero o en el último capítulo, deténgase un momento cuando se le presente, y celébrelo, ya que esa ocasión representará el hito más importante de su vida.

Recuerde, además, a medida que vaya leyendo, que todo esto tiene que ver con hechos y no con ficción, y que su propósito consiste en transmitir una gran verdad universal mediante la cual quienes estén preparados podrán enterarse de *qué* hacer, y *cómo*. También recibirán el estímulo necesario para comenzar.

Como recomendación final de preparación antes de que usted empiece el primer capítulo, ¿puedo ofrecerle una breve sugerencia que tal vez le dé una clave con la que reconocer el secreto de Carnegie? Es ésta: *¡todo logro, toda riqueza ganada tiene su principo en una idea!* Si usted está preparado para el secreto, ya posee la mitad; por lo tanto, reconocerá la otra mitad con facilidad en el momento en que alcance sus pensamientos.

Napoleon HILL

Introducción: el milagro de *Piense y hágase rico*

> Milagro: suceso, cosa o logro
> extremadamente sobresaliente o inusual.

Hoy será uno de los días más importantes de su vida. ¿Por qué? Porque ha empezado a leer *Piense y hágase rico*, del doctor Napoleon Hill. Uno de los días más importantes de mi vida fue el día que empecé a leer este libro, en 1937. Uno de los días más importantes en la vida de millones de personas que sintieron la motivación para alcanzar grandes logros fue el día que empezaron a leer *Piense y hágase rico*.

¿QUÉ ES UN MILAGRO?

Un milagro es el logro, por parte de una persona o grupo de personas, de algo que se considera una meta «imposible» mediante el pensamiento, la motivación y la acción. Alcanzar metas imposibles es posible siempre y cuando ni éstas ni los métodos empleados para llegar a ellas violen la Ley Universal: las Leyes de Dios y los derechos de sus congéneres.

Permítame que comparta con usted la experiencia de un hombre que nació sin piernas y que comprende y aplica los principios del éxito expuestos en *Piense y hágase rico*... y que ahora camina por sí mismo hacia el logro de una meta imposible.

Cuando se llamó a Henry Viscardi para que recogiera la medalla de oro Napoleon Hill por el meritorio trabajo que había hecho en la fundación del Centro de Recursos Humanos y por haber dedicado su vida a ayudar a los discapacitados, éste avanzó con dificultad pero lleno de orgullo hasta el podio y dijo:

—Estoy profundamente agradecido por recibir esta medalla, que lleva el nombre de un gran hombre como es Napoleon Hill. Hay varias razones para que me sienta especialmente emocionado. Yo nací sin piernas. Pasé los primeros siete años de mi vida en un hospital de beneficencia. No pude sostenerme sobre estos miembros artificiales que llevo ahora hasta los veintisiete años. Y durante todos esos años, tuve que luchar para sobrevivir, primero como un niño con una grave discapacidad y más adelante como un hombre con una horrible deformación.

»Recuerdo la explicación que mi madre me dio cuando era niño y le pregunté por qué me había tocado a mí. Con sus sabias palabras de campesina, me dijo que, cuando llegó el momento de que otro niño tullido viniera al mundo, el Señor y sus consejeros se reunieron para decidir a dónde lo enviarían. Y el Señor dijo: "Creo que los Viscardi serán una buena familia para el niño tullido".

»Así es como me siento con respecto a ustedes y a las diferentes comunidades que pueblan esta tierra nuestra, Estados Unidos, que tanto amo. Es ella la que ha alimentado mis ideales y me ha dado la oportunidad de ser libre y buscar mi propio destino, no como una persona tullida, sino como un igual. ¿En qué otra tierra hubiera tenido oportunidad de ser libre, de casarme con la mujer a la que amo, de ser dueño de mi vida y hacer lo quisiera?

»Hace años, un médico cambió mi vida cuando me ayudó a sostenerme en pie por primera vez en mi vida sobre las piernas artificiales que ahora llevo. No pude pagarle la factura, pero me dijo que se sentiría suficientemente compensado si yo ayudaba a cambiar la vida de otros discapacitados como me había ayudado él a cambiar la mía. Entonces le prometí —y les prometo a ustedes— que mientras hubiera una persona discapacitada en el mundo que prefiriera los desafíos de la vida a una existencia segura, el entusiasmo de vivir al estancamiento y la seguridad de una vida de subsidios, yo dedicaría todas mis energías a ella.

»Recuerden: "La esperanza es un deber, no un lujo". Tener esperanza no es soñar... sino convertir los sueños en realidad. *Benditos aquellos que sueñan y están deseosos de pagar el precio que haga falta para convertir sus sueños en realidad.*

»Por lo que se refiere a mí, prefiero no ser un hombre corriente. Estoy en mi derecho de no ser un hombre corriente si así lo decido. Busco la oportunidad, no la seguridad. Quiero asumir el riesgo calculado, soñar y construir, caer y triunfar. Me niego a renunciar a una vida de incentivo por una pensión. No cambiaré la libertad por la beneficencia ni mi dignidad por una ayuda social. No me acobardaré ante ningún jefe ni cederé a las amenazas. Mi herencia es poder mantenerme en pie, orgulloso y sin temor a pensar y actuar por mí mismo. Disfrutar de los beneficios que mi trabajo origine y enfrentarme audazmente al mundo y decir: "Yo he hecho esto".

»Lo normal sería que les deseara a todos, incluyendo a aquellos con alguna discapacidad, éxito y felicidad para el resto de sus vidas. Pero el éxito y la felicidad tal como se miden actualmente son demasiado fáciles. Yo les desearé que sus vidas tengan sentido siempre...

»Para nuestros millones de discapacitados, para usted y para mí, esto es lo que significa ser norteamericano.

¡ÉSTE ES EL MILAGRO AMERICANO!

Hace muchos años, leí *The Magnificent Obsession* en una sola noche. Por la mañana decidí que también yo tendría mi gran obsesión. Mi objetivo era y sigue siendo *hacer de este mundo un lugar mejor donde vivir para la presente y las futuras generaciones.* ¡Y es algo que se está consiguiendo en los cinco continentes!

Mi hija, Donna Stone Pesch, leyó *Piense y hágase rico,* aprendió y aplicó sus principios y encontró la inspiración para alcanzar un «sueño imposible».

La mayoría de las personas consideraba que el maltrato infantil era algo que se daba de forma muy ocasional y sólo en las clases más desfavorecidas. Pero un puñado de profesionales, algunos padres y Donna no estaban de acuerdo. ¡Y tenían razón! Donna también pensaba que *un solo niño maltratado ya es demasiado...* que el maltrato infantil había de evitarse por todos los medios.

En su período de pensamiento creativo, dio con la solución: el Comité Nacional para la Prevención del Maltrato Infantil. Donna invirtió una cantidad incontable de horas y millones de dólares para poner en marcha esta organización en Chicago, con sucursales por todo el país. Animó al Consejo Nacional de Publicidad a respaldar la campaña de concienciación del comité para enseñar a los estadounidenses —a través de periódicos, diarios, radio, televisión y anuncios— que *el maltrato a menores existe, ¡pero no tendría que existir!*

El milagro de tener un objetivo principal en la vida

Tener un propósito definido... desarrollar el *ardiente deseo* de un gran objetivo que valga la pena. Ése es el primer principio [que encon]trará en *Piense y hágase rico.* Según el doctor Hill ése [es el pun]to de partida de todo logro».

El ordenador, como bien sabe, fue diseñado para funcionar de una forma muy similar a la forma en que funciona su cerebro y el sistema nervioso, su ordenador personal, en el que usted y sólo usted puede *dirigir sus pensamientos, controlar sus emociones y ordenar su destino*. Para ejercer esta impresionante capacidad, debe pagarse un precio: ¡tiempo! Por tanto, dedique un período de treinta minutos diarios para el pensamiento creativo y para concentrarse en sus objetivos. Durante este importante proceso, mantenga su mente en aquellas cosas que quiere, y aleje de ellas aquellas que no quiere o no debería querer.

Habitúese a recordarse su propósito principal: a) al levantarse, b)al acostarse y 3) y varias veces durante el día. ¿Por qué? Para reconocer constantemente aquello que le ayudará a alcanzarlo. Su ordenador humano está programado para la repetición... repetición... repetición.

El milagro de dedicar un tiempo a la inspección

¡Importante!: no siempre conseguirá lo que busca en la vida a menos que haga inspecciones regulares; por tanto, compruebe diariamente los progresos que está haciendo para alcanzar sus objetivos, sobre todo su objetivo principal.

El milagro de *Piense y hágase rico*

Sea cual sea el motivo que lo ha llevado a leer este libro, tanto si lo que pretendía era encontrar una idea que le ayudara a alcanzar sus objetivos en los negocios, resolver sus problemas personales, hacerse rico, buscar una meta en su vida o controlar su destino... el verdadero milagro de *Piense y hágase rico* está en el hecho de que le enseñará y le inspirará a obrar milagros en su propia vida. En sus páginas aprenderá a utilizar el poder ilimitado de su mente para descubrir su potencial y convertirlo en una realidad. La filosofía de Napoleon Hill sobre el logro personal ha sobrevivido a la prueba del tiempo. Millones de hombres, mujeres y adolescentes lo han comprobado por sí mismos.

¡Hoy será uno de los días más importantes de su vida! Ningún objetivo que valga la pena es imposible. Abra su mente. ¿Qué milagros obrará usted en su vida después de leer *Piense y hágase rico*? Recuerde: puede conseguir cualquier cosa que no viole las Leyes Universales: las Leyes de Dios y los derechos de sus congéneres.

W. Clement STONE

1

Los pensamientos son cosas

EL PODER QUE DETERMINA EL ÉXITO ES EL
PODER DE TU MENTE.
CÓMO HACER QUE LA VIDA DIGA SÍ EN VEZ DE
NO A TUS PLANES Y TUS AMBICIONES.

Desde luego, «los pensamientos son cosas», cosas muy poderosas cuando se combinan con la exactitud del propósito, la perseverancia y un imperioso deseo de convertirlas en riqueza, o en otros objetos materiales.

Hace algunos años, Edwin C. Barnes descubrió lo cierto que es que los hombres realmente piensan y se hacen ricos. Su descubrimiento no surgió de pronto, sino que fue apareciendo poco a poco, empezando por un ferviente deseo de llegar a ser socio del gran Edison.

Una de las características principales del deseo de Barnes es que era preciso. Quería trabajar con Edison, no para él. Observe con detenimiento la descripción de cómo fue convirtiendo su deseo en realidad, y tendrá una mejor comprensión de los principios que conducen a la riqueza.

Cuando apareció por primera vez en su mente, Barnes no estaba en posición de actuar según ese deseo o impulso del pensamiento. Dos obstáculos se interponían en su camino. No conocía a Edison, y no tenía bastante dinero para pagarse el pasaje en tren hasta Orange, New Jersey.

Estas dificultades hubieran bastado para desanimar a la mayoría de los hombres en el intento de llevar a cabo el deseo. ¡Pero el suyo no era un deseo ordinario!

EL INVENTOR Y EL VAGABUNDO

Barnes se presentó en el laboratorio de Edison, y anunció que había ido a hacer negocios con el inventor. Hablando de su primer encuentro con Barnes, Edison comentaba años más tarde: «Estaba de pie ante mí, con la apariencia de un vagabundo, *pero había algo en su expresión que transmitía el efecto de que estaba decidido a conseguir lo que se había propuesto.* Yo había aprendido, tras años de experiencia, que cuando un hombre desea algo tan imperiosamente que está dispuesto a apostar todo su futuro a una sola carta para conseguirlo, tiene asegurado el triunfo. Le di la oportunidad que me pedía, *porque vi que él estaba decidido a no ceder hasta obtener el éxito.* Los hechos posteriores demostraron que no hubo error».

No podía haber sido el aspecto del joven lo que le proporcionara su comienzo en el despacho de Edison, ya que ello estaba definitivamente en su contra. Lo importante era lo que él *pensaba.*

Barnes no consiguió su asociación con Edison en su primera entrevista. Obtuvo la oportunidad de trabajar en el despacho de Edison, por un salario insignificante.

Transcurrieron los meses. En apariencia, nada había sucedido que se aproximase al codiciado objetivo que Barnes tenía en mente como su propósito inicial y preciso. Pero algo importante estaba sucediendo en los pensamientos de Barnes. Intensificaba constantemente su deseo de convertirse en socio de Edison.

Los psicólogos han afirmado, con todo acierto, que «cuando uno está realmente preparado para algo, aparece». Barnes se hallaba listo para asociarse con Edison; además, estaba decidido a seguir así hasta conseguir lo que buscaba.

No se decía a sí mismo: «Vaya, no hay manera. Supongo que acabaré por cambiar de idea y probaré un trabajo de vendedor». En vez de eso, se decía: «He venido aquí a asociarme con Edison, y eso es lo que haré aunque me lleve el resto de la vida». ¡Estaba convencido de ello! ¡Qué historia tan diferente contarían los hombres si adoptaran un propósito definido, y mantuvieran ese propósito hasta que el tiempo lo convirtiese en una obsesión obstinada!

Quizás el joven Barnes no lo supiera en aquel entonces, pero su determinación inconmovible, su perseverancia en mantenerse firme en su único deseo, estaba destinada a acabar con todos los obstáculos y a darle la oportunidad que buscaba.

LOS INESPERADOS DISFRACES DE LA OPORTUNIDAD

Cuando la oportunidad surgió, apareció con una forma diferente y desde una dirección distinta de las que Barnes había esperado. Ése es uno de los caprichos de la oportunidad. Tiene el curioso hábito de aparecer por la puerta de atrás, y a menudo viene disimulada con la forma del infortunio, o de la frustración temporal. Tal vez por eso hay tanta gente que no consigue reconocerla.

Edison acababa de perfeccionar un nuevo invento, conocido en aquella época como la Máquina de Dictar de Edison. Sus vendedores no mostraron entusiasmo por aquel aparato. No confiaban en que se pudiera vender sin grandes esfuerzos.

Barnes supo que podría vender la máquina de dictar de Edison. Se lo sugirió a éste, y, de inmediato, obtuvo su oportunidad. Vendió la máquina. En realidad, lo hizo con tanto éxito

contrato para distribuirla y venderla por
artir de aquella asociación, Barnes se hizo
onsiguió algo mucho más importante: de-
lmente, puede «pensar y hacerse rico».
de saber cuánto dinero en efectivo reportó a
l vez fueran dos o tres millones de dólares,
pero la cantidad, cualquiera que sea, se torna insignificante cuando se la compara con lo que ganó en forma de conocimiento definido de que *un impulso intangible se puede transmutar en ganancias materiales* mediante la aplicación de principios conocidos.

¡Barnes literalmente se *pensó* en asociación con el gran Edison! Se pensó dueño de una fortuna. No tenía nada con qué empezar, excepto la capacidad de saber lo que deseaba, y la determinación de mantenerse fiel a ese deseo hasta haberlo realizado.

A UN METRO DEL ORO

Una de las causas más comunes del fracaso es el hábito de abandonar cuando uno se ve presa de una *frustración temporal*. Todos son culpables de este error en un momento u otro.

Un tío de R. U. Darby fue presa de «la fiebre del oro» en los días en que era una fiebre endémica, y se fue al Oeste a cavar para hacerse rico. *No sabía que se ha sacado más oro de los pensamientos de los hombres que de la tierra*. Obtuvo una licencia y se fue a trabajar con el pico y la pala.

Después de varios meses de trabajo obtuvo la recompensa de descubrir una veta de mineral brillante. Necesitaba maquinaria para extraer el mineral. Con discreción, cubrió la mina, volvió sobre sus pasos a su hogar en Williamsburg, Maryland, y les habló a sus parientes y a algunos vecinos del «hallazgo». Todos reunieron el dinero necesario para la maquinaria, y la enviaron a la mina. Darby y su tío volvieron a trabajar en ella.

Extrajeron el primer carro de mineral y lo enviaron a un fundidor. ¡Las utilidades demostraron que poseían una de las minas más ricas de Colorado! Con unos pocos carros más de mineral saldarían todas las deudas. Entonces empezarían a ganar dinero en grande.

¡Hacia abajo fueron los taladros! ¡Muy alto llegaron las esperanzas de Darby y de su tío! Entonces sucedió algo. ¡El filón de mineral brillante desapareció! Habían llegado al final del arco iris, y la olla de oro no estaba allí. Perforaron en un desesperado intento para volver a encontrar la veta, pero fue en vano.

Finalmente, decidieron abandonar.

Vendieron la maquinaria a un chatarrero por unos pocos centenares de dólares, y tomaron el tren de vuelta a casa. El chatarrero llamó a un ingeniero de minas para que mirara la mina e hiciera una prospección. El ingeniero le informó de que el proyecto había fracasado porque los dueños no estaban familiarizados con las «vetas falsas». Sus cálculos indicaban que la veta reaparecería *¡a un metro de donde los Darby habían dejado de perforar!* ¡Allí fue precisamente donde fue encontrada!

El chatarrero extrajo millones de dólares en mineral de aquella mina porque supo buscar el asesoramiento de un experto antes de darse por vencido.

«NUNCA ME DETENDRÉ PORQUE ME DIGAN "NO"»

Mucho tiempo después, Darby se resarció sobradamente de su pérdida, *cuando descubrió* que el deseo se puede transmutar en oro. Eso le ocurrió después de que ingresara en el negocio de la venta de seguros de vida.

Recordando que había perdido una inmensa fortuna por haber dejado de perforar a un metro del oro, Darby aprovechó esa experiencia en el trabajo que había elegido, con el sencillo método de decirse a sí mismo: «Me detuve a un metro del oro, pero nunca me detendré *porque me digan no* cuando yo trate de venderles un seguro».

Darby se convirtió en uno de los pocos hombres que venden un millón de dólares anuales en seguros. Su tenacidad se la debía a la lección que había aprendido de su deserción en el negocio de la mina de oro.

Antes de que el éxito aparezca en la vida de cualquier hombre, es seguro que éste se encontrará con muchas frustraciones temporales, y tal vez con algún fracaso. Cuando la frustración se adueña del hombre, lo más fácil y más lógico que puede hacer es abandonar. Eso es lo que la mayoría de los hombres hace.

Más de quinientos de los hombres más prósperos que ha conocido Estados Unidos le han dicho al autor que sus mayores éxitos surgieron un paso más allá del punto en que la frustración se había apoderado de ellos. El fracaso es un embustero con un mordaz sentido de la ironía y la malicia. Se deleita en hacernos tropezar cuando el éxito está casi a nuestro alcance.

UNA LECCIÓN DE PERSEVERANCIA DE CINCUENTA CENTAVOS

Poco después de que Darby se doctorase en la «Universidad de los Porrazos», y decidiera aprovechar su experiencia en el asunto de la mina de oro, tuvo la buena fortuna de estar presente en una ocasión que le demostró que «No» no significa necesariamente que no.

Una tarde ayudaba a su tío a moler trigo en un viejo molino. Su tío dirigía una granja grande, donde vivían cierto número de granjeros arrendatarios de color. La puerta se abrió silenciosamente, y una niña, hija de uno de los arrendatarios, entró y se situó junto a la puerta.

El tío levantó la vista, miró a la niña y gritó con aspereza:

—¿Qué quieres?

—Mi mamá dice que le mande cincuenta centavos —respondió, humilde, la niña.

—Ni hablar —replicó el tío—, y ahora vete a tu casa.

—Sí, señor —dijo la niña, *pero no se movió.*

El tío siguió con su trabajo, tan ocupado que no prestó atención a la niña y no se dio cuenta de que no se había marchado. Cuando volvió a levantar la mirada y la vio allí parada, gritó:

—¡He dicho que te vayas a tu casa! Ahora, márchate o te daré una paliza.

—Sí, señor —dijo la niña, *pero siguió inmóvil.*

El tío dejó un saco de grano que estaba por echar en la tolva del molino, cogió una duela de barril y empezó a acercarse a la niña con una expresión poco tranquilizadora.

Darby contuvo el aliento. Estaba seguro de hallarse a punto de presenciar una paliza. Sabía que su tío tenía un temperamento terrible.

Cuando su tío llegó adonde estaba la niña, ella dio un rápido paso al frente, le miró a los ojos, y gritó con todas sus fuerzas:

—¡Mi mamá necesita esos cincuenta centavos!

El tío se detuvo, la miró unos instantes, y luego dejó lentamente la duela de barril a un lado, se metió la mano en el bolsillo, sacó medio dólar y se lo dio a la niña.

Ella cogió el dinero y se encaminó despacio hacia la puerta, sin quitar los ojos del hombre al que acababa de vencer. Después de que la niña se hubo marchado, el tío se sentó en una caja y permaneció mirando por la ventana durante más de diez minutos. Estaba reflexionando, sorprendido, sobre la derrota que acababa de sufrir.

Darby también se hallaba pensativo. Ésa era la primera vez en su vida que había visto a una criatura de color dominar a un blanco adulto. ¿Cómo lo había hecho? ¿Qué le había ocurrido a su tío para que perdiera su ferocidad y se volviera tan dócil como un cordero? ¿Qué extraño poder había empleado esa niña para hacerse dueña de la situación? Estas y otras preguntas similares destellaban en la mente de Darby, pero no halló las respuestas hasta muchos años después, cuando me relató la historia.

Curiosamente, el relato de esa inusual experiencia la escuché en el viejo molino, el mismo sitio donde su tío recibió esa lección.

EL EXTRAÑO PODER DE UNA NIÑA

En aquel viejo molino polvoriento, el señor Darby me relató la historia del extraño triunfo, y terminó preguntándome:

—¿Cómo entiende esto? ¿Qué extraño poder tenía esa niña, para dominar por completo a mi tío?

La respuesta a esa pregunta la encontrará en los principios que se describen en este libro. La respuesta es categórica y completa. Contiene detalles e instrucciones suficientes para que cualquiera comprenda y aplique la misma fuerza con la que ella se encontró de forma accidental.

Manténgase alerta, y observará el extraño poder que acudió en ayuda de la niña. Tendrá un atisbo de ese poder en el próximo capítulo. En alguna parte del libro encontrará una idea que aguzará sus poderes receptivos, y pondrá a su alcance, para su propio beneficio, ese mismo poder irresistible. La comprensión de él puede aparecer ante usted en el primer capítulo, o tal vez surja en su conciencia más adelante. Puede presentarse en forma de una sola idea. O quizá la encuentre en la naturaleza de un plan, o en un propósito. Una vez más, puede hacerle volver sobre sus pasadas experiencias de frustración o de fracaso, para aportar alguna lección mediante la cual usted recupere todo lo que había perdido en su fracaso.

Después de haberle explicado al señor Darby el poder que la niña de color había empleado quizá sin saberlo, él repasó sus treinta años de experiencia en la venta de seguros de vida, y estuvo francamente de acuerdo en que su éxito en ese campo se debía, en gran parte, a la lección que había aprendido de la pequeña.

El señor Darby señaló:

—Cada vez que un posible comprador trataba de deshacerse de mí, sin hacerse el seguro, yo visualizaba a la niña, parada en el viejo molino, con sus ojazos desafiantes, y me decía a mí mismo: «Tengo que conseguir esta venta». La mejor parte de las ventas que he hecho han sido a gente que me había dicho «No».

El señor Darby también recordó su error al haberse detenido a un metro escaso del oro.

—Pero esa experiencia fue una bendición encubierta. Me enseñó a seguir insistiendo sin que importasen las dificultades, y fue una lección que necesité aprender antes de poder tener éxito en cualquier campo.

Las experiencias del señor Darby fueron bastante comunes y triviales, y, sin embargo, contienen la respuesta de su destino en la vida; por lo tanto fueron tan importantes (para él) como su propia vida. Sacó provecho de ellas porque las analizó, y supo ver lo que le enseñaban. Pero ¿qué hay del hombre que no tiene el tiempo ni la inclinación para estudiar el fracaso en busca del conocimiento que pueda conducirlo al éxito? ¿Dónde y cómo va a aprender el arte de convertir los fallos en escalones hacia la oportunidad?

Para responder a esas preguntas se ha escrito este libro.

TODO LO QUE USTED NECESITA ES UNA BUENA IDEA

La respuesta se expone en una descripción de trece principios, pero recuerde, a medida que vaya leyendo, que la respuesta que quizás usted está buscando a las preguntas que le han hecho reflexionar en los misterios de la vida, puede encontrarla *en usted mismo,* a través de alguna idea, plan o propósito que tal vez surja en su cerebro durante la lectura.

Una buena idea es todo lo que se necesita para alcanzar el éxito. Los principios descritos en este libro contienen medios y maneras de crear ideas útiles.

Antes de seguir adelante con nuestro enfoque para describir esos principios, creemos que merece la pena recibir esta importante reflexión:

> *Cuando las riquezas empiezan a aparecer, lo hacen con tanta rapidez, y en tal abundancia, que uno se pregunta dónde habían estado escondidas durante todos esos años de necesidad.*

Ésta es una afirmación sorprendente, y tanto más si tenemos en cuenta la creencia popular de que la riqueza premia sólo a quienes trabajan mucho durante mucho tiempo.

Cuando usted comience a pensar y a hacerse rico, observará que la riqueza empieza a partir de un estado mental, con un propósito definido, con poco trabajo duro, o sin ninguno. Usted, o cualquier otra persona, puede estar interesado en saber cómo adquirir ese estado mental que atraerá la riqueza. He pasado veinticinco años investigando porque también yo quería saber «cómo los ricos llegan a ser ricos».

Observe con mucha atención, tan pronto como domine los principios de esta manera de pensar, y empiece a seguir las instrucciones para aplicar esos principios, que su nivel económico empezará a crecer, y que todo lo que usted toque comenzará a transmutarse en beneficios. ¿Imposible? ¡De ninguna manera!

Una de las mayores debilidades de la especie humana es la típica familiaridad del hombre con la palabra «imposible». Él conoce todas las reglas que no darán resultado. Sabe todas las cosas que no se pueden hacer. Este libro se escribió para quienes buscan las reglas que han hecho de otros personas de provecho, y están dispuestos a *jugárselo todo* con esas reglas.

El éxito llega a aquellos que son conscientes de la posibilidad de éxito.

El fracaso asola a aquellos que se resignan a él con indiferencia.

El objeto de este libro es ayudar a todo el que quiera aprender el arte de cambiar de enfoque: del fracaso al éxito.

Otra debilidad que generalmente se encuentra en demasiadas personas es el hábito de medirlo todo, y a todos, por sus propias impresiones y creencias. Quienes lean esto creerán que jamás podrán pensar y hacerse ricos, porque sus hábitos de pensamiento se han empantanado en la pobreza, el deseo, la miseria, los errores y el fracaso.

Estas personas desafortunadas me recuerdan a un chino distinguido, que fue a Estados Unidos a recibir una educación americana. Acudía a la Universidad de Chicago. Un día, el presidente Harper se encontró con ese joven oriental en el campus, se detuvo a charlar con él unos minutos, y le preguntó qué le había impresionado como la característica más notable del pueblo estadounidense.

—Bueno —replicó el estudiante—, la extraña forma de sus ojos. ¡Tienen unos ojos rarísimos!

¿Qué decimos nosotros de los chinos?

Nos negamos a creer lo que no entendemos. Pensamos tontamente que nuestras propias limitaciones son el patrón adecuado de las limitaciones. Por supuesto, los ojos de los demás «son rarísimos», porque no son iguales a los nuestros.

EL «IMPOSIBLE» MOTOR V8 DE FORD

Cuando Henry Ford decidió fabricar su famoso motor V8, quiso construir un motor con los ocho cilindros alojados en un solo bloque, y dio instrucciones a sus ingenieros para que produjeran un prototipo del motor. El proyecto estaba ya realizado sobre el papel, pero los ingenieros acordaron que era de todo punto imposible embutir ocho cilindros en un motor de un solo bloque.

—Prodúzcanlo de todas maneras —dijo Ford.

—Pero ¡es imposible! —replicaron ellos.

—Adelante —ordenó Ford—, y no dejen de trabajar hasta haberlo conseguido, no importa cuánto tiempo haga falta.

Los ingenieros pusieron manos a la obra. No tenían otra opción si querían seguir formando parte del equipo de Ford. Seis meses transcurrieron sin que obtuvieran resultados. Pasaron otros seis meses, y todavía no habían conseguido nada. Los ingenieros probaron todos los planes concebibles para llevar a cabo el proyecto, pero aquello parecía incuestionable: ¡era imposible!

Al cabo de un año, Ford se reunió con los ingenieros, que volvieron a informarle de que no habían hallado manera de cumplir sus órdenes.

—Sigan con el trabajo —dijo Ford—, quiero ese motor, y lo tendré.

Continuaron haciendo pruebas, y entonces, como por arte de magia, el secreto quedó desvelado.

¡La determinación de Ford había ganado una vez más!

Quizás esta historia no esté descrita con precisión de detalles, pero las circunstancias y el resultado son los correctos. Deduzca de ella, usted que desea pensar y hacerse rico, el secreto de los millones de Ford, si puede. No tendrá que buscar muy lejos.

Henry Ford tuvo éxito porque comprendió y aplicó los principios del éxito. Uno de ellos es el deseo: saber lo que uno quiere. Recuerde esta historia de Ford mientras lee, y señale las líneas en que se describe el secreto de su extraordinaria proeza. Si puede hacer esto, si usted es capaz de poner el dedo en el particular grupo de principios que hicieron rico a Henry Ford, usted puede igualar sus logros en casi cualquier oficio para el que esté preparado.

POR QUÉ ES USTED «EL DUEÑO DE SU DESTINO»

Cuando Henley escribió sus proféticas palabras: «Soy el dueño de mi destino, soy el capitán de mi alma», debería habernos informado de que nosotros somos los dueños de nuestro destino, los capitanes de nuestra alma, *porque* tenemos el poder de controlar nuestros pensamientos.

Debería habernos dicho que nuestro cerebro se magnetiza con los pensamientos dominantes que llevamos en la mente, y que, por mecanismos que nadie conoce bien, estos «imanes» atraen hacia nosotros las fuerzas, las personas, las circunstancias de la vida que armonizan con la naturaleza de nuestros pensamientos *dominantes.*

Debería habernos dicho que, antes de poder acumular riquezas en abundancia, tenemos que magnetizar nuestra mente con un intenso deseo de riqueza, que hemos de tomar conciencia de la riqueza hasta que el deseo por el dinero nos conduzca a hacer planes definidos para adquirirlo.

Pero al ser un poeta y no un filósofo, Henley se contentó con afirmar una gran verdad de manera poética, dejando que sus lectores interpretaran el significado filosófico de sus versos.

Poco a poco, la verdad ha ido desvelándose, hasta que ahora parece cierto que los principios descritos en este libro contienen el secreto del dominio sobre nuestro destino económico.

PRINCIPIOS QUE PUEDEN CAMBIAR SU DESTINO

Ahora estamos preparados para examinar el primero de esos principios. Mantenga una actitud de apertura mental y recuerde, a medida que vaya leyendo, que no son invención de nadie. Son principios que han funcionado para muchos hombres. Usted puede ponerlos a trabajar para su propio beneficio permanente.

Verá qué fácil es.

Hace algunos años, pronuncié el discurso de la entrega de diplomas en el Salem College, en Salem, Virginia Occidental. Acentué el principio descrito en el próximo capítulo con tal intensidad que uno de los miembros de la clase que obtendría el diploma se lo apropió, y lo convirtió en parte de su forma de ver la vida. Ese joven llegó a ser miembro del Congreso y un personaje importante en la Administración de Franklin D. Roosevelt. Me escribió una carta en la que presenta con tanta claridad su opinión sobre el principio que trataremos en el próximo capítulo que he decidido publicarla como introducción a dicho capítulo.

Le dará una idea a usted de los beneficios que le esperan.

Estimado Napoleon:

Dado que mi actividad como miembro del Congreso me ha proporcionado cierta comprensión de los problemas de hombres y mujeres, le escribo para ofrecerle una sugerencia que puede ser útil a millares de personas.

En 1922, usted pronunció un discurso en la entrega de diplomas del Salem College y yo estaba en el curso que los recibiría. En aquel discurso, usted introdujo en mi mente una idea a la que debo la oportunidad que ahora tengo de servir a la gente de mi Estado y que será responsable, en gran medida, de cualquier éxito que yo pueda alcanzar en el futuro.

Recuerdo, como si hubiese sido ayer, la maravillosa descripción que usted hizo del método con que Henry Ford, con muy pocos estudios, sin un dólar, sin amigos influyentes, llegó tan alto. Entonces resolví, incluso antes de que usted hubiera acabado su discurso, que me haría un lugar en la vida, sin que importara cuántas dificultades tuviera que afrontar.

Miles de jóvenes terminarán sus estudios universitarios este año, y los años venideros. Cada uno de ellos estará buscando un mensaje tan alentador como el que yo recibí de usted. Querrán saber adónde acudir, qué hacer, cómo empezar en la vida. Usted puede decírselo, porque ha ayudado a resolver los problemas de mucha gente.

En Estados Unidos hay en la actualidad miles de jóvenes que quisieran saber cómo convertir sus ideas en dinero, gente que debe empezar desde abajo, sin dinero, y amortizar sus pérdidas. Si alguien puede ayudarles, es usted.

Si publica el libro, me gustaría tener el primer ejemplar que salga de la imprenta, autografiado por usted.

Con mis mejores deseos, créame, cordialmente suyo,

Jennings RANDOLPH

Treinta y cinco años después de haber leído aquel discurso, fue un placer para mí regresar al Salem College en 1957 para hacer el discurso de la entrega de diplomas. En aquel entonces recibí el título de doctor honorario de Literatura del Salem College.

Desde aquella ocasión, en 1922, he visto prosperar a Jennings Randolph hasta llegar a ser ejecutivo de una de las más importantes líneas aéreas de la nación, un orador muy inspirado y senador de Estados Unidos por Virginia Occidental.

Puntos para recordar:

Al igual que Edwin Barnes, un hombre puede vestir pobremente y no tener dinero, pero el deseo de su corazón le proporcionará la oportunidad de su vida.

Cuanto mayor esfuerzo ponga en la dirección adecuada, más cerca estará del éxito. Son muchas las personas que se rinden cuando tienen el éxito al alcance de la mano. Dejan que sea otro quien lo consiga.

Tener un propósito es la base de todo logro, grande o pequeño. Un hombre fuerte puede ser derrotado por un niño determinado. Modifique sus hábitos mentales sobre el significado de lo que hace y verá que puede lograr cosas aparentemente imposibles.

Como Henry Ford, usted también puede transmitir su fe y perseverancia a otros y lograr lo imposible.

Cualquier cosa que pueda concebir y creer la mente de un hombre, la puede lograr.

2

Primer paso hacia la riqueza: el deseo

LOS SUEÑOS SE HACEN REALIDAD CUANDO EL
DESEO LOS TRANSFORMA EN ACCIONES
CONCRETAS.
PÍDELE A LA VIDA GRANDES DONES Y LA ESTARÁS
INVITANDO A QUE TE LOS OFREZCA.

Cuando Edwin C. Barnes se apeó del tren de carga en Orange, New Jersey, hace más de cincuenta años, quizá pareciese un vagabundo, ¡pero sus *ideas* eran las de un rey!

Mientras se dirigía desde los rieles del ferrocarril hacia la oficina de Thomas A. Edison, su cerebro trabajaba sin parar. Se veía a sí mismo *de pie en presencia de Edison*. Se oía pidiéndole a Edison la oportunidad de llevar a cabo la única obsesión imperiosa de su vida, el deseo ardiente de llegar a ser socio en los negocios del gran inventor.

¡El deseo de Barnes no era una *esperanza*! ¡No eran *ganas*! Era un deseo vehemente, palpitante, que lo trascendía todo. Era definido.

Algunos años después, Edwin C. Barnes volvió a pararse frente a Edison, en la misma oficina en que se había encontrado por primera vez con el inventor. En esta ocasión, el deseo se había convertido en realidad. *Era socio de Edison.* El sueño dominante de su vida se había vuelto realidad.

Barnes tuvo éxito porque eligió un objetivo definido, y puso toda su energía, toda su fuerza de voluntad, todos sus esfuerzos, todo, en pos de ese objetivo.

El hombre que quemó sus naves

Pasaron cinco años antes de que apareciera la oportunidad que había estado buscando. Para todos, excepto para él, sólo parecía ser una parte más del engranaje de los negocios de Edison, pero en su interior él fue el socio de Edison cada minuto del día, desde el primero en que empezó a trabajar allí.

Es una ejemplificación notable del poder de un deseo definido. Barnes consiguió su objetivo porque deseaba ser socio de Edison más que ninguna otra cosa. Creó un plan con el que alcanzar su propósito. Pero quemó todas sus naves tras de sí. Se mantuvo firme en su deseo hasta que éste se convirtió en la obsesión de su vida y, finalmente, en un hecho.

Cuando viajó a Orange, no se dijo a sí mismo: «Trataré de convencer a Edison de que me dé algún tipo de trabajo», sino: «Voy a ver a Edison para explicarle que he venido a hacer negocios con él».

No se dijo: «Estaré alerta ante cualquier otra oportunidad en caso de que no consiga lo que quiero en la organización de Edison», sino: «No hay más que una cosa en este mundo que estoy decidido a conseguir, y es asociarme con Edison en sus negocios. Quemaré todas las naves tras de mí, y apostaré mi futuro a mi capacidad para conseguir lo que quiero».

No se planteó en ningún momento retroceder. ¡Tenía que triunfar o morir!

¡Ésa es toda la historia del éxito de Barnes!

Hace mucho tiempo, un gran guerrero afrontó una situación que requería de él una decisión que garantizara su éxito en el campo de batalla. Iba a enviar sus tropas contra un enemigo poderoso, cuyos hombres superaban a los suyos en número. Embarcó a sus soldados, navegó hacia el país enemigo, desembarcó soldados y equipos y dio la orden de quemar las naves que los habían llevado hasta allí. Al dirigirse a sus hombres antes de la primera batalla, dijo: «Ved cómo los barcos se convierten en humo. ¡Eso significa que no podremos dejar estas playas vivos a menos que ganemos! ¡Ahora no tenemos opción: *venceremos o moriremos!*».

Vencieron.

Cada persona que vence en cualquier empresa debe estar dispuesta a quemar sus naves y eliminar todas las posibilidades de dar marcha atrás. Sólo así puede tener la seguridad de mantener ese estado mental conocido como deseo ardiente de ganar, esencial para el éxito.

La mañana siguiente al gran incendio de Chicago, un grupo de comerciantes se quedó de pie en State Street, observando los restos humeantes de lo que habían sido sus tiendas. Organizaron una reunión para decidir si tratarían de reconstruirlas o abandonarían Chicago para volver a empezar en algún lugar del país más prometedor. Llegaron a una decisión, todos menos uno: abandonar Chicago.

El comerciante que decidió quedarse y reconstruir su negocio señaló con el dedo los restos de su tienda, y dijo: «Caballeros, en este mismo sitio construiré la tienda más grande del mundo, no importa las veces que pueda quemarse».

Eso fue hace casi un siglo. La tienda fue construida. Todavía sigue en pie, una torre, un monumento al poder de ese estado mental conocido como deseo ardiente. Lo más sencillo que Marshall Field podría haber hecho era imitar a sus colegas. Cuando las perspectivas se mostraban difíciles, y el futuro parecía funesto, se retiraron adonde las cosas pareciesen más fáciles.

Fíjese bien en la diferencia entre Marshall Field y los demás comerciantes, porque es la misma diferencia que distingue a casi todos los que tienen éxito de aquellos que fracasan.

Todo ser humano que alcanza la edad de comprender la razón de ser del dinero, quiere dinero. *Quererlo* no basta para acumular riqueza. Pero *desear* la riqueza con un estado mental que se convierte en una obsesión, y luego planificar formas y medios definidos para adquirirla, y ejecutar esos planes con una perseverancia que no *acepte el fracaso,* atraerá la riqueza.

SEIS PASOS PARA CONVERTIR EL DESEO EN ORO

El método por el que el deseo de riqueza se puede transmutar en su equivalente monetario consiste en seis pasos prácticos y definidos, que son los siguientes:

Primero: determine la cantidad *exacta* de dinero que desea. No basta con decir: «Quiero mucho dinero». Sea concreto en cuanto a la cantidad. (Hay una razón psicológica para esta precisión, que describiremos en un capítulo próximo.)

Segundo: determine con exactitud lo que se propone dar a cambio del dinero que desea. (No se recibe algo por nada.)

Tercero: establezca un plazo determinado en el que se propone *poseer* el dinero que desea.

Cuarto: cree un plan preciso para llevar a cabo su deseo, y empiece *de inmediato,* sin que importe si se halla preparado o no, a poner el plan en acción.

Quinto: escriba un enunciado claro y conciso de la cantidad de dinero que se propone conseguir, apunte el tiempo límite para esta adquisición, aclare lo que se propone dar a cambio del dinero y describa con exactitud el plan mediante el que se propone conseguirlo.

Sexto: lea su memorando en voz alta, dos veces al día, una vez antes de acostarse, y otra, al levantarse. Mientras lee, vea, sienta y piénsese ya en posesión del dinero.

Es importante que siga las instrucciones descritas en estos seis pasos. En especial observe y siga las instrucciones del sexto paso. Tal vez se queje de que le resulta imposible «verse en posesión del dinero» antes de tenerlo realmente. Aquí es donde el deseo ardiente acudirá en su ayuda. Si usted realmente desea el dinero con tanta vehemencia que su deseo se ha convertido en una obsesión, no tendrá dificultad en convencerse de que lo adquirirá. El caso es desear el dinero, y llegar a estar tan determinado a poseerlo que se convenza de que lo tendrá.

¿Puede imaginarse que es usted millonario?

Para el no iniciado, que no se ha educado en los principios fundamentales de la mente humana, quizás estas instrucciones parezcan poco prácticas. Para quienes no consigan reconocer la validez de estos seis puntos, puede ser útil saber que la información que difunden fue revelada por Andrew Camegie, el cual empezó como un obrero común en una siderúrgica, pero se las arregló, pese a sus humildes comienzos, para que estos principios le rindieran una fortuna de más de cien millones de dólares.

Como ayuda adicional quizá le sirva saber que los seis puntos recomendados aquí fueron cuidadosamente estudiados por el extinto Thomas A. Edison, que puso su sello de aprobación en ellos por ser esenciales no sólo para la acumulación de dinero, sino para la consecución de cualquier objetivo.

Estos pasos no requieren «trabajo duro». Tampoco sacrificio. No exigen que uno se vuelva ridículo, ni crédulo. Para utilizarlos no hace falta educación superior. Pero la aplicación eficaz de estos seis pasos exige la suficiente *imaginación* para ver y comprender que la acumulación de dinero no se puede dejar al azar, a la buena suerte o al destino. Uno debe darse cuenta de que todos los que han acumulado grandes fortunas primero han soñado, deseado, anhelado, pensado y planificado *antes* de conseguir el dinero.

Llegados a este punto, usted sabrá también que nunca tendrá riquezas en grandes cantidades *a menos* que pueda llegar a ser la viva expresión del *deseo* ardiente por el dinero, y que realmente *crea* que lo poseerá.

EL PODER DE LOS GRANDES SUEÑOS

A quienes nos encontramos en esta carrera hacia la riqueza debe animarnos saber que este mundo cambiante exige nuevas ideas, nuevas maneras de hacer las cosas, nuevos líderes, nuevos inventos, nuevos métodos de enseñanza, nuevos métodos de venta, nuevos libros, nuevos programas de televisión, nuevas ideas para el cine. Tras toda esta demanda de cosas nuevas y mejores hay una cualidad que uno debe poseer para ganar, y es la *definición del propósito,* el conocimiento exacto de lo que uno quiere, y un *deseo* ardiente de poseerlo.

Los que deseamos acumular riqueza debemos recordar que los verdaderos líderes del mundo han sido siempre hombres que han sabido dominar, para su uso práctico, las fuerzas invisibles e intangibles de la oportunidad que está por surgir, y han convertido esas fuerzas (o impulsos de pensamiento) en rascacielos, fábricas, aviones, automóviles, y todos los recursos que hacen la vida más placentera.

Al planear la adquisición de su porción de riqueza, no se deje influir por quienes menosprecien sus sueños. Para lograr grandes ganancias en este mundo cambiante, uno debe captar el espíritu de los grandes pioneros del pasado, cuyos sueños le han dado a la civilización todo lo que tiene de valioso, el espíritu que infunde energía en nuestro propio país, en las oportunidades de usted y en las mías, para alimentar y vender nuestro talento.

Si lo que usted quiere hacer está bien, y usted *cree en ello,* ¡adelante, hágalo! Lleve a cabo sus sueños, y no haga caso de lo que «los demás» puedan decir si usted se topa en algún momento con dificultades, ya que tal vez «los demás» no sepan que cada fracaso lleva consigo la semilla de un éxito equivalente.

Thomas Edison soñaba con una lámpara que funcionara con electricidad; empezó a poner su sueño en acción y pese a sus más de diez mil fracasos lo mantuvo hasta que lo convirtió en una realidad física. ¡Los soñadores prácticos no *abandonan*!

Whelan, que soñaba con una cadena de tiendas de cigarros, transformó su sueño en acción, y ahora las United Cigar Stores ocupan algunas de las mejores esquinas de las ciudades estadounidenses.

Los hermanos Wright soñaron con una máquina que surcara el aire. Ahora podemos ver en todo el mundo que sus sueños se han cumplido.

Marconi soñaba con un sistema para dominar las intangibles fuerzas del éter. Las pruebas de que no soñaba en vano podemos encontrarlas en cada aparato de radio y de televisión que hay en el mundo. Quizá le interese saber que los «amigos» de Marconi lo pusieron bajo custodia, y fue examinado en un hospital para psicópatas cuando anunció que había descubierto un principio mediante el cual podría enviar mensajes a través del aire sin la ayuda de cables ni ningún otro medio físico de comunicación. A los soñadores de hoy en día les va mejor.

El mundo está lleno de oportunidades que los soñadores del pasado jamás conocieron.

Un deseo ardiente de ser y de hacer es el punto inicial desde el que el soñador debe lanzarse. Los sueños no están hechos de indiferencia, pereza ni falta de ambición.

Recuerde que todos los que consiguen triunfar tienen un mal comienzo y pasan por muchas dificultades antes de «llegar». El cambio en la vida de la gente de éxito suele surgir en el momento de alguna crisis, a través de la cual les es presentado su «otro yo».

John Bunyan escribió *Pilgrim's Progress*, que se cuenta entre lo mejor de la literatura inglesa, después de haber estado confinado en prisión y haber sido duramente castigado a causa de sus ideas sobre la religión.

O. Henry descubrió el genio que dormía en su interior después de haber conocido graves infortunios; incluso estuvo encarcelado en Columbus, Ohio. Forzado a través de la desgracia a conocer a su «otro yo», y a usar su imaginación, descubrió que era un gran autor en vez de un criminal despreciable.

Charles Dickens empezó pegando etiquetas en latas de betún. La tragedia de su primer amor penetró las profundidades de su alma para convertirlo en uno de los más grandiosos autores del mundo. Esa tragedia produjo primero *David Copperfield*, y luego una sucesión de obras que enriquecen a todo el que lee sus libros.

Hellen Keller se quedó sorda, muda y ciega después de nacer. Pese a su terrible desgracia, ha escrito su nombre con letras indelebles en las páginas de la historia de los grandes. Toda su vida ha sido la demostración de que nadie está derrotado mientras no acepte la derrota como una realidad.

Robert Burns era un campesino analfabeto. Sufrió la maldición de la pobreza y estaba destinado a ser un borracho. El mundo fue mejor gracias a su vida, porque vistió de prendas hermosas sus pensamientos poéticos y, por tanto, arrancó un espino para plantar un rosal en su lugar.

Beethoven era sordo, y Milton ciego, pero sus nombres perdurarán en el tiempo, porque soñaron y tradujeron sus sueños en ideas organizadas.

Hay una diferencia entre suspirar por algo y hallarse preparado para recibirlo. Nadie se encuentra listo para nada hasta que no crea que puede adquirirlo. El estado mental debe ser la convicción, y no la mera esperanza o anhelo. La amplitud de miras es esencial para creer. La cerrazón de ideas no inspira fe, ni coraje, ni convicción.

Recuerde, no se requiere más esfuerzo para apuntar alto en la vida, para reclamar abundancia y prosperidad, del que hace falta para aceptar la miseria y la pobreza. Un gran poeta ha expresado acertadamente esta verdad universal en unas pocas líneas:

Le discutí un penique a la Vida,
y la Vida no me dio más,
por mucho que le imploré a la noche
cuando contaba mis escasos bienes.

Porque la Vida es un amo justo
que te da lo que le pides,
pero cuando has fijado el precio
debes aguantar la faena.

Trabajé por un salario de jornalero
sólo para descubrir, perplejo,
que cualquier paga que hubiera pedido a la Vida
ésta me la hubiese concedido de buen grado.

Como culminación adecuada de este capítulo quiero presentar a una de las personas más excepcionales que he conocido. Lo vi por primera vez pocos minutos después de que hubiera nacido. Vino a este mundo sin ningún rastro físico de orejas, y el médico admitió, cuando le pedí su opinión sobre el caso, que el niño sería sordo y mudo toda la vida.

Me opuse a la opinión del médico. Estaba en mi derecho. Yo era el padre del niño. Tomé una decisión y me formé una opinión, pero expresé esa opinión en silencio, en el fondo de mi corazón.

En mi interior supe que mi hijo oiría y hablaría. ¿Cómo? Estaba seguro de que tenía que haber una manera, y sabía que la encontraría. Pensé en las palabras del inmortal Emerson: «El curso de las cosas acontece para enseñarnos la fe. Sólo necesitamos estar atentos. Hay indicadores, claves, para cada uno de nosotros, y si escuchamos con humildad, oiremos *la palabra justa*».

¿La palabra justa? *¡Deseo!* Mucho más que ninguna otra cosa, yo deseaba que mi hijo no fuera sordomudo. De ese deseo no renegué jamás, ni por un segundo.

¿Qué podía hacer? Encontraría alguna forma de trasplantar a ese niño mi propio deseo ardiente de dar con maneras y medios de hacer llegar el sonido a su cerebro sin la ayuda de los oídos.

Tan pronto como el niño fuese lo bastante mayor para cooperar, le llenaría la cabeza de tal manera de ese deseo ardiente que la naturaleza lo traduciría en realidad con sus propios métodos.

Todos estos pensamientos pasaron por mi mente, pero no hablé de ello con nadie. Cada día renovaba la promesa que me había hecho a mí mismo de que mi hijo no sería sordomudo.

Cuando creció y empezó a percibir las cosas que lo rodeaban, notamos que mostraba débiles indicios de que oía. Cuando alcanzó la edad en que los niños suelen empezar a emitir palabras, no hizo intento alguno de hablar, pero de sus actos podíamos deducir que percibía ciertos sonidos. ¡Eso era todo lo que yo quería saber! Estaba convencido de que, si podía oír, aunque fuese débilmente, sería capaz de desarrollar una mayor capacidad auditiva. Entonces sucedió algo que me llenó de esperanza. Surgió de algo totalmente inesperado.

Un «accidente» que cambió una vida

Compramos un fonógrafo. Cuando el niño oyó la música por primera vez, entró en éxtasis, y muy pronto se apropió del aparato. En una ocasión estuvo poniendo un disco una y otra vez, durante casi dos horas, de pie delante del fonógrafo, *mordiendo un borde de la caja*. La importancia de esa costumbre que adquirió no se nos hizo patente sino hasta años después, ya que nunca habíamos oído hablar del principio de la «conducción ósea» del sonido.

Poco después de que se apropiase del fonógrafo, descubrí que podía oírme con claridad cuando le hablaba tocando con los labios su hueso mastoideo, en la base del cráneo.

Una vez que hube descubierto que podía oír perfectamente el sonido de mi voz, empecé de inmediato a transferirle mi deseo de que oyese y hablase. Pronto descubrí que el niño disfrutaba cuando yo le contaba cuentos antes de dormirse, de modo que me puse a trabajar para idear historias que estimularan su confianza en sí mismo, su imaginación, y un *agudo deseo de oír y de ser normal*.

Había un cuento en particular, en el que yo hacía hincapié dándole un renovado matiz dramático cada vez que se lo contaba. Lo había inventado para sembrar en su mente la idea de que su dificultad no era una pesada carga, sino una ventaja de gran valor. Pese al hecho de que todas las maneras de pensar que yo había examinado indicaban que cualquier adversidad contiene la semilla de una ventaja equivalente, debo confesar que no tenía ni la menor idea de cómo se podía convertir esa dificultad en una ventaja.

¡GANÓ UN MUNDO NUEVO CON SEIS CENTAVOS!

Al analizar la experiencia retrospectivamente, puedo ver que su fe *en* mí tuvo mucho que ver con los sorprendentes resultados. Él no cuestionaba nada que yo le dijera. Le vendí la idea de que tenía una *ventaja* original sobre su hermano mayor, y que esa ventaja se reflejaría de muchas maneras. Por ejemplo, los maestros en la escuela se darían cuenta de que no tenía orejas, y por ese motivo le dedicarían una atención especial y lo tratarían con una amabilidad y una benevolencia extraordinarias. Siempre lo hicieron. También le vendí la idea de que cuando fuese lo bastante mayor para vender periódicos (su hermano mayor era ya vendedor de periódicos), tendría una gran ventaja sobre su hermano, porque la gente le pagaría más por su mercancía, debido a que verían que era un niño brillante y emprendedor pese al hecho de carecer de orejas.

Cuando tenía unos siete años, mostró la primera prueba de que nuestro método de apoyo rendía sus frutos. Durante varios meses imploró el privilegio de vender periódicos, pero su madre no le daba el consentimiento.

Entonces se ocupó por su cuenta del asunto. Una tarde en que estaba en casa con los sirvientes, trepó por la ventana de la cocina, se deslizó hacia fuera y se estableció por su cuenta. Le pidió prestados seis centavos al zapatero remendón del barrio, los invirtió en periódicos, los vendió, reinvirtió el capital y repitió la operación hasta el anochecer. Después de hacer el balance de sus negocios, y de devolverle a su banquero los seis centavos que le había prestado, se encontró con un beneficio de cuarenta y dos centavos. Cuando volvimos a casa aquella noche, lo encontramos durmiendo en su cama, apretando el dinero en un puño.

Su madre le abrió la mano, cogió las monedas y se puso a llorar. Me sorprendió. Llorar por la primera victoria de su hijo me pareció fuera de lugar. Mi reacción fue la inversa. Reí de buena gana, porque supe que mi empresa de inculcar en la mente de mi hijo una actitud de fe en sí mismo había tenido éxito.

Su madre veía a un niño sordo que, en su primera aventura comercial, se había escapado a la calle y había arriesgado su vida para ganar dinero. Yo veía un hombrecito de negocios valiente, ambicioso y lleno de confianza en sí mismo, cuyo valor intrínseco se había incrementado en un cien por cien al haber ido a negociar por su cuenta y haber ganado. La transacción me agradó, porque había dado pruebas de una riqueza de recursos que lo acompañaría toda su vida.

El niño sordo que oyó

El pequeño sordo asistió a la escuela, al instituto y a la universidad, sin que fuese capaz de oír a sus maestros, excepto cuando le gritaban fuerte, a corta distancia. No lo llevaron a una escuela para sordos. No le permitimos que aprendiese el lenguaje de los sordomudos. Habíamos decidido que viviese una vida normal, y mantuvimos esa decisión, aunque nos costó muchas discusiones acaloradas con funcionarios escolares.

Cuando estaba en el instituto, probó un aparato eléctrico para mejorar la audición, pero no le dio resultado.

Durante su última semana en la universidad, sucedió algo que marcó el hito más importante de su vida. En lo que pareció una mera casualidad, entró en posesión de otro aparato eléctrico para oír mejor, que le enviaron para probar. Estuvo indeciso en probar el aparato, debido a su desilusión con otro similar. Finalmente lo cogió, se lo puso en la cabeza, le conectó las baterías y ¡sorpresa!, como por arte de magia su deseo de toda la vida de oír normalmente se convirtió en realidad. Por primera vez oía tan bien como cualquier persona con audición normal.

Alborozado con el mundo diferente que acababa de percibir a través de ese aparato auditivo, se precipitó al teléfono, llamó a su madre, y oyó su voz a la perfección. Al día siguiente oía con claridad las voces de sus profesores en clase, ¡por primera vez en su vida! Por primera vez en su vida también, mi hijo podía conversar con la gente, sin necesidad de que le hablaran con voz de trueno. Realmente, había entrado en posesión de un mundo distinto.

El deseo había comenzado a pagar dividendos, pero la victoria todavía no era completa. El muchacho tenía que encontrar todavía una manera definida y práctica de convertir su desventaja en una *ventaja equivalente*.

Ideas que obran milagros

Sin apenas darse cuenta de la importancia de lo que acababa de obtener, pero embriagado con la alegría del descubrimiento de ese mundo de sonidos, escribió una entusiasta carta al fabricante del audífono, relatándole su experiencia. Algo en ella hizo que la compañía lo invitase a Nueva York. Cuando llegó, lo llevaron a visitar la fábrica, y mientras hablaba con el ingeniero jefe de su mundo recién descubierto, una corazonada, una idea o una inspiración, llámesela como se quiera, destelló en su cerebro. Era ese *impulso del pensamiento* que convertía su dificultad en una ventaja, destinada a pagar dividendos en dinero y en felicidad por millares en el futuro.

El resumen y el núcleo de ese impulso de pensamiento era así: se le ocurrió que él podría ser de gran ayuda para los millones de sordos que viven sin el beneficio de audífonos si pudiera encontrar una manera de relatarles la historia de su descubrimiento del mundo.

Durante un mes entero llevó a cabo una intensa investigación, durante la cual analizó todo el sistema de ventas del fabricante de audífonos e ideó formas y medios de comunicarse con los duros de oído de todo el mundo, decidido a compartir con ellos su nuevo mundo recién descubierto. Una vez que lo tuvo hecho, puso por escrito un plan bienal, basado en sus investigaciones. Cuando lo presentó a la compañía, al momento le dieron un puesto de trabajo para que llevara a cabo su ambición.

Poco había soñado, cuando empezó a trabajar, que estaba destinado a llevar esperanza y alivio a millares de sordos que, sin su ayuda, se hubieran visto condenados para siempre a la sordera.

No me cabe duda de que Blair hubiera sido sordomudo toda su vida si su madre y yo no nos las hubiésemos ingeniado para formar su mente tal como lo hicimos.

Cuando sembré en su interior el deseo de oír y de hablar, y de vivir como una persona normal, alguna extraña influencia hubo en ese impulso que hizo que la naturaleza tendiese una especie de puente para salvar el golfo de silencio que separaba su cerebro del mundo exterior.

En verdad, el deseo ardiente tiene maneras tortuosas de transmutarse en su equivalente físico. Blair deseaba una audición normal; ¡ahora la tiene! Nació con una minusvalía que fácilmente hubiera llevado a alguien, con un deseo menos definido, a la calle, con un puñado de lápices en una mano y una lata vacía en la otra.

La pequeña «mentira piadosa» que sembré en su mente cuando él era un niño, llevándolo a creer que su defecto se convertiría en una gran ventaja que podría capitalizar, se justificó sola. Ciertamente, no hay nada, correcto o equivocado, que la confianza, sumada a un deseo ardiente, no pueda hacer real. Estas cualidades están al alcance de todos.

La «química mental» hace magia

Un breve párrafo en un despacho de noticias en relación con madame Schumann-Heink da la clave del estupendo éxito de esta mujer como cantante. Cito el párrafo porque la clave que contiene no es otra que el deseo.

Al comienzo de su carrera, madame Schumann-Heink visitó al director de la ópera de Viena para que le hiciera una prueba de voz. Pero él, después de echar un vistazo a la desgarbada y pobremente vestida muchacha, exclamó, nada cordial:

—Con esa cara, y sin ninguna personalidad, ¿cómo espera tener éxito en la ópera? Señorita, olvide esa idea. Cómprese una máquina de coser y póngase a trabajar. *Usted nunca podrá ser cantante.*

¡Nunca es demasiado tiempo! El director de la ópera de Viena sabía mucho sobre la técnica del canto. Sabía muy poco del poder del deseo, cuando éste asume las proporciones de una obsesión. Si hubiera conocido mejor ese poder, no habría cometido el error de condenar sin dar una oportunidad.

Hace varios años, uno de mis socios enfermó. Se puso cada vez peor a medida que el tiempo transcurría, y finalmente lo llevaron al hospital para operarlo. El médico me advirtió que había muy pocas posibilidades de que volviera a verlo con vida. Pero ésa era la opinión del médico, y no la del paciente. Poco antes de que se lo llevaran al quirófano, me susurró con voz débil: «No se preocupe, jefe, en pocos días habré salido de aquí». Una enfermera me miró apenada. Pero el paciente se recuperó satisfactoriamente. Cuando todo hubo terminado, su médico me dijo: «No lo salvó otra cosa que su deseo de vivir. Nunca habría salido de este trance si no se hubiese negado a aceptar la posibilidad de la muerte».

Creo en el poder del deseo respaldado por la fe, porque he visto cómo ese poder elevaba a hombres desde comienzos humildes a posiciones de poder y riqueza, cómo servía de medio para que los hombres llevaran a cabo su rehabilitación después de haber fracasado en un centenar de formas distintas; lo he visto darle a mi propio hijo una vida normal, feliz y llena de éxito, a pesar de que la naturaleza lo enviase a este mundo sin orejas.

¿Cómo se puede dominar y usar el poder del deseo? Eso queda explicado en este capítulo y los subsiguientes de este libro.

Mediante algún extraño y poderoso principio de «química mental» que nunca ha divulgado, la naturaleza envuelve en el impulso del deseo ardiente «ese algo» que no reconoce la palabra «imposible», ni acepta el fracaso como realidad.

Puntos para recordar:

Cuando el deseo concentra un gran número de fuerzas en su batalla, no necesita una vía para la retirada; la victoria es segura.

Los seis pasos que se muestran aquí, le permitirán convertir el deseo en oro. Para Andrew Carnegie, estos principios tuvieron un valor de cien millones de dólares.

El deseo ayuda a convertir en victoria una derrota temprana. Fue el deseo lo que permitió edificar una de las más importantes literalmente de las cenizas.

Un niño sin orejas aprendió a oír. Una mujer que no tenía «ninguna posibilidad» se convirtió en una gran cantante de ópera. Un hombre que los médicos pensaban que moriría salió airoso. El deseo fue la fuerza que ayudó a estas personas con una «química mental» extraña pero natural.

No hay límites para la mente, salvo aquellos que nosotros ponemos.

3

Segundo paso hacia la riqueza: la fe

UNA FE BIEN DIRIGIDA HARÁ QUE CADA
PENSAMIENTO SE LLENE DE FUERZA. PUEDE
ALCANZAR CIMAS ALTÍSIMAS IMPULSADO POR LA
FUERZA DE LA PODEROSA SENSACIÓN DE
SEGURIDAD EN USTED MISMO.

La fe es el elemento químico primordial de la mente. Cuando la fe se mezcla con el pensamiento, el subconsciente capta la vibración, la traduce en su equivalente espiritual y la transmite a la Inteligencia Universal, como en el caso de la plegaria.

Las emociones de la fe, el amor y el sexo son las más poderosas entre las principales emociones positivas. Cuando se mezclan las tres, tienen el efecto de «colorear» el pensamiento de tal manera que éste alcanza al momento el subconsciente, y allí se transforma en su equivalente espiritual, la forma singular que induce una respuesta de la Inteligencia Infinita.

CÓMO ACRECENTAR LA FE

Tenemos un planteamiento que le ayudará a comprender mejor la importancia que el principio de autosugestión asume en la transmutación del deseo en su equivalente físico o monetario: la fe es un estado mental que se puede inducir, o crear, con la afirmación o con las repetidas instrucciones al subconsciente, a través del principio de autosugestión.

Como ejemplo, considere el propósito por el que presumiblemente usted está leyendo este libro. El objetivo es, por supuesto, adquirir la capacidad de transmutar el pensamiento intangible del impulso del deseo en su contrapartida física, el dinero. Al llevar a cabo las instrucciones descritas en los capítulos sobre la autosugestión y el subconsciente, resumidas en el capítulo de la autosugestión, usted puede convencer al subconsciente de que *crea* que recibirá lo que está pidiendo, y ello actuará en esa creencia, que su subconsciente le devolverá en forma de «fe», acompañada de planes precisos para procurar eso que usted desea.

La fe es un estado mental que usted puede incrementar a voluntad, una vez que haya dominado los trece principios, porque se trata de un estado mental que crece voluntariamente, a través de la aplicación de esos principios.

La repetición de órdenes a su subconsciente es el único método conocido del crecimiento voluntario de la emoción de la fe.

Quizás el concepto le quede más claro con la siguiente explicación de la forma en que los hombres, a veces, se convierten en criminales. Para decirlo con las palabras de un famoso criminólogo, «Cuando los hombres entran por primera vez en contacto con el crimen, éste les repugna. Si siguen en contacto con él durante algún tiempo, se acostumbran, y lo toleran. Y si permanecen en contacto con el crimen durante el tiempo suficiente, acaban por aceptarlo y se dejan influir por él».

Es el equivalente de decir que cualquier impulso de pensamiento que sea repetidamente encauzado hacia el subconsciente resulta aceptado e influye en el subconsciente, que procede a traducir ese impulso en su equivalente físico por el procedimiento más práctico que halle disponible.

En relación con esto, vuelva a considerar la proposición de que *todos los pensamientos que han sido «emocionalizados»* (cargados emocionalmente) y *mezclados con la fe* empiezan inmediatamente a traducirse en su equivalente físico o en su contrapartida.

Las emociones, o la porción «sentimental» de los pensamientos, son los factores que dan vitalidad y acción a éstos. Mezcladas con cualquier impulso de pensamiento, las emociones de la fe, el amor y el sexo le añaden más energía de la que tendría por sí sola.

No sólo los impulsos de pensamiento que se hayan mezclado con la fe, sino los que se mezclan con cualquiera de las emociones positivas, o de las negativas, pueden alcanzar el subconsciente e influir en él.

NADIE ESTÁ «CONDENADO» A LA MALA SUERTE

A partir de esta afirmación, usted comprenderá que el subconsciente traducirá en su equivalente físico un impulso de pensamiento de naturaleza negativa o destructiva con tanta facilidad como actuaría con pensamientos de naturaleza positiva o constructiva. Esto explica el extraño fenómeno que millones de personas experimentan, denominado «infortunio» o «mala suerte».

Hay millones de personas que se creen «condenadas» a la pobreza y al fracaso, por culpa de alguna fuerza extraña que creen no poder controlar. Ellos son los creadores de su propio «infortunio», a causa de esta creencia negativa, que su subconsciente adopta y traduce en su equivalente físico.

Éste es un momento apropiado para sugerirle de nuevo que usted puede beneficiarse, transmitiendo a su subconsciente cualquier deseo que quiera traducir en su equivalente físico o monetario, en un estado de esperanza o convicción de que la transmutación tendrá lugar. Su convicción, o su fe, es el elemento que determina la acción de su subconsciente. No hay nada que le impida «embaucar» a su subconsciente al darle instrucciones a través de la autosugestión, tal como yo «engañé» al subconsciente de mi hijo.

Para llevar a cabo este «engaño» de manera más realista, cuando se dirija a su subconsciente, compórtese tal como lo haría si ya estuviera en posesión del objeto material que está pidiendo.

Su subconsciente traducirá en su equivalente físico, por el medio más práctico y directo, cualquier orden que se le dé en un estado de convicción o de fe.

Sin duda, se ha dicho bastante para señalar un punto de partida desde el cual uno puede, mediante la experimentación y la práctica, adquirir la capacidad de mezclar la fe con cualquier orden que se le dé al subconsciente. La perfección surgirá a través de la práctica. No puede aparecer por el mero hecho de *leer* las instrucciones.

Es esencial para usted que estimule sus emociones positivas como fuerzas dominantes de su mente, y quite importancia y elímine las emociones negativas.

Una mente dominada por emociones positivas se convierte en una morada favorable para el estado mental conocido como fe. Una mente así dominada puede, voluntariamente, darle al subconsciente instrucciones que éste aceptará y ejecutará de inmediato.

LA FE ES UN ESTADO MENTAL QUE SE PUEDE INDUCIR
MEDIANTE LA AUTOSUGESTIÓN

Durante todas las épocas, las religiones han exhortado a la humanidad en conflicto a «tener fe» en este o aquel dogma o credo, pero no han logrado explicar a las multitudes *cómo* tener fe. No han afirmado que «la fe es un estado mental que se puede inducir mediante la autosugestión».

En un lenguaje que cualquier ser humano normal podrá entender, describiremos todo lo que se sabe sobre el principio mediante el cual la fe puede aparecer donde ya no existe.

Tenga fe en usted; fe en el infinito.

¡La fe es el «elixir eterno» que da vida, poder y acción al impulso del pensamiento!

¡La fe es el punto inicial de toda acumulación de riquezas!

¡La fe es la base de todos los «milagros» y de todos los misterios que no se pueden analizar con los parámetros de la ciencia!

¡La fe es el único antídoto conocido contra el fracaso!

¡La fe es el elemento, el «componente químico» que, combinado con la plegaria, nos proporciona comunicación directa con la Inteligencia Infinita!

¡La fe es el elemento que transforma la vibración ordinaria del pensamiento, creada por la mente finita del hombre, en su equivalente espiritual!

¡La fe es el único agente a través del cual el hombre puede dominar la fuerza de la Inteligencia Infinita, y usarla!

LA MAGIA DE LA AUTOSUGESTIÓN

La prueba es simple y fácil de demostrar. Va ligada al principio de autosugestión. Por lo tanto, centremos la atención en el tema de la autosugestión, para descubrir qué es y lo que se puede alcanzar con ella.

Se sabe que uno llega, finalmente, a creer cualquier cosa que se repita a sí mismo, sea la afirmación verdadera o falsa. Si un hombre repite una mentira una y otra vez, con el tiempo aceptará esa mentira como algo cierto. Más aún, creerá que es cierta. Todo hombre es lo que es a causa de los pensamientos dominantes que él permite que ocupen su mente. Los pensamientos que un hombre adopta deliberadamente, y que anima con entusiasmo, y con los que combina una emoción o más, ¡constituyen las fuerzas motivadoras que dirigen y controlan cada uno de sus movimientos, actos y hazañas!

Los pensamientos combinados con cualquiera de las emociones constituyen una fuerza «magnética» que atrae otros pensamientos similares o relacionados.

Un pensamiento así «magnetizado» con la emoción se puede comparar con una semilla que, cuando es plantada en terreno fértil, germina, crece y se multiplica una y otra vez, hasta que aquello que en un principio fue una semillita ¡se convierte en millones de semillas de la misma clase!

La mente humana está constantemente atrayendo vibraciones que armonicen con aquella que la domina. Cualquier idea, plan, pensamiento o propósito que uno abrigue atrae infinidad de ideas afines, adhiere estas ideas a su propia fuerza y crece hasta convertirse en el propósito maestro que domina y motiva al individuo en cuya mente se ha alojado.

Volvamos ahora al punto inicial, para informarnos de cómo se puede plantar en la mente la semilla original de una idea. La información es fácil de entender: cualquier idea, plan o propósito se puede injertar en la mente *mediante la repetición del pensamiento.* Por eso le damos instrucciones para que ponga por escrito un planteamiento de su propósito principal, u objetivo primordial y preciso, lo memorice y lo repita en voz alta todos los días, hasta que las vibraciones auditivas hayan alcanzado su subconsciente.

Decídase a dejar de lado las influencias de todo ambiente desfavorable para construir su propia vida a medida. Al hacer un inventario de sus recursos y capacidades mentales, quizás usted descubra que su mayor debilidad sea su falta de confianza en sí mismo. Esta desventaja puede ser superada, y la timidez transformada en coraje a través de la ayuda que el principio de la autosugestión proporciona. La aplicación de este principio puede ejecutarse mediante la sencilla enunciación de los impulsos de pensamiento puestos por escrito, memorizados y repetidos hasta que lleguen a formar parte del instrumental del que la facultad inconsciente de su mente disponga.

FÓRMULA DE LA CONFIANZA EN UNO MISMO

Primero: sé que tengo la capacidad de alcanzar el objeto del propósito definido de mi vida; por lo tanto, exijo de mí mismo acción perseverante y continua hasta conseguirlo, y aquí y ahora prometo ejecutar tal acción.

Segundo: me doy cuenta de que los pensamientos dominantes de mi mente se reproducirán con el paso del tiempo en actos externos y físicos para transformarse en una realidad física; por lo tanto, concentraré mis pensamientos durante treinta minutos cada día en la tarea de pensar en la persona en que me propongo convertirme, creando de este modo una imagen mental clara.

Tercero: sé que, mediante el principio de la autosugestión, cualquier deseo que abrigue con perseverancia buscará expresarse a través de ciertos medios prácticos para obtener el objeto que haya tras él; por lo tanto, dedicaré diez minutos cada día a pedirme el incremento de la *confianza en mí mismo*.

Cuarto: he escrito con claridad una descripción del *objetivo primordial* de mi vida, y nunca dejaré de esforzarme, hasta que haya conseguido la suficiente confianza en mí mismo para alcanzarlo.

Quinto: comprendo con claridad que no hay riqueza ni posición que pueda durar mucho tiempo, a menos que se haya formado sobre la lealtad y la justicia; por lo tanto, no me comprometeré en ninguna transacción que no beneficie a todos a los que afecte. Tendré éxito atrayendo hacia mí las fuerzas que deseo emplear, y la cooperación de otras personas. Induciré a otros a servirme, por obra de mi disposición a servir a otros. Eliminaré el desprecio, la envidia, los celos, el egoísmo y el cinismo y cultivaré el amor por toda la humanidad, porque sé que una actitud negativa hacia los demás nunca me dará el éxito. Haré que los demás crean en mí, porque yo creeré en ellos y en mí mismo. Firmaré esta fórmula con mi nombre, la memorizaré y la repetiré en voz alta una vez cada día, con la fe absoluta de que influirá gradualmente en mis pensamientos y mis actos para que yo me convierta en una persona que confía en sí misma y que goza del privilegio del éxito.

Tras esta fórmula hay una ley de la naturaleza que ningún hombre ha sido todavía capaz de explicar. El nombre por el que dicha ley se conoce tiene poca importancia. Lo que importa de ella es que... FUNCIONA, para la gloria y el progreso de la especie humana, SI es usada de forma constructiva. Por otra parte, si se la usa destructivamente, destruirá con la misma facilidad. En esta afirmación podemos encontrar una verdad muy importante: quienes se hunden en la frustración y acaban su vida en la pobreza, la miseria y la angustia lo hacen a causa de la aplicación negativa del principio de la autosugestión. La causa se puede encontrar en el hecho de que todos los impulsos de pensamiento tienen tendencia a vestirse de su equivalente físico.

EL DESASTRE DEL PENSAMIENTO NEGATIVO

El subconsciente no distingue» entre impulsos de pensamiento positivos o negativos. Trabaja con el material que le suministramos, a través de nuestros impulsos de pensamiento. El subconsciente traducirá en algo real un pensamiento regido por el miedo con tanta facilidad como transformaría en realidad un pensamiento regido por el coraje, o por la fe.

Tal como la electricidad hace girar las ruedas de la industria y rinde servicios útiles si se la emplea correctamente, o acaba con la vida si se hace mal uso de ella, así, la ley de la autosugestión nos conducirá a la paz y la prosperidad o nos arrastrará hacia el valle de la miseria, el fracaso y la muerte, de acuerdo con el grado de comprensión y aplicación que tengamos de ella.

Si uno se llena la cabeza de miedos, dudas y desconfianza en su capacidad para conectar y usar la fuerza de la Inteligencia Infinita, la ley de la autosugestión adoptará ese espíritu de desconfianza y lo usará como patrón mediante el cual el subconsciente lo traducirá en su equivalente físico.

Así como el viento arrastra una nave hacia el este y otra hacia el oeste, usted será elevado o hundido por la ley de la autosugestión de acuerdo con la manera en que usted oriente las velas de su *pensamiento*.

La ley de la autosugestión, que puede elevar a cualquier persona a niveles asombrosos de realización, queda bien descrita en los siguientes versos.

Si piensas *que estás vencido, lo estás.*
Si piensas *que no te atreves, así es.*
Si te gusta ganar, pero piensas *que no puedes,*
es casi seguro: no ganarás.

Si piensas *que perderás, estás perdido,*
pues el mundo nos enseña
que el éxito empieza en la voluntad del hombre...
Todo está en el estado de ánimo.

Si piensas *que eres superior, lo eres.*
Has tenido que pensar *alto para ascender.*

Has tenido que estar seguro de ti mismo
antes de ganar ningún premio.

Las batallas de la vida no siempre favorecen
al hombre más fuerte o al más rápido,
pero tarde o temprano el hombre que gana
¡es el hombre que PIENSA QUE PUEDE!

Observe las palabras que se han destacado, y captará el profundo significado que el poeta expresa.

¿QUÉ GENIO YACE DORMIDO EN SU CEREBRO?

En algún rincón de su carácter está latente, dormida, la semilla de la realización que, si germinara y se pusiera en acción, lo elevaría a niveles que tal vez usted nunca soñó alcanzar.

Así como un virtuoso puede arrancar las melodías más hermosas de las cuerdas de su violín, usted puede despertar al genio que yace dormido en su mente, y hacer que lo conduzca hacia arriba, hacia cualquier objetivo que desee alcanzar.

Abraham Lincoln fue un fracasado en todo lo que intentó.... hasta después de haber alcanzado los cuarenta años. Fue un Don Nadie hasta que una gran experiencia entró en su vida y despertó al genio dormido que había en su corazón y en su cerebro, para darle al mundo uno de sus hombres realmente grandes. Esa «experiencia» estaba combinada con las emociones de la aflicción y el amor. Le aconteció a través de Ann Rutledge, la única mujer a quien amó realmente.

Es sabido que la emoción del amor está ligada al estado de ánimo conocido como la fe, y esto se debe a que el amor se aproxima mucho a traducir los impulsos de pensamiento en su equivalente espiritual. Durante su labor de investigación, el autor ha descubierto, a partir del análisis de la vida y obra y realizaciones de centenares de hombres de posiciones destacadas, que detrás de casi cada uno de ellos existía la influencia del amor de una mujer.

Si quiere pruebas del poder de la fe, examine los logros de los hombres y mujeres que se han valido de ella. Jesús, el Nazareno, encabeza la lista. La base de la cristiandad es la fe, con independencia de cuántas personas hayan falseado o malinterpretado el significado de esa gran fuerza.

La esencia de las enseñanzas y de los logros de Cristo, que pueden haberse interpretado como «milagros», son nada más y nada menos que fe. Si hay fenómenos «milagrosos», ¡se producen sólo a través del estado mental conocido como la fe!

Consideremos el poder de la fe, tal como nos la mostró un hombre bien conocido por toda la humanidad: el Mahatma Gandhi, de la India. En este hombre, el mundo tuvo uno de los ejemplos más sorprendentes de las posibilidades de la fe que conozca la humanidad. Gandhi ostentó más poder potencial que ningún otro de sus contemporáneos, y ello a pesar del hecho de que no contó con ninguna de las herramientas ortodoxas del poder, tales como dinero, barcos de guerra, soldados ni material bélico. Gandhi no tenía dinero, ni casa, ni siquiera ropas, pero tenía poder. ¿Cómo lo obtuvo?

Lo creó a partir de su comprensión del principio de la fe, y mediante su capacidad para trasplantar esa fe en el espíritu de doscientos millones de personas.

Gandhi consiguió la sorprendente proeza de influir en doscientos millones de mentes para formar un conglomerado humano que se moviese al unísono, como un solo hombre.

¿Qué otra fuerza de este mundo, aparte de la fe, puede lograr tanto?

Debido a la necesidad de la fe y de la cooperación en el funcionamiento de los negocios y de la industria, será tan interesante como provechoso analizar un suceso que nos proporciona un excelente ejemplo para la comprensión del método por el cual los individualistas y los hombres de negocios acumulan grandes fortunas al dar antes de intentar obtener.

El suceso elegido para este ejemplo data de comienzos de siglo, cuando se estaba formando la United States Steel Corporation (Corporación del acero de Estados Unidos). A medida que lea la historia, tenga presente esos hechos fundamentales, y comprenderá cómo las ideas se han convertido en fortunas inmensas.

Si usted es de los que se han preguntado a menudo cómo se han acumulado las grandes fortunas, esta historia de la creación de la United States Steel Corporation le resultará esclarecedora. Si tiene alguna duda de que los hombres pueden pensar y hacerse ricos, esta historia disipará esa duda, porque usted podrá ver con claridad en la historia de la United States Steel Corporation la aplicación de una porción importante de los principios que se describen en este libro.

El asombroso relato del poder de una idea ha sido escrito de forma espectacular por John Lowell, del *New York World-Telegram*, y lo transcribimos con su cortesía:

UN BONITO DISCURSO DE SOBREMESA POR MIL MILLONES DE DÓLARES

Aquella noche del 12 de diciembre de 1900, en la que unos ochenta miembros de la sociedad financiera se reunieron en el salón de banquetes del University Club, en la Quinta Avenida, para hacer los honores a un hombre joven del Oeste de Estados Unidos, ni media docena de los invitados supuso que estaban a punto de presenciar el episodio más importante de la historia de la industria estadounidense.

J. Edward Simmons y Charles Stewart Smith, llenos de gratitud por la pródiga hospitalidad con que Charles M. Schwab les había regalado durante una reciente visita a Pittsburgh, habían organizado la cena para presentar a aquel empresario del acero de treinta y ocho años al conjunto de banqueros del Este de Estados Unidos. Pero no esperaban que magnetizara de tal modo la convención. De hecho, le advirtieron que los corazones que cubrían las camisas de Nueva York no reaccionarían a la oratoria, y que si no quería aburrir a los Stillman, los Harriman y los Vanderbilt, sería mejor que se limitara a quince o veinte minutos de intrascendencias amables, pero nada más.

Incluso John Pierpont Morgan, sentado a la derecha de Schwab, con dignidad imperial, se contentó con agradecer muy brevemente su presencia en la mesa del banquete. Y en lo que se refería a la prensa y al público, todo el asunto ofrecía tan poco interés que los periódicos del día siguiente ni lo mencionaron.

De manera que los dos anfitriones y sus distinguidos invitados probaron los habituales siete u ocho platos. Hubo poca conversación y, versara sobre lo que versase, fue parca y discreta. Aunque algunos de los banqueros y agentes de Bolsa habían visto antes a Schwab, cuya carrera había florecido en los bancos de Monongahela, ninguno lo conocía bien. Pero, antes de que la velada acabara, ellos y «Money Master Morgan» quedarían admirados, y un bebé de mil millones de dólares, la United States Steel Corporation, nacería allí.

Quizá sea una lástima para la historia que no se haya hecho ninguna grabación del discurso de Charlie Schwab en aquella cena.

Sin embargo, tal vez se tratara de un discurso «casero», con incorrecciones gramaticales (pues los perfeccionismos del lenguaje nunca le interesaron a Schwab), lleno de refranes y compaginado con ingenio. Pero, aparte de eso, obtuvo una fuerza y un efecto impresionantes sobre los cinco mil millones de dólares de capital estimado que los comensales representaban. Cuando terminó, y la reunión vibraba todavía con sus palabras aunque Schwab había hablado durante noventa minutos, Morgan condujo al orador a una ventana apartada donde, balanceando las piernas en un alto e incómodo asiento, hablaron durante una hora más.

La magia de la personalidad de Schwab se había puesto en acción con toda su potencia, pero lo más importante y perdurable

fue el programa detallado y explícito que presentó para el crecimiento del acero. Muchos otros hombres habían tratado de intere-
sar a Morgan en montar juntos un trust del acero a partir de combinaciones con empresas de pastelería, cables y flejes, azúcar, goma,
whisky, aceite o goma de mascar. John W. Gates, el apostador, lo
había urgido a hacerlo, pero Morgan no había confiado en él. Los
hermanos Moore, Bill y Jim, mayoristas de Chicago que habían fu-
sionado una fosforera y una corporación de galletitas, habían tratado de convencerlo, fracasando en su intento. Elbert H. Gary, el sa-
crosanto abogado del Estado, quiso atraerlo a su terreno, mas no
llegó a ser lo bastante grande como para impresionarlo. Hasta que
la elocuencia de Schwab elevó a J. P. Morgan a las alturas desde
donde pudo visualizar los sólidos resultados del proyecto financiero
más atrevido que se hubiera concebido nunca, la idea era considera-
da un delirante sueño de especuladores ingenuos.

El magnetismo financiero que, hace una generación, empezó a
atraer a miles de compañías pequeñas y a veces ineficazmente dirigidas a combinaciones más grandes y competitivas, se ha vuelto operati-
vo en el mundo del acero gracias a los artilugios de aquel jovial pirata
de los negocios, John W. Gates. Éste había formado ya la American
Steel and Wire Company con una cadena de pequeñas empresas, y
junto con Morgan había creado la Federal Steel Company.

Pero al lado del gigantesco trust vertical de Andrew Carnegie,
dirigido por sus cincuenta y tres accionistas, esas otras combinaciones resultaban insignificantes. Podían combinarse como mejor les
pareciese, pero ni todas juntas harían mella en la organización de
Carnegie, y Morgan lo sabía.

El viejo escocés excéntrico también lo sabía. Desde las majes-
tuosas alturas de Skibo Castle había visto, primero divertido y luego con resentimiento, los intentos de las pequeñas compañías de
Morgan de entrometerse en sus negocios. Cuando esos intentos se
tornaron demasiado importantes, el mal genio de Carnegie se convirtió en ira y en deseos de venganza. Decidió duplicar cada fábrica
suya por cada una que sus rivales poseyeran. Hasta entonces no había tenido interés en cables, tubos, flejes ni planchas; se contentaba
con venderle el acero en bruto a esas compañías y las dejaba que
trabajaran en la especialización que quisieran. Ahora, con Schwab
como jefe y lugarteniente capaz, planeaba arrinconar a sus enemigos contra la pared.

Así fue como Morgan vio la solución a su problema de combinaciones en el discurso de Charles M. Schwab. Un trust sin Carnegie, el gigante, no sería ningún trust, sino un pastel de ciruelas sin ciruelas.

El discurso de Schwab de aquella noche del 12 de diciembre de 1900 aportó la idea, que no la solicitud, de que el vasto imperio Carnegie podía llegar a estar bajo la sombra de Morgan. Habló del futuro mundial del acero, de reorganización en aras de la eficiencia, de especialización, de deshacerse de compañías improductivas, de la concentración del esfuerzo en las propiedades florecientes, de ahorros en el tráfico de mineral bruto, de ahorros en los departamentos directivos y administrativos, de captar mercados extranjeros.

Más que todo eso, les dijo a los bucaneros que había entre ellos dónde estaban los errores de su piratería habitual. Sus propósitos, suponía él, habían sido crear monopolios, aumentar los precios y pagarse a sí mismos dividendos exagerados más allá de todo privilegio. Con su estilo campechano, Schwab condenó ese sistema. La estrechez de miras de semejante política, dijo a su auditorio, residía en el hecho de que restringía el mercado en un momento en que todo pugnaba por la expansión. Abaratando el coste del acero, explicó, se crearía un mercado expansivo; se idearían más usos para el acero y se captaría una parte considerable del mundo de la industria. En realidad, aunque él no lo supiese, Schwab era un apóstol de la moderna fabricación en serie.

Así acabó la cena en el University Club. Morgan se fue a su casa, para pensar en las predicciones de progreso de Schwab. Éste regresó a Pittsburgh, a dirigir el negocio siderúrgico para «Wee Andra Carnegie», mientras Gary y todos los demás volvían a sus teletipos, para especular, anticipándose al próximo movimiento.

No tardó mucho en producirse. A Morgan le llevó más o menos una semana digerir el festín de razonamientos que Schwab le había puesto delante. Cuando se aseguró de que no iba a sufrir ninguna «indigestión financiera», llamó a Schwab.... y se encontró con un hombre bastante reticente. Al señor Carnegie, le dijo Schwab, quizá no le alegrara mucho descubrir que el presidente de su conglomerado de empresas había estado coqueteando con el emperador de Wall Street, el barrio que Carnegie había resuelto no pisar jamás. Entonces John W. Gates, que hacía de intermediario entre Morgan y Schwab, propuso que si Schwab estuviera casualmente de paso por el Bellevue Hotel, de Filadelfia, J. P. Morgan podía «coincidir» con él en el mismo sitio. Sin embargo, cuando Schwab llegó, Morgan se hallaba enfermo en su casa de Nueva York, y, presionado por el hombre mayor, Schwab viajó a Nueva York y se presentó ante la puerta de la biblioteca del financiero.

En la actualidad, ciertos historiadores de la economía han expresado la sospecha de que esta historia, desde el principio al fin, fue planificada por Andrew Carnegie, que la cena en honor de Schwab, el célebre discurso, la reunión del domingo por la noche entre Schwab y el rey del dinero fueron sucesos que el sagaz escocés había preparado de antemano. La verdad es precisamente todo lo contrario. Cuando Schwab fue llamado a cerrar el trato, ni siquiera sabía si el «jefecito», como llamaban a Andrew, prestaría atención a una oferta de vender, en particular a un grupo de hombres a quienes Andrew consideraba dotados de algo menos que la beatitud. Pero Schwab acudió a la reunión con seis hojas escritas de su puño y letra, llenas de datos que, según él, representaban el valor físico y potencial de rendimiento de cada compañía metalúrgica que él consideraba una estrella esencial en el nuevo firmamento del metal.

Cuatro hombres sopesaron esos esquemas durante toda la noche. El jefe, por supuesto, era Morgan, firme en su credo del derecho divino del dinero. Con él estaba su socio aristocrático, Robert Bacon, un erudito y un caballero. El tercero era John W. Gates, a quien Morgan tachaba de apostador y utilizaba como herramienta. El cuarto era Schwab, que sabía más sobre el proceso de fabricar y vender acero que cualquier grupo de hombres de su época. A lo largo de aquella conferencia, los esquemas del hombre de Pittsburgh no se cuestionaron nunca. Si él decía que una compañía valía tanto, así era, y punto. También insistió en incluir en la negociación sólo las empresas que él ya había seleccionado. Había concebido una corporación sin dobleces, donde ni siquiera quedaba lugar para satisfacer la codicia de amigos que deseaban descargar sus compañías sobre los anchos hombros de Morgan.

Al amanecer, Morgan se puso de pie y se desperezó. Sólo quedaba un asunto pendiente.

—¿Cree que puede persuadir a Andrew Carnegie de que venda? —preguntó.

—Puedo intentarlo —repuso Schwab.

—Si usted consigue que venda, me comprometeré en todo este asunto —aseguró Morgan.

Hasta allí todo iba bien. Pero ¿vendería Carnegie? ¿Cuánto pediría? (Schwab pensaba en unos 320 millones de dólares.) ¿Cómo se efectuaría el pago? ¿En acciones ordinarias o preferentes? ¿En bonos? ¿En efectivo? Nadie podía reunir trescientos veinte millones de dólares en efectivo.

En enero acudieron a un partido de golf en los helados prados de St. Andrews, en Westchester: Andrew envuelto en jerséis, bien abrigado, y Charlie conversando de trivialidades, para ejercitar el buen humor. Pero no se pronunció ni una palabra sobre negocios hasta que la pareja se sentó en la cálida sala de la cabaña que Carnegie poseía cerca de allí. Entonces, con el mismo poder de convicción con que había hipnotizado a ochenta millonarios en el University Club, Schwab dejó caer rutilantes promesas de retiro y comodidad de los innumerables millones que satisfarían los caprichos sociales del viejo escocés. Carnegie estuvo de acuerdo, escribió algo en un trozo de papel y dijo:

—Muy bien, venderemos por este precio.

La cifra era de unos 400 millones de dólares y surgió a partir de los 320 millones que Schwab había previsto como precio básico, añadiéndole 80 millones para recuperar el valor añadido sobre el capital previsto durante los últimos dos años.

Más tarde, en la cubierta de un transatlántico, el escocés le decía arrepentido a Morgan:

—Ojalá te hubiera pedido cien millones más.

—Si me los hubieras pedido, te los habría dado —le respondió Morgan, amable.

Hubo cierto alboroto, por supuesto. Un corresponsal británico envió un cable diciendo que el mundo del acero extranjero estaba «aterrado» ante la gigantesca corporación. El presidente Hadley, de Yale, declaró que a menos que se regulasen los trusts, el país tendría «un emperador en Washington durante los próximos veinticinco años». Pero el hábil agente de Bolsa que era Keene se aplicó a su trabajo de impulsar tan vigorosamente las nuevas acciones hacia el público que todo el exceso de liquidez, estimado por algunos en cerca de 600 millones de dólares, fue absorbido en un abrir y cerrar de ojos. De manera que Carnegie obtuvo sus millones; el sindicato de Morgan consiguió 62 millones por todos sus «problemas», y todos los «muchachos», desde Gates a Gary, también ganaron sus millones.

Schwab, de 38 años, obtuvo su recompensa. Fue nombrado presidente de la nueva corporación, y ostentó el cargo hasta 1930.

LA RIQUEZA EMPIEZA CON UNA IDEA

La impresionante historia del gran negocio que usted acaba de leer es un ejemplo perfecto del método por el cual el deseo puede transmutarse en su equivalente físico.

Esa gigantesca organización se creó en la imaginación de un hombre. El plan por el que le proporcionaban a la organización hornos de acero que aportaban su estabilidad financiera se creó en la mente de la misma persona, Su fe, su deseo, su imaginación, su perseverancia fueron los verdaderos ingredientes esenciales que conformaron la United States Steel Corporation. Los hornos y los equipos mecánicos adquiridos por la empresa, después de haber surgido a la existencia legal, fueron incidentales, pero un análisis cuidadoso revelará el hecho de que el valor aumentado de las propiedades adquiridas por la corporación se incrementó en unos seiscientos millones de dólares, por la mera transacción que los consolidaba bajo una misma gerencia.

En otras palabras, la idea de Charles M. Schwab, sumada a la fe con la que contagió a J. P. Morgan y a los demás, había dado unos beneficios de unos seiscientos millones de dólares. ¡No es una suma insignificante por una sola idea!

La United States Steel Corporation prosperó hasta convertirse en una de las empresas más ricas y poderosas de Estados Unidos, que empleó a miles de personas, desarrolló nuevas aplicaciones para el acero, y abrió nuevos mercados, demostrando de ese modo que los seiscientos millones de beneficio producidos por la idea de Schwab estaban bien merecidos.

¡La riqueza empieza a partir de una idea!

La cantidad está limitada sólo por la persona en cuya mente esa idea se pone en movimiento. ¡La fe elimina las limitaciones! Cuando esté preparado para negociarle a la vida lo que usted desee, recuerde: usted es el que pone el precio para obtener lo que quiere.

Puntos para recordar:

La fe es indispensable para el éxito.

La fe se verá inducida y reforzada por las indicaciones que dé a su inconsciente.

Aquí ha visto cinco pasos para adquirir seguridad.

Ha visto cómo su pensamiento puede llevarle al desastre o darle la victoria y la felicidad... partiendo de las mismas circunstancias.

Hombres como Lincoln o Gandhi nos enseñan que el «magnetismo» de los pensamientos atrae pensamientos afines y puede hacer que millones de mentes piensen como una sola.

Es imprescindible que dé antes de conseguir nada. Muchos hombres ricos han tenido que aprender esto antes de que negocios piratas pudieran convertirse en negocios hechos con y para el público y que siguieran siendo rentables.

Tanto la riqueza como la pobreza son fruto de la fe.

4

Tercer paso hacia la riqueza: la autosugestión

SI QUIERE UNOS RESULTADOS SORPRENDENTES
CONSIGA QUE LA PARTE MÁS PROFUNDA DE SU
MENTE TRABAJE PARA USTED. FUERCE ESTO CON
EL PODER DE LA EMOCIÓN Y TENDRÁ UNA
COMBINACIÓN INCREÍBLE.

Autosugestión es un término que se aplica a todas las sugestiones y a todos los estímulos autoadministrados que alcanzan la propia mente a través de los cinco sentidos. Dicho de otro modo, la autosugestión es la sugestión de uno mismo. Es el agente de comunicación entre esa parte consciente de la mente y aquella otra que sirve de asiento de la acción para el subconsciente.

A través de los pensamientos dominantes que uno *permite* que permanezcan en la mente consciente (que estos pensamientos sean positivos o negativos no altera el mecanismo), el principio de la autosugestión alcanza voluntariamente el subconsciente e influye por su intermedio en esos pensamientos.

La naturaleza ha creado al hombre de tal manera que tenga control absoluto sobre el material que llega a su subconsciente, a través de sus cinco sentidos, aunque esto no significa que deba interpretarse como una afirmación de que el hombre siempre ejercite ese control. En casi todos los casos, no lo ejercita, y ello explica por qué tanta gente vive en la pobreza.

Recuerde lo que se ha dicho sobre la semejanza del subconsciente con un jardín fértil, en donde las hierbas crecen en abundancia, si no se siembran semillas de plantas más deseables. La autosugestión es el agente de control a través del cual un individuo puede alimentar voluntariamente su subconsciente con pensamientos de naturaleza constructiva o, por negligencia, permitir que los pensamientos de naturaleza destructiva se infiltren en ese rico jardín de la mente.

VEA Y SIENTA EL DINERO EN SUS MANOS

En los últimos seis pasos descritos en el capítulo sobre el deseo, usted ha recibido instrucciones para que lea en voz alta dos veces por día el enunciado escrito de su deseo de dinero, y para que se vea y se sienta ya en posesión del mismo. Al seguir esas instrucciones, usted comunica el objeto de su deseo directamente a su subconsciente en un estado de fe absoluta. Mediante la repetición de este procedimiento, usted crea con su voluntad hábitos de pensamiento que son favorables a sus esfuerzos para transmutar el deseo en su equivalente monetario.

Retroceda a esos seis pasos que se describen en el capítulo dos, para releerlos con mucha atención antes de seguir adelante. Luego (cuando llegue a esa parte), lea con atención las cuatro instrucciones para la organización de su «equipo de trabajo» que se describen en el capítulo sobre la planificación organizada. Al comparar esos dos conjuntos de instrucciones, usted se dará cuenta de que ambos se basan en el principio de la autosugestión.

Recuerde, por lo tanto, cuando lea en voz alta el enunciado de su deseo (mediante el cual usted se empeña en desarrollar una «conciencia del dinero»), que la mera lectura de estas palabras no tendrá consecuencias..., a menos que usted las funda con la emoción, con el sentido de sus palabras. Su subconsciente reconoce y actúa sólo en los pensamientos que usted ha combinado con la emoción, con el sentimiento.

Ése es un hecho tan importante como para garantizar la repetición prácticamente en cada capítulo, porque la falta de comprensión de eso es la razón principal de que la mayoría de la gente que trata de aplicar el principio de la autosugestión no logre los resultados deseados.

Las palabras indiferentes, recitadas sin emoción, no influyen en el subconsciente. Usted no obtendrá resultados apreciables hasta que aprenda a llegar a su subconsciente con pensamientos o palabras habladas que hayan sido cargados con la emoción de la convicción.

No se desanime si no puede controlar y dirigir sus emociones la primera vez que trate de hacerlo. Recuerde que no existe la posibilidad de obtener algo por nada. Por mucho que quiera, no podrá engañarse. El precio de la capacidad para influir en su subconsciente es la perseverancia incansable en la aplicación de los principios que se describen aquí. Usted no podrá formarse esa capacidad deseada por un precio menor. Usted, y sólo usted, debe decidir si la recompensa por la que se está esforzando (la «conciencia del dinero») vale el precio que debe pagar por ella con su esfuerzo.

Su habilidad para emplear el principio de la autosugestión dependerá, en gran medida, de su capacidad para concentrarse en un deseo dado hasta que ese deseo se convierta en una obsesión ardiente.

Cómo reforzar sus poderes de concentración

Cuando empiece a seguir las instrucciones de los seis pasos descritos en el segundo capítulo, será necesario que haga uso del principio de la concentración.

Así pues, le ofreceremos sugerencias para el uso de la concentración eficaz. Cuando empiece a ejecutar el primero de los seis pasos, cuyas instrucciones son «determine la cantidad exacta de dinero que desea», mantenga el pensamiento concentrado en esa cantidad de dinero, o fijada la atención en él, con los ojos cerrados hasta que, de hecho, pueda ver el aspecto físico del dinero. Haga eso por lo menos una vez al día. A medida que progrese en estos ejercicios, siga las instrucciones dadas en el capítulo de la fe, ¡y véase a sí mismo en posesión del dinero!

Aquí hay un hecho muy importante: el subconsciente asume cualquier orden que se le dé en un estado mental de fe absoluta, y actúa siguiendo esas órdenes, aunque deban repetirse a menudo una y otra vez antes de que el subconsciente las interprete. Teniendo en cuenta la afirmación anterior, considere la posibilidad de emplear una artimaña perfectamente legítima con su subconsciente, y hágale creer, porque usted cree en ello, que usted debe obtener esa cantidad de dinero que está visualizando, que esa cantidad de dinero espera que usted sea su dueño, y que el subconsciente debe proporcionarle planes prácticos para conseguir un dinero que ya es suyo.

Endósele la idea sugerida en el párrafo anterior a su imaginación, y vea cómo su imaginación puede, o podrá, crear planes prácticos para la acumulación de dinero mediante la transmutación de su deseo.

La inspiración le guiará

No espere un plan definido, mediante el cual se propondrá intercambiar servicios o mercaderías a cambio del dinero que usted visualiza; en cambio, empiece a verse en posesión del dinero, esperando y exigiendo mientras tanto que su subconsciente le proporcione los planes que necesite. Esté alerta en espera de esos planes, y póngalos en acción inmediatamente cuando surjan. Cuando los planes aparezcan, «destellarán» en su mente a través del sexto sentido, con la forma de una «inspiración». Trátela con respeto, y actúe con arreglo a ella tan pronto como la reciba.

En el cuarto de los seis pasos, se le indica que «cree un plan preciso para llevar a cabo su deseo, y empiece de inmediato a poner ese plan en acción». Debe seguir esta instrucción de la manera descrita en el párrafo anterior. No confíe en «la razón» a la hora de crear su plan para acumular dinero a través de la transmutación del deseo. Su facultad de razonamiento puede ser perezosa, y si depende por completo de sus servicios, quizá resulte defraudado.

Al visualizar el dinero que se propone acumular (con los ojos cerrados), *véase a sí mismo prestando el servicio, o proporcionando la mercancía que se propone dar a cambio de su dinero. ¡Esto es importante!*

Seis pasos para estimular su subconsciente

Resumiremos ahora las instrucciones dadas en relación con los seis pasos del segundo capítulo, y las combinaremos con los principios presentados en éste.

Primero: elija un sitio tranquilo (preferiblemente en la cama, por la noche), donde no vayan a distraerlo ni a interrumpirlo, cierre los ojos y repita en voz alta (de manera que usted pueda oír sus propias palabras) el enunciado escrito de la cantidad de dinero que se propone acumular, el plazo para esta acumulación y una descripción de los servicios o de las mercancías que pretende dar a cambio del dinero. Al ejecutar estas instrucciones, véase a sí mismo ya en posesión del dinero.

Por ejemplo, suponga que se propone acumular 50.000 dólares para el primero de enero de dentro de cinco años, que se propone prestar servicios personales a cambio del dinero, en carácter de vendedor. El enunciado escrito de su propósito deberá ser más o menos como el siguiente:

«El primer día de enero de 19.., seré poseedor de 50.000 dólares, que afluirán a mí en diversas sumas de tiempo en tiempo durante ese lapso de cinco años.

»A cambio de ese dinero daré los servicios más eficientes de que soy capaz, girando la mayor cantidad posible, y proporcionando la mejor calidad de servicios como vendedor de... (describa el servicio o la mercadería que se propone vender).

»Confío en que tendré la posesión de ese dinero. Mi fe es tan fuerte que puedo verlo ahora ante mis ojos. Puedo tocarlo con las manos. Ahora está esperando ser de mi propiedad en el momento en que yo proporcione el servicio que estoy dispuesto a dar a cambio de él. Espero un plan con el que acumular ese dinero, y lo ejecutaré tan pronto como aparezca.»

Segundo: repita este programa por la noche y por la mañana hasta que pueda ver (en su imaginación) el dinero que ha decidido acumular.

Tercero: ponga una copia de su enunciado escrito en donde pueda verla por la noche y por la mañana, y léala justo antes de dormirse y antes de levantarse hasta que la haya memorizado.

Al seguir estas instrucciones recuerde que está aplicando el principio de la autosugestión con el propósito de darle órdenes a su subconsciente. Recuerde, además, que su subconsciente acatará sólo instrucciones que estén cargadas emocionalmente, dirigidas hacia él con «sentimiento». La fe es la más fuerte y productiva de las emociones. Siga las instrucciones del capítulo dedicado a ella.

Al principio, estas instrucciones pueden parecer abstractas. No se deje inquietar por eso. Siga las instrucciones, sin prestar atención a lo abstractas o lo poco prácticas que puedan parecerle. Pronto llegará el momento en que, si ha hecho lo que se le ha indicado, tanto en espíritu como en actos, todo un nuevo universo de poder se desplegará ante usted.

El secreto del poder de la mente

El escepticismo, en relación con las nuevas ideas, es una característica de todos los seres humanos. Pero si sigue las instrucciones indicadas, su escepticismo pronto se convertirá en convicción, que a su vez cristalizará en fe absoluta.

Muchos filósofos han afirmado que el hombre es el dueño de su propio destino *terrenal,* pero casi ninguno ha conseguido decir por qué lo es. La razón de que el hombre pueda ser dueño de su propio estatus terrenal, y en especial de su nivel económico, queda expresada con todo detalle en este capítulo. El hombre puede convertirse en el dueño de sí mismo y de su entorno, porque tiene el poder de influir en su propio subconsciente.

Llevar a cabo la transmutación del deseo en dinero conlleva el empleo de la autosugestión como agente mediante el cual uno puede alcanzar el inconsciente e influir en él. Los otros principios son simples herramientas con las que aplicar la autosugestión. Atesore esta idea y siempre tendrá conciencia de la importancia del principio de la autosugestión en sus esfuerzos para acumular dinero mediante los métodos que se describen en este libro.

Una vez que haya leído el libro entero, vuelva a este capítulo y, tanto en espíritu como en actos, siga estas instrucciones:

Cada noche lea el capítulo entero en voz alta una vez, hasta que llegue a estar plenamente convencido de que el principio de la autosugestión se basa en la verdad y en el buen juicio, que le permitirán obtener todo lo que ha pe-

dido. Mientras lea, subraye con un lápiz cada frase que le impresione favorablemente.

Siga las instrucciones anteriores al pie de la letra, y el camino se le abrirá hacia una comprensión completa y el dominio de los principios del éxito.

Puntos para recordar:

Usted tiene un sexto sentido, pero sólo necesita sus cinco sentidos normales para controlar los pensamientos que llegan a su inconsciente. Una vez que haga esto, el impulso inconsciente hacia la prosperidad no dejará espacio a la pobreza.

Cuando las emociones le ayudan a ver y sentir el dinero en sus manos, el dinero puede venir de lugares que siempre han estado cerrados para usted. Póngase como objetivo una cantidad determinada, y un plazo de tiempo también.

Cuando su inconsciente le ofrezca un plan, póngalo en práctica enseguida. La inspiración es algo muy valioso y hay que usarla enseguida. «Esperar al momento oportuno» puede hacer que fracase.

Tres sencillos procedimientos lo convertirán en maestro de la sugestión. Siga las instrucciones y será usted dueño de su destino.

Toda adversidad lleva consigo la semilla de un mayor beneficio.

5

Cuarto paso hacia la riqueza:
el conocimiento especializado

SU EDUCACIÓN SERÁ LO QUE USTED QUIERA
QUE SEA, Y PODRÁ ENCONTRAR EL
CONOCIMIENTO QUE NECESITA PARA LLEGAR
ADONDE QUIERA. SI SIGUE ESTE SENCILLO PLAN,
NO EMPEZARÁ DESDE CERO.

Hay dos clases de conocimiento. Uno es el conocimiento general; el otro, el especializado. El conocimiento general, con independencia de lo vasto y variado que pueda ser, no resulta muy útil en la acumulación de dinero. Las facultades de las grandes universidades poseen, en conjunto, casi todas las formas del conocimiento general al alcance de la civilización. *La mayoría de los profesores no tienen mucho dinero.* Se especializan en *enseñar* el conocimiento, pero no se especializan en la organización de ese conocimiento ni en su empleo.

El conocimiento no atraerá el dinero, a menos que esté organizado e inteligentemente dirigido mediante *planes prácticos de acción,* para el objetivo preciso de la acumulación de dinero. La falta de comprensión de este hecho ha sido una fuente de confusión para millones de personas que creen equivocadamente que «el conocimiento es poder». ¡Ni hablar! El conocimiento es sólo poder *en potencia*, únicamente se convierte en poder si está organizado en planes definidos de acción y dirigido hacia un objetivo determinado.

El «eslabón perdido» de todos los sistemas educativos se puede encontrar en el fracaso de las instituciones educacionales en enseñar a sus estudiantes cómo organizar y usar ese conocimiento una vez que lo han adquirido.

Muchas personas cometen el error de suponer que, porque Henry Ford tenía pocos «estudios», no era un hombre instruido, «educado». Los que cometen este error no comprenden el significado real de la palabra «educado». Esa palabra deriva de la palabra latina *educo,* que significa sacar, extraer, adquirir de dentro.

Un hombre educado no es, necesariamente, alguien que tiene abundancia de conocimientos generales o especializados. Un hombre educado es el que ha cultivado las facultades de su mente de tal manera que puede adquirir cualquier cosa que se proponga, o su equivalente, sin violar los derechos de los demás.

EL «IGNORANTE» QUE AMASÓ UNA FORTUNA

Durante la Primera Guerra Mundial, un periódico de Chicago publicó ciertos editoriales en los que, entre otras cosas, a Henry Ford se le llamaba «ignorante pacifista». El señor Ford objetó esas afirmaciones y entabló un pleito por difamación contra el periódico. Cuando el juicio tuvo lugar, los abogados del periódico exigieron una justificación y llamaron al propio señor Ford al banquillo de los testigos, con el propósito de demostrarle al jurado que era un ignorante. Los abogados le hicieron a Ford una gran variedad de preguntas, todas dirigidas a demostrar de manera evidente que, si bien quizá poseyese una cantidad considerable de conocimientos especializados en lo que se refería a la fabricación de automóviles, básicamente era un ignorante.

A Ford le hicieron preguntas del estilo de: «¿Quién fue Benedict Arnold?», y «¿Cuántos soldados enviaron los británicos a las colonias americanas para sofocar la rebelión de 1776?». En respuesta a esta última pregunta, el señor Ford replicó: «Ignoro la cantidad exacta de soldados que los británicos enviaron, pero he oído decir que fue una cifra considerablemente mayor que la de los que regresaron».

Al final, el señor Ford acabó por cansarse de ese tipo de preguntas, y, para contestar una particularmente ofensiva, se inclinó hacia adelante, señaló con el dedo al abogado que había hecho la pregunta y dijo: «Si de veras quisiera responder la pregunta tonta que acaba de hacerme, o cualquiera de las otras que me ha hecho, permítame recordarle que en mi escritorio tengo una hilera de botones y que apretando el adecuado puedo llamar en mi auxilio a hombres capaces de responder cualquier pregunta que quiera hacerles en lo que concierne al negocio al que he dedicado casi todos mis esfuerzos. Ahora dígame para qué necesito llenarme la cabeza con conocimientos generales, con el fin de contestar preguntas, cuando dispongo de hombres a mi alrededor que pueden proporcionarme cualquier conocimiento que les pida».

Indudablemente, ésa fue una respuesta con mucha lógica.

Y dejó confundido al abogado. Todas las personas que había en la sala se dieron cuenta de que no era la contestación de un ignorante, sino de un hombre educado. Cualquier hombre es educado si sabe dónde adquirir el conocimiento cuando lo necesita, y cómo organizar ese conocimiento en planes definidos de acción. Mediante la asistencia de sus «equipos de trabajo», Henry Ford tenía a su alcance todo el conocimiento que necesitó para convertirse en uno de los hombres más ricos de Estados Unidos. *No era esencial que tuviese esos conocimientos en la mente.*

USTED PUEDE OBTENER TODO EL CONOCIMIENTO QUE NECESITE

Antes de que pueda estar seguro de su capacidad para transmutar el deseo en su equivalente monetario, usted necesitará conocimientos especializados del servicio, mercancia o profesión que se propone ofrecer a cambio de su fortuna. Quizá necesite muchos más conocimientos especializados de los que tiene capacidad o inclinación para adquirir, y, en ese caso, podrá superar su debilidad a través de la ayuda de su «equipo de trabajo».

La acumulación de grandes fortunas requiere poder, y éste se adquiere mediante el conocimiento especializado, inteligentemente dirigido y organizado, pero esos conocimientos no tienen por qué estar en posesión de la persona que acumula la fortuna.

El párrafo precedente debe dar ánimos y esperanza al hombre con la ambición de acumular una fortuna, que no ha adquirido la «educación» necesaria para emplear ese conocimiento especializado que probablemente necesite. Los hombres a veces pasan por esta vida sufriendo «complejos de inferioridad» porque no son hombres «educados». El hombre que pueda organizar y dirigir un «equipo de trabajo», un grupo de hombres que posee conocimientos útiles para la acumulación de dinero, es un hombre tan educado como cualquiera de los que componen el grupo.

Thomas A. Edison tuvo sólo tres meses de «escolarización» durante toda su vida. No le faltó educación, ni murió pobre.

Henry Ford no llegó al sexto curso de la escuela primaria, pero se las arregló muy bien en el plano económico.

El conocimiento especializado es uno de los servicios más abundantes y baratos a nuestro alcance. Si usted no está muy convencido de ello, consulte el tablón de anuncios de cualquier universidad.

Antes que nada, decida el tipo de conocimientos especializados que necesita, y la razón de esa necesidad. En gran medida, el propósito primordial de su vida, el objetivo por el que usted se está esforzando, lo ayudará a determinar qué conocimientos necesita. Con esta pregunta planteada, su próximo paso requiere que usted tenga información precisa sobre fuentes de información fiables. Las más importantes son:

a) Las propia experiencia y educación.

b) Experiencia y educación disponibles a través de la cooperación de otras personas («equipos de trabajo»).

c) Escuelas técnicas y universidades.

d) Bibliotecas públicas (libros y publicaciones periódicas donde se pueden encontrar todos los conocimientos organizados por la civilización).

e) Cursos especiales de aprendizaje (en escuelas nocturnas y academias por correspondencia).

A medida que los conocimientos se van adquiriendo, deben organizarse con el fin de emplearlos para un propósito definido, mediante planes prácticos. El conocimiento no tiene otro valor que el de aprovecharlo en aras de un objetivo valioso.

Si usted considera la posibilidad de cursar estudios adicionales, determine la finalidad por la que desea esos conocimientos que está buscando, y luego averigüe dónde puede obtenerse ese tipo de conocimiento, de fuentes fiables.

En todos los niveles sociales, las personas que tienen éxito nunca dejan de adquirir conocimientos especializados, relacionados con su objetivo principal, negocio o profesión. Aquellos que no tienen éxito suelen cometer el error de creer que la etapa de adquisición de conocimientos acaba cuando uno termina la escuela. La verdad es que la escuela hace muy poco más que mostrarnos el camino para adquirir conocimientos prácticos.

¡La orden del día es la especialización! Esta verdad fue puesta de relieve por Robert P. Moore, antiguo director de empleo de la Universidad de Columbia, en un artículo periodístico.

Los especialistas más buscados

Los candidatos más buscados por las agencias de empleo son personas que se han especializado en algún campo: diplomados en escuelas empresariales que tengan experiencia en contabilidad y estadística, ingenieros de todo tipo, periodistas, arquitectos, químicos, y también líderes destacados y hombres mayores, enérgicos y activos.

El hombre que ha sido activo durante sus estudios, cuya personalidad le permite llevarse bien con toda clase de gente y que ha hecho un trabajo adecuado con sus estudios, tiene un perfil más favorable que el estudiante más estrictamente académico. Algunos, gracias a sus múltiples y variadas cualificaciones, han recibido variadas ofertas de trabajo, y varios, hasta seis.

En una carta al señor Moore, en relación con posibles egresados de su universidad, una de las mayores compañías industriales, líder en su campo, decía: «Estamos interesados sobre todo en encontrar hombres capaces de lograr progresos excepcionales en niveles de gerencia. Por esta razón prestamos particular atención a cualidades de carácter, inteligencia y personalidad, por encima de formaciones educacionales específicas».

Proposición de «aprendizaje»

Al proponer un sistema de «aprendizaje» para estudiantes en oficinas, tiendas y ocupaciones industriales durante las vacaciones de verano, el señor Moore afirmaba que, después de dos o tres meses de estudios universitarios, a cada estudiante hay que pedirle que elija un curso determinado para el futuro, o que abandone los estudios si no ha hecho más que derivar sin propósito definido por su currículo sin especialización académica.

«Los colegios y las universidades tienen que afrontar la consideración práctica de que todas las profesiones y ocupaciones hoy en día exigen especialistas», decía, tratando de fomentar el hecho de que las instituciones educacionales acepten más directamente la responsabilidad de la orientación vocacional.

Una de las fuentes más fiables y prácticas de conocimientos al alcance de aquellos que necesitan educación especializada son las escuelas nocturnas, que funcionan en muchas ciudades grandes. La enseñanza por correspondencia proporciona conocimientos especializados en cualquier sitio adonde llegue el correo, y sobre todos los temas que se pueden tratar por el método de enseñanza a distancia. Una de sus ventajas es la flexibilidad del programa, que permite estudiar durante el tiempo libre. Otra ventaja de trabajar en casa (si se ha elegido una academia adecuada) es el hecho de que la mayor parte de los cursos que las academias de enseñanza por correo ofrecen incluyen generosos privilegios de consulta que pueden ser muy valiosos para el que necesita conocimientos especializados. Con independencia del lugar de residencia, uno puede aprovechar esas ventajas.

UNA LECCIÓN DE UNA AGENCIA DE COBROS

Por lo general nunca se aprecia lo que se adquiere sin esfuerzo, y sin coste alguno, y muchas veces se lo desacredita; tal vez ésta sea una de las razones por las que aprovechamos tan poco de nuestra maravillosa oportunidad en las escuelas públicas. La *autodisciplina* que uno recibe de un programa de estudios especializados compensa hasta cierto punto la oportunidad desperdiciada cuando el conocimiento estaba a nuestro alcance, gratis. Las escuelas por correspondencia son instituciones comerciales muy organizadas. Sus tarifas de matrícula y de enseñanza suelen ser tan bajas que se ven forzadas a insistir en la puntualidad y obligatoriedad de los pagos. El verse obligado a pagar, al margen de que se obtengan buenas notas o no, tiene sobre el estudiante el efecto de seguir adelante con el curso, incluso cuando preferiría dejarlo. Las escuelas por correspondencia no han resaltado lo suficiente este punto, pero lo cierto es que sus departamentos de cobro constituyen la clase más exquisita de entrenamiento en aspectos tales como *decisión, prontitud y el hábito de terminar lo que uno empieza.*

Aprendí eso por experiencia propia hace ya más de cuarenta y cinco años. Me matriculé en un curso por correspondencia sobre publicidad. Después de haber terminado ocho o diez lecciones, dejé de estudiar, pese a lo cual la escuela no dejó de enviarme las facturas. Es más, insistió en que yo efectuara mis pagos al margen de si continuaba estudiando o no. Decidí que, puesto que debía pagar de todos modos un curso (a lo que me había comprometido legalmente), completaría las lecciones y obtendría por ellas el valor de mi dinero. En aquellos momentos tuve la impresión de que el sistema de cobro de la escuela estaba demasiado bien organizado, pero más tarde aprendí en la vida que eso formó una parte valiosa de mi entrenamiento, para la cual no había tenido que pagar nada. Al verme obligado a pagar, seguí adelante y terminé el curso en cuestión. Más tarde, descubrí que el eficiente sistema de cobro de aquella escuela también fue provechoso para mí, puesto que acabé por recuperar con creces el dinero pagado, ganándolo gracias al curso de publicidad que había terminado tan de mala gana.

EL CAMINO HACIA EL CONOCIMIENTO ESPECIALIZADO

Se dice que en Estados Unidos existe el sistema de escuela pública mayor del mundo. Una de las cosas más extrañas acerca de los seres humanos es que sólo valoramos aquello que tiene un precio. Precisamente *porque son gratuitas,* las escuelas y bibliotecas públicas de Estados Unidos no impresionan a la gente. Ésa es la razón principal por la que a muchas personas les parece que es necesario adquirir conocimientos adicionales después de haber abandonado la escuela e iniciado la vida laboral. También es una de las razones principales por las que los patronos valoran a aquellos empleados que se matriculan en cursos por correspondencia. Saben por experiencia propia que cualquier persona que tenga la ambición de emplear una parte de su tiempo libre para estudiar en casa, posee esas cualidades que son necesarias para el liderazgo.

Hay en la gente una debilidad para la que no existe remedio alguno. ¡Es la debilidad universal de la falta de ambición! Las personas, en especial las asalariadas, que programan su tiempo libre para dedicarse a estudiar en casa, raras veces permanecen durante mucho tiempo en los puestos inferiores. Su acción les abre el camino hacia la posibilidad de ascender, les elimina numerosos obstáculos de ese camino y les permite ganarse el amistoso interés de quienes tienen el poder de situarlos en el camino de la oportunidad.

El método de estudiar en casa para obtener conocimientos resulta especialmente adecuado para las necesidades de las personas asalariadas que, tras haber abandonado la escuela, sienten la necesidad de adquirir conocimientos especializados, pero que no disponen de tiempo libre para volver a la escuela.

Stuart Austin Wier se preparó como ingeniero de la construcción y siguió esta línea de trabajo hasta que la Depresión limitó su mercado al punto de que ya no podía obtener los ingresos que necesitaba. Entonces hizo un inventario de sí mismo, y decidió cambiar de profesión y pasarse al Derecho. Volvió a la escuela y siguió cursos especiales mediante los que se preparó como abogado mercantil. Completó su preparación, y pasó los exámenes finales para obtener el título. A partir de ahí no tardó en labrarse una carrera muy lucrativa con la práctica de la abogacía.

Sólo para dejar las cosas bien claras, y para anticiparme a las justificaciones de quienes dirían: «Yo no podría ir a la escuela porque tengo que mantener a una familia», o bien: «Soy demasiado viejo para esas cosas», añadiré que el señor Wier tenía más de cuarenta años y estaba casado cuando volvió a estudiar. Al seleccionar cursos altamente especializados en las universidades que estaban mejor preparadas para enseñar los temas elegidos, el señor Wier completó en dos años el trabajo para el que la mayoría de los estudiantes de leyes necesitan emplear cuatro. ¡Vale la pena saber cómo adquirir el conocimiento!

UNA IDEA SENCILLA QUE DIO RESULTADO

Consideremos un caso específico.

Un vendedor de una charcutería se encontró de pronto sin empleo. Como tenía un poco de experiencia en teneduría de libros, se matriculó en un curso de contabilidad especial, se familiarizó con las últimas novedades en teneduría y equipos de oficina, y se puso a trabajar por su cuenta. Empezó con el charcutero para el que había estado trabajando, e hizo contratos con más de cien pequeños comerciantes para llevarles la contabilidad, cobrándoles una tarifa mensual muy baja. Su idea era tan práctica que pronto empezó a prepararse una oficina portátil en un pequeño camión de reparto, equipado con máquinas modernas de teneduría de libros. En la actualidad dispone de una «flota» de estas oficinas móviles, y cuenta con un extenso equipo de ayudantes, y así puede proporcionar a los pequeños comerciantes un servicio de contabilidad equivalente a los mejores, a un precio muy conveniente.

El conocimiento especializado, sumado a la imaginación, fue el ingrediente de este negocio peculiar y provechoso. El año pasado, el propietario de ese negocio pagó en impuestos sobre la renta casi diez veces más de lo que el charcutero para quien trabajaba le pagaba cuando perdió su trabajo.

¡El comienzo de ese provechoso negocio fue una idea!

Ya que yo tuve el privilegio de proporcionarle esa idea al vendedor sin empleo, me tomo ahora el privilegio mayor de sugerir otra idea que entraña la posibilidad de ingresos todavía mayores.

Ésta me la sugirió el vendedor que dejó las ventas para meterse en el negocio de la teneduría de libros como ocupación principal. Cuando le propuse ese plan como solución a su problema de desempleo, exclamó en seguida:

—Me gusta la idea, pero no sabría cómo convertirla en dinero efectivo.

En otras palabras, se estaba quejando de que no sabía cómo comercializar sus conocimientos de contabilidad después *de haberlos adquirido.*

Así, eso generaba otro problema que había que resolver. Con la ayuda de una joven mecanógrafa, preparó un librito muy atractivo donde se describían las ventajas del nuevo sistema de teneduría de libros. Las páginas se hallaban cuidadosamente mecanografiadas y pegadas en un álbum que se usaba como una especie de vendedor mudo, donde la historia de este nuevo negocio se relataba con tanta eficacia que muy pronto su propietario empezó a tener más clientes de los que podía atender.

UN PLAN EFICAZ PARA DAR CON EL TRABAJO IDEAL

Hay miles de personas en todo el país que necesitan los servicios de un especialista en ventas capaz de prepararles un currículo atractivo para ofrecer sus servicios personales.

La idea que se describe aquí nació de la necesidad de subsanar una emergencia que había que superar, pero no le ha sido útil sólo a esa persona. La mujer que creó la idea tenía una imaginación brillante. En su idea recién nacida vio una nueva profesión que serviría a los miles de personas que necesitan asesoramiento práctico para vender sus servicios personales.

Impulsada a la acción por el éxito instantáneo de su primer «plan para vender servicios personales», esta enérgica mujer se abocó a la solución de un problema similar para un hijo suyo que acababa de salir de la universidad, pero que había sido incapaz de encontrar una manera de ofrecer sus servicios. El plan que ella ideó para que el joven se empleara ha sido el mejor plan para vender servicios personales que yo haya visto jamás.

Cuando completó el currículo, contenía cincuenta páginas de información mecanografiada, perfectamente organizada, que contaba la historia de las capacidades innatas de su hijo, sus estudios, sus experiencias personales, y una gran variedad de otras informaciones demasiado extensas para describirlas. El currículo también contenía una descripción completa del puesto de trabajo que su hijo deseaba, y un esquema del plan que pondría en práctica para alcanzar ese puesto.

La preparación del libro del currículo requirió varias semanas de trabajo, durante las cuales su creadora enviaba a su hijo a la biblioteca pública casi todos los días a buscar datos que ella necesitaba para preparar el plan de venta de sus servicios. También lo enviaba a visitar a todos sus competidores para el empleo, y de ellos reunió información vital en lo concerniente a sus métodos de venta, que fue de gran valor en la formación del plan que intentaba usar para alcanzar la posición que buscaba. Cuando el plan quedó terminado, contenía más de media docena de excelentes sugerencias para uso y beneficio del aspirante al trabajo.

Uno podría sentirse tentado de preguntar: «¿Por qué todas estas complicaciones para asegurarse un trabajo?».

La respuesta es: «¡Hacer bien una cosa nunca es una complicación!». El plan que esa mujer preparó para beneficio de su hijo ayudó a éste a conseguir el trabajo para el que se había presentado, en la primera entrevista, con el salario que él mismo había estipulado.

Además (y esto también es importante), ese puesto no requería que el joven empezara desde abajo. Comenzó como ejecutivo *junior,* con un salario de ejecutivo.

Pero ¿por qué todos esos problemas?

Por una razón: la *presentación planificada* con que solicitó ese trabajo le ahorró no menos de diez años del tiempo que le hubiera hecho falta para llegar al puesto desde el que ahora empezaba si hubiese «empezado desde abajo».

La idea de empezar desde abajo y forjarse el propio camino puede parecer buena, pero la principal objeción que se le puede hacer es que son demasiados los que empiezan desde abajo y nunca se las arreglan para asomar la cabeza lo bastante arriba como para que la oportunidad los vea, de modo que se quedan abajo. También hay que recordar que la perspectiva que se observa desde abajo no es ni muy brillante ni muy estimulante. Tiene tendencia a matar la ambición. Es lo que llamamos «el recorrido de la noria», lo que significa que aceptamos nuestro destino porque nos formamos el hábito de la rutina diaria, un hábito que llega a ser tan fuerte que acabamos por no intentar ya sustraernos a él. Y ésa es otra razón por la que conviene empezar dos o tres escalones por encima del de «abajo». Al hacerlo de este modo, uno se forma el hábito de estar atento al entorno, de observar cómo progresan los demás, de buscar la oportunidad y de no dejarla escapar.

HAGA QUE EL TRABAJO INSATISFACTORIO FUNCIONE A SU FAVOR

Dan Halpin es un ejemplo espléndido de lo que voy a explicar. Durante sus años de universidad, trabajó como gerente del famoso equipo de fútbol Notre Dame, que fue campeón nacional en 1930, cuando se hallaba bajo la dirección de Knute Rockne.

Halpin terminó sus estudios universitarios en un momento sumamente desfavorable, pues la Depresión había creado una grave escasez de trabajo, así que, después de aventurarse un poco en las inversiones y en el mundo del cine, aprovechó la primera oportunidad con un futuro potencial, vendiendo audífonos a comisión. Cualquiera podía empezar en un trabajo así, y Halpin lo sabía, pero ese trabajo le bastó para abrir las puertas a la oportunidad.

Durante casi dos años siguió haciendo lo mismo a disgusto, y nunca hubiera progresado si no hubiese hecho algo con respecto a su insatisfacción. En un principio aspiró al puesto de gerente de ventas de su compañía, y obtuvo el trabajo. Aquel paso hacia arriba lo puso lo bastante por encima de los demás como para permitirle ver una oportunidad todavía mayor. Además, lo colocó en un lugar donde también la oportunidad podía verlo.

Alcanzó una cifra tan elevada de ventas de audífonos que A. M. Andrews, el directivo principal de Dictograph Products Company, una empresa competidora de la compañía para la que Halpin trabajaba, quiso conocer a ese hombre llamado Dan Halpin, que estaba aumentando tanto las ventas de la Dictograph Company. Mandó llamar a Halpin. Cuando la entrevista terminó, Halpin era el nuevo gerente de ventas de la Acousticon Division. Entonces, para poner a prueba los bríos del joven Halpin, Andrews se fue durante tres meses a Florida, dejándolo solo, a ver si nadaba o se hundía. ¡Pero no se hundió! La filosofía de Knute Rockne de que «todos adoran al ganador, pero no tienen tiempo para el perdedor», lo inspiró para esforzarse tanto en su trabajo que lo eligieron vicepresidente de la compañía, un puesto que muchos hombres estarían muy orgullosos de alcanzar tras diez años de leales esfuerzos. Halpin consiguió eso en poco más de seis meses.

Uno de los puntos importantes que intento destacar con esta forma de ver las cosas es que escalamos hasta las posiciones más elevadas o nos quedamos abajo debido a condiciones que podemos controlar, si lo deseamos.

SUS SOCIOS PUEDEN SER INAPRECIABLES

También estoy tratando de poner de relieve otro asunto, y es el siguiente: ¡tanto el éxito como el fracaso son, en gran medida, el resultado de la costumbre! No me cabe la menor duda de que la estrecha asociación de Dan Halpin con el mejor equipo de Estados Unidos plantó en la mente de Halpin el mismo tipo de deseo por destacar que hizo del Notre Dame un equipo mundialmente famoso. Desde luego, hay algo en la idea del culto al líder que resulta útil, en el supuesto de que uno admire a los ganadores.

Mi creencia en la teoría de que las asociaciones comerciales son factores vitales, tanto en el fracaso como en el éxito, fue claramente demostrada cuando mi hijo Blair estuvo negociando con el señor Halpin su puesto de trabajo. Halpin le ofreció un salario inicial de más o menos la mitad del que hubiera obtenido en una compañía rival. Yo ejercí mi presión como padre para inducirlo a aceptar su trabajo junto a Halpin, porque estoy convencido de que la estrecha asociación con alguien que se niega a comprometerse con circunstancias que no son de su agrado es un bien que no tiene precio.

Empezar desde abajo puede ser pesado, poco provechoso y monótono para cualquiera. Por eso me he tomado tiempo para describir la forma en que los comienzos desde abajo se pueden eludir con una adecuada planificación.

Haga que sus ideas rindan beneficios por medio del conocimiento especializado

La mujer que preparó el «Plan de ventas de servicios personales» para su hijo recibe ahora cartas de todas las partes del país en las que le piden su cooperación para preparar planes similares para otros que desean vender sus servicios personales por más dinero.

No debe suponerse que su plan consista sólo en una política de ventas inteligente, mediante la cual ayuda a hombres y a mujeres a pedir y recibir más dinero por los mismos servicios por los que hasta ahora habían ganado menos. Se hace cargo de los intereses del contratante, además de los del vendedor de los servicios personales, y prepara sus planes para que el empleador reciba un valor sustancial por el dinero adicional que paga.

Si usted tiene imaginación, y busca una salida más provechosa para sus servicios personales, esta sugerencia puede ser el estímulo que ha estado buscando. Una idea puede proporcionarle ingresos mucho mayores que los del médico, el ingeniero o el abogado «estándar», cuya educación ha requerido varios años de universidad.

¡No existe un precio fijo para las buenas ideas!

Detrás de todas las ideas hay conocimientos especializados. Por desgracia, para aquellos que no encuentran riqueza en abundancia, el conocimiento especializado es más abundante y se adquiere con más facilidad que las ideas. Debido a esta verdad universal, hay una gran demanda y oportunidades cada vez mayores para las personas capaces de ayudar a hombres y mujeres a vender ventajosamente sus servicios personales. La capacidad entraña imaginación, cualidad necesaria para combinar los conocimientos especializados con las ideas en forma de planes organizados, pensados para alcanzar la riqueza.

Si usted tiene imaginación, este capítulo puede presentarle una idea que le servirá como comienzo para alcanzar las riquezas que desea. Recuerde que la idea es la pieza principal. Los conocimientos especializados se pueden encontrar a la vuelta de la esquina, ¡de cualquier esquina!

Puntos para recordar:

El conocimiento es sólo un poder *potencial*. Puede organizar su conocimiento para que le proporcione planes definidos de acción orientados a un fin concreto.

Sea más abierto a lo que puede aprender de la experiencia y del contacto con otras ideas. Henry Ford fue lo bastante «ignorante» para hacer una fortuna.

Utilice algunas o todas las fuentes de conocimiento que le muestra este capítulo. El conocimiento es algo fácil de adquirir.

Si no está preparado para vender un producto, puede vender sus servicios o sus ideas a muy buen precio. Los hombres que pasan de los sesenta lo hacen con muy buenos resultados. Esta idea ha servido para dar un fuerte impulso a miles de jóvenes disciplinados.

Las sugerencias que aparecen en este capítulo pueden ahorrarle diez años en cualquier trabajo.

El conocimiento le abrirá el camino a la riqueza... si sabe qué camino tomar.

6

Quinto paso hacia la riqueza: la imaginación

TODAS LAS «PAUSAS» QUE NECESITA EN LA VIDA
LAS TIENE EN SU IMAGINACIÓN. LA
IMAGINACIÓN ES EL TALLER DE SU CABEZA, Y
PUEDE CONVERTIR LA ENERGÍA DE SU MENTE EN
LOGROS Y RIQUEZA.

La imaginación es el taller donde se plasman todos los planes creados por el hombre. Al impulso, al deseo, se les da forma, perfil y acción mediante la ayuda de la facultad imaginativa de la mente.

Se ha dicho que el hombre es capaz de crear cualquier cosa que pueda imaginar.

Mediante la ayuda de su facultad imaginativa, el hombre ha descubierto y dominado más fuerzas de la naturaleza durante los últimos cincuenta años que durante la historia de todo el género humano. Ha conquistado el espacio aéreo tan cabalmente que los pájaros resultan pobres competidores. Ha analizado y sopesado el sol a una distancia de millones de kilómetros y ha determinado, por medio de *la imaginación*, los elementos que lo componen. Ha aumentado la velocidad de locomoción hasta el punto de que ahora puede viajar más deprisa que el sonido.

La única limitación del hombre, en su facultad de razonamiento, es el grado de desarrollo de su imaginación y el uso que haga de ella. Todavía no ha alcanzado la cúspide del desarrollo y del uso de su facultad imaginativa. Apenas ha descubierto que la tiene, y tan sólo ha comenzado a usarla de una manera muy elemental.

Dos formas de imaginación

La facultad imaginativa funciona de dos maneras. Una se conoce con el nombre de «imaginación sintética», y la otra, como la «imaginación creativa».

La imaginación sintética

Por medio de esta facultad, uno puede compaginar viejos conceptos, ideas o planes en nuevas combinaciones. Esta facultad *no crea*. Funciona con el material de la experiencia, la educación y la observación con que se la alimenta. Es la facultad que más usa el inventor, con la excepción del «genio», que recurre a la imaginación creativa cuando no puede resolver su problema mediante la imagmacion sintética.

La imaginación creativa

A través de la facultad de la imaginación creativa la mente finita del hombre tiene comunicación directa con la Inteligencia Infinita. Es la facultad mediante la cual se reciben los «presentimientos» y las «inspiraciones». Por medio de esta facultad, un individuo puede «sintonizarse» o comunicarse con el subconsciente de otros hombres.

La imaginación creativa funciona de forma automática, de la manera que se describe en las páginas siguientes. Esta facultad funciona sólo cuando la mente consciente está trabajando a un ritmo extremadamente rápido, como, por ejemplo, cuando es estimulada por medio de la emoción de un *deseo intenso*.

La facultad creativa se vuelve más despierta con el desarrollo que adquiere a través del uso.

Los grandes líderes de los negocios, la industria y las finanzas y los grandes artistas, músicos, poetas y escritores han llegado al lugar que ahora ocupan porque han desarrollado la facultad de la imaginación creativa.

Tanto la imaginación creativa como la sintética se agudizan cada vez más por el uso, de la misma forma que lo hace cualquier músculo u órgano del cuerpo.

El deseo es sólo un pensamiento, un impulso. Es nebuloso y efímero. Es abstracto, y no tiene valor hasta que se ha transformado en su contrapartida física. Si bien la imaginación sintética es la que se usará con más frecuencia en el proceso de transformar el impulso del deseo en dinero, usted debe tener presente el hecho de que puede afrontar circunstancias y situaciones que exijan el empleo de la imaginación creativa.

ESTIMULE SU IMAGINACIÓN

Su facultad imaginativa puede haberse debilitado a causa de la falta de actividad. Se la puede revivir y estimular mediante el uso. Esta facultad no muere, aunque puede llegar a la inactividad total por falta de uso.

Centre su atención en el desarrollo de la imaginación sintética porque es la facultad que usted usará más en el proceso de convertir el deseo en dinero.

La transformación del impulso intangible, del deseo, en una realidad tangible, el dinero, exige el uso de un plan o más. Este plan debe realizarse con la ayuda de la imaginación, y, sobre todo, con la facultad sintética.

Léase todo el libro, y luego vuelva a este capítulo, y empiece en seguida a poner a trabajar la imaginación en la construcción de un plan, o planes, para la transformación de su deseo en dinero. Casi en cada capítulo se han dado detalladas instrucciones para elaborarlos. Siga las instrucciones que mejor se ajusten a sus necesidades. Ponga su plan por escrito, si todavía no lo ha hecho. En el momento en que complete eso, habrá dado forma definitiva y concreta a un deseo intangible. Lea una vez más el enunciado anterior. Léalo en voz alta, muy lentamente, y, a medida que lo hace, recuerde que en el momento en que reduce la afirmación de su deseo y planifica su realización sobre un papel, ha dado el primero de una serie de pasos que le permitirán convertir ese pensamiento en su contrapartida física.

LAS LEYES QUE CONDUCEN A LA FORTUNA

La Tierra sobre la que usted vive y todas las otras cosas materiales son el resultado de los cambios de la evolución, mediante los cuales las partículas microscópicas de materia se han organizado y acomodado de una manera ordenada.

Por otra parte (y esta afirmación es de fundamental importancia), este planeta, cada una de los miles de millones de células del cuerpo de usted, y cada átomo de materia, *empiezan como una forma intangible de energía.*

¡El deseo es el impulso del pensamiento! Los impulsos del pensamiento son formas de la energía. Cuando empieza a acumular dinero con un impulso del pensamiento, el deseo, usted está poniendo a su servicio el mismo «material» que la naturaleza empleó para crear este planeta y todas las formas materiales del universo, incluido el cuerpo y el cerebro en los que los impulsos de pensamiento funcionan.

Usted puede amasar una fortuna mediante la ayuda de leyes que son inmutables. Pero primero debe familiarizarse con esas leyes, y aprender a usarlas. A través de la repetición, y ofreciendo la descripción de estos principios desde todos los ángulos concebibles, el autor desea revelarle el secreto mediante el cual se han conseguido todas las grandes fortunas. Por extraño y paradójico que pueda parecer, el «secreto» no es tal. La propia naturaleza nos lo pone delante, en la Tierra donde vivimos, en las estrellas, en los planetas suspendidos en sus órbitas, en los elementos que nos rodean, y en todas las formas de vida que tenemos a nuestro alcance.

Los principios que presentamos a continuación le abrirán el camino a la comprensión de la imaginación. Asimile los que consiga entender, a medida que lee por primera vez esta manera de ver las cosas; luego, cuando relea el texto y lo estudie de nuevo, descubrirá que ha pasado algo que clarifica las cosas y le da una comprensión más amplia de todo. Pero, sobre todo, no se detenga, no dude en sus estudios de estos principios, hasta que haya leído el libro al menos unas tres veces, porque, para entonces, ya no querrá detenerse.

CÓMO HACER USO PRÁCTICO DE LA IMAGINACIÓN

Las ideas son el punto inicial de todas las fortunas. Las ideas son productos de la imaginación. Examinemos algunas bien conocidas que han dado origen a fortunas inmensas, en la esperanza de que estos ejemplos transmitirán la información precisa en lo que se refiere al método a través del cual se puede utilizar la imaginación para acumular riquezas.

Hace cincuenta años, un viejo médico rural se fue a caballo hasta el pueblo, ató su montura, entró sigilosamente en la droguería por la puerta trasera y empezó a «regatear» con el joven dependiente. Durante más de una hora, tras el mostrador, el viejo doctor y el dependiente hablaron en voz baja. Después, el doctor salió. Fue hasta el caballo y regresó a la tienda con una gran tetera antigua, y con una paleta de madera (que se usaba para revolver el contenido de la tetera), y las depositó en la parte trasera de la tienda.

El dependiente inspeccionó la tetera, buscó en su bolsillo interior, sacó un rollo de billetes y se lo alargó al doctor. El rollo contenía quinientos dólares, ¡todos los ahorros del dependiente! El doctor le dio un trocito de papel en el que aparecía escrita la fórmula secreta. ¡Las palabras de aquel trozo de papel bien valían el rescate de un rey! ¡Pero *no para el* doctor! Esas palabras mágicas eran necesarias para que la tetera empezara a hervir, pero ni el doctor ni el joven dependiente sabían qué fortunas fabulosas estaban destinadas a brotar de ella.

El viejo médico estaba contento de vender esos objetos por quinientos dólares. El dependiente se arriesgaba mucho apostando todos sus ahorros a un trocito de papel y a una tetera vieja. Nunca había soñado que su inversión comenzaría con una tetera que rebosaría de oro y que un día sobrepasaría el milagroso fenómeno de la lámpara de Aladino.

¡Lo que el dependiente había comprado en realidad era *una idea*!

La vieja tetera, y la cuchara de madera y el mensaje secreto escrito en el trocito de papel eran cosas incidentales. Las curiosas cualidades de aquella tetera empezaron a manifestarse después de que su nuevo propietario mezclara, según las instrucciones secretas, un ingrediente sobre el cual el doctor no sabía nada.

Trate de descubrir qué fue lo que el joven añadió al mensaje secreto, que hizo que la tetera rebosara de oro. Ésta es una historia de hechos, más extraños que la ficción, de hechos que se inician en la forma de una idea.

Echemos una ojeada a las vastas fortunas que esta idea ha producido. Ha rendido, y sigue rindiendo, fortunas inmensas a hombres y mujeres que se ocupan de cultivar caña de azúcar y de refinar y comercializar el azúcar.

La vieja tetera consume, anualmente, millones de botellas, proporcionando trabajo a un enorme número de trabajadores del vidrio. La vieja tetera da empleo a un ejército de dependientes, taquígrafos, escritores y expertos en publicidad en toda la nación. Ha obtenido fama y fortuna para muchísimos artistas que han creado cuadros magníficos que describen el producto.

La vieja tetera ha convertido un pequeño pueblo del sur de Estados Unidos en la capital sureña de los negocios, donde ahora beneficia directa o indirectamente cada negocio y casi a cada residente de la ciudad.

La influencia de esta idea beneficia ahora a todas las ciudades civilizadas del mundo, vertiendo un flujo continuo de oro para todo aquel que la toca.

El oro de la tetera construye y mantiene una de las universidades más importantes del sur de Estados Unidos, donde millares de jóvenes reciben el entrenamiento esencial para el éxito.

Si el producto de esa vieja tetera de bronce pudiera hablar, nos contaría escalofriantes historias de novela, en todos los idiomas. Novelas de amor, novelas de negocios, novelas de hombres y mujeres profesionales que se ven estimulados a diario por ese producto. El autor está seguro de una de esas novelas por lo menos, pues tiene parte en ella, y todo empezó no muy lejos de donde el dependiente le compró al médico la vieja tetera. Allí fue donde el autor conoció a su esposa, y ella le habló por primera vez de la tetera encantada. Era el producto de aquella tetera lo que estaban bebiendo cuando él le pidió que lo aceptase «para lo bueno y para lo malo».

Sea usted quien fuere, viva en donde viva, y sea cualquiera la ocupación a la que se dedique, recuerde en el futuro, cada vez que vea las palabras Coca-Cola, que su vasto imperio de riqueza e influencia ha surgido de una sola idea, y que el misterioso ingrediente con que el dependiente de la droguería —Asa Candler— mezcló la fórmula secreta era... *¡la imaginación!* Deténgase a pensar en ello por un momento.

Recuerde, además, que los pasos hacia la riqueza que se describen en este libro han sido los medios por los que la influencia de Coca-Cola se ha extendido a cada ciudad, pueblo, aldea y encrucijada del mundo, y que cualquier idea que usted pueda crear, tan buena y meritoria como la Coca-Cola, tiene la posibilidad de duplicar el récord de ese refresco mundialmente difundido.

QUÉ HARÍA YO SI TUVIESE UN MILLÓN DE DÓLARES

Esta historia demuestra la veracidad de aquel antiguo dicho: «Donde hay una voluntad, hay un camino». Esto me lo decía ese apreciado educador y clérigo, el extinto Frank W. Gunsaulus, que comenzó su carrera de predicador en los corrales de ganado de la región de Chicago.

Mientras el doctor Gunsaulus estudiaba en la universidad, observó muchos defectos en nuestro sistema educativo, defectos que creía que podría corregir si fuera director de un colegio.

Se propuso organizar un nuevo colegio donde llevar a cabo sus propias ideas, sin los obstáculos de los métodos ortodoxos de la educación. ¡Necesitaba un millón de dólares para poner su proyecto en marcha! ¿Hacia dónde debía tender las manos para obtener semejante suma de dinero? Ésa era la pregunta que absorbió la mayor parte de las reflexiones de ese joven y ambicioso predicador.

Pero no parecía que consiguiese progreso alguno. Todas las noches se acostaba pensando en lo mismo, y al día siguiente se levantaba con la misma idea. Siguió dándole vueltas, hasta que se convirtió en una *obsesión*.

Al ser un filósofo además de un predicador, el doctor Gunsaulus reconocía, como todos aquellos que tienen éxito en la vida, que el punto de partida es tener un *propósito definido*. Reconocía, además, que esa definición del propósito adquiere animación, vida y poder cuando está respaldada por un deseo ardiente de traducir ese propósito en su equivalente material.

Él conocía todas esas grandes verdades, y, sin embargo, no sabía dónde ni cómo encontrar un millón de dólares. El procedimiento natural hubiera sido ceder y olvidarse del asunto, diciendo: «En fin, mi idea es buena, pero no puedo hacer nada con ella porque nunca podrá producir un millón de dólares». Eso es exactamente lo que la mayoría de la gente hubiese dicho, pero no es lo que el doctor Gunsaulus dijo. Lo que dijo e hizo son cosas tan importantes que ahora se lo presento al lector, para que él mismo sea quien lo explique.

«Un sábado por la mañana me senté en mi habitación pensando maneras de conseguir el dinero necesario para llevar a cabo mis planes. Durante casi dos años había estado pensando, ¡pero *no había hecho otra cosa que pensar*!

»En aquel momento decidí que reuniría ese millón de dólares en el plazo de una semana. ¿Cómo? Eso no me preocupaba. Lo más importante era la *decisión* de conseguirlo en un plazo determinado, y quiero destacar que en el instante en que alcancé esa decisión, una extraña sensación de seguridad se apoderó de mí, de una manera que jamás había experimentado. Algo en mi interior parecía decir: "¿Por qué no has tomado esa decisión antes? Hace tiempo que ese dinero te espera".

»Los acontecimientos se precipitaron. Llamé a los periódicos y anuncié que a la mañana siguiente pronunciaría un sermón titulado "Qué haría si tuviese un millón de dólares".

»Me puse a trabajar de inmediato en el sermón, pero debo decir con franqueza que la tarea no era difícil, porque había estado preparándolo durante casi dos años.

»Mucho antes de la medianoche lo había terminado. Me fui a la cama y me dormí con un sentimiento de confianza, porque podía *verme a mí mismo en posesión del millón de dólares.*

»A la mañana siguiente me levanté temprano, me metí en el baño, leí el sermón y me arrodillé para pedir que mi sermón despertara la atención de alguien que me proporcionase el dinero que necesitaba.

»Mientras estaba rezando volví a sentir la seguridad de que el dinero estaba a punto de aparecer. En mi excitación, salí sin el sermón, y no descubrí mi descuido hasta que estuve en el púlpito, dispuesto a leerlo.

»Era demasiado tarde para volver por mis notas, ¡y fue una suerte que no pudiese hacerlo! En vez de las notas, mi propio subconsciente me proporcionó el material que necesitaba. Cuando me puse de pie para pronunciar mi sermón, cerré los ojos y hablé con todo el corazón y el alma de mis sueños. No sólo hablé para mi audiencia, también me dirigí a Dios. Dije lo que haría con un millón de dólares, si alguien me pusiera esa suma en las manos. Describí el plan que había ideado para organizar una gran institución educacional, en la que la gente joven aprendería a hacer cosas prácticas, al mismo tiempo que acumulaban conocimientos.

»Cuando terminé y me senté, un hombre se levantó lentamente de su asiento, a unas tres filas de los asientos traseros, y se acercó al púlpito. Me pregunté qué pensaría hacer. Entró en el púlpito, me tendió la mano y me dijo: "Reverendo, su sermón me ha gustado. Creo que podría hacer lo que ha dicho que haría si tuviera un millón de dólares. Para demostrarle que creo en usted y en su sermón, si viene a mi oficina mañana por la mañana, le daré el millón de dólares. Me llamo Phillip D. Armour".»

El joven Gunsaulus acudió a la oficina del señor Armour y le dieron el millón de dólares. Con ese dinero fundó el Armour Institute of Technology, que en la actualidad se conoce como Illinois Institute of Technology.

El millón de dólares necesario surgió como resultado de una idea. Detrás de esa idea estaba el deseo que el joven Gunsaulus había abrigado en su interior durante casi dos años.

Observe este importante hecho: consiguió el dinero al cabo de treinta y seis horas de haber alcanzado la decisión definitiva de obtenerlo ¡y de hacer un plan definido para ello!

No había nada nuevo ni peculiar en la vaga idea del joven Gunsaulus en lo que se refería al millón de dólares, y en sus débiles deseos de conseguirlo. Otros antes que él, y muchos más desde entonces, han tenido pensamientos similares. Pero hubo algo muy especial y diferente en cuanto a la decisión que alcanzó aquel sábado memorable, cuando dejó de lado toda indecisión y se dijo, convencido: «Conseguiré ese dinero en el plazo de una semana».

Además, ¡el principio por el cual el doctor Gunsaulus obtuvo el millón de dólares todavía tiene vigencia! ¡Está a su disposición! La ley universal funciona hoy con tanta eficacia como cuando el joven predicador la empleó de manera tan provechosa.

CÓMO TRANSMUTAR LAS IDEAS EN DINERO EFECTIVO

Observe que Asa Candler y el doctor Frank Gunsaulus tenían una característica en común. Ambos conocían la sorprendente verdad de que las ideas se pueden transmutar en dinero efectivo por medio del poder de un propósito definido, y de unos planes concretos.

Si usted es de los que creen que el trabajo duro y la honradez, por sí solos, le proporcionarán riqueza, ¡está muy equivocado! La riqueza, cuando aparece en grandes cantidades, nunca es sólo como resultado del trabajo duro. Cuando aparece, la riqueza es el resultado de exigencias definidas, basadas en la aplicación de planes definidos, y nunca se debe a la suerte ni al azar.

Una idea es un impulso de pensamiento que incita a la acción por medio de un llamamiento a la imaginación. Todos los vendedores expertos saben que, cuando las mercaderías no se pueden vender, las ideas sí. Los vendedores del montón lo ignoran, y, precisamente por eso, son «del montón».

Un editor de libros baratos hizo un descubrimiento de gran valor para todos los editores en general. Aprendió que mucha gente compra el título y no el contenido de los libros. Por el solo hecho de cambiar el título a un libro que no se vendía, sus ventas aumentaron en más de un millón de ejemplares. La «tripa», como es llamada en la jerga de los editores la parte que queda entre las cubiertas, no había cambiado. Se limitaron a arrancar las cubiertas en que figuraba el título que no se vendía, para aplicar a los ejemplares una cubierta nueva con un título que tenía un valor más «taquillero». Por sencilla que pueda parecer, ¡ésa era una verdadera idea! Era imaginación.

No existe un precio estándar para las ideas. El creador de ideas pone su propio precio, y, si es listo, logra imponerlo.

La historia de casi cada fortuna comienza el día en que el creador y el vendedor de ideas se conocen y empiezan a trabajar en armonía. Carnegie se rodeó de hombres capaces de todo lo que él no podía hacer, hombres que creaban ideas, y hombres que ponían esas ideas en práctica, y tanto él como los demás llegaron a ser fabulosamente ricos.

Hay millones de personas que se pasan la vida esperando un «golpe de suerte» favorable. Tal vez eso pueda proporcionarnos una oportunidad, pero el plan más seguro consiste en no depender de la suerte. Un «golpe de suerte» favorable fue lo que me ofreció la mejor oportunidad de mi vida, pero tuve que dedicar veinticinco años de *esfuerzos en una misma dirección* para que esa oportunidad se convirtiese en algo real.

El «golpe de suerte» consistió en conocer a Andrew Carnegie y obtener su cooperación. En aquella ocasión, Carnegie me sugirió la *idea* de organizar los principios de los logros y los triunfos en una filosofía del éxito. Miles de personas han aprovechado los descubrimientos que se han hecho durante estos últimos veinticinco años de investigación, y se han acumulado varias fortunas mediante la aplicación de esta filosofía. El comienzo fue sencillo. Era una idea que cualquiera hubiera podido poner en práctica.

El golpe de suerte favorable surgió con Carnegie, pero ¿qué hay de la determinación, la definición de los propósitos y el deseo de alcanzar el objetivo, y el esfuerzo perseverante de veinticinco años? No era un deseo ordinario el que sobrevivió a los contratiempos, a los desalientos, a los fracasos temporales, a las críticas y a los constantes recordatorios de que aquello era una «pérdida de tiempo». ¡Era un deseo ardiente! ¡Una obsesión!

Cuando Carnegie me sugirió la idea por primera vez, fue alimentada, alentada y abrigada *para mantenerla viva*. Gradualmente, la idea llegó a ser gigante por su propio poder, y entonces me alimentó, me alentó y me condujo. Las ideas son así. Primero nosotros les damos vida, acción y orientación, y luego ellas adquieren su propio poder y arrasan con cualquier tipo de oposición.

Las ideas son fuerzas intangibles, pero tienen más poder que el cerebro físico en donde nacen. Tienen el poder de seguir viviendo aun después de que el cerebro que las ha creado haya regresado al polvo.

La imaginación es el ingrediente que falta en muchos fracasos, el catalizador de muchos éxitos. Asa Candler no inventó la fórmula de la Coca-Cola, puso la imaginación que permitió hacer una fortuna con la fómula.

Una cantidad ilimitada de dinero le estará esperando cuando piense en cantidades concretas para propósitos concretos apoyados en su imaginación. Este principio permitió conseguir un millón de dólares con solo pedirlo.

Muchas fortunas sólo necesitan de una idea sencilla para formarse. Usted podría ganar miles o incluso millones sin tener ningún plan nuevo, sólo necesita una nueva *combinación*.

Incluso la herramienta más perfecta necesitará siempre a un hombre que sepa utilizarla.

Sexto paso hacia la riqueza: la planificación organizada

AQUÍ TIENE SU INTRODUCCIÓN AL SECRETO
DEL «EQUIPO DE TRABAJO». DESCUBRIRÁ CUÁL
ES EL ÁMBITO DE TRABAJO MÁS ADECUADO PARA
USTED, PARA CONVERTIRSE EN UN LÍDER Y
HACER MUCHO DINERO EN MUY POCO TIEMPO.

Usted acaba de aprender que todo lo que el hombre crea o adquiere empieza bajo la forma de un deseo, un deseo que se asume desde su primera aparición y va desde lo abstracto hasta lo concreto, en el taller de la imaginación, donde se crean y se organizan planes para su transición.

En el segundo capítulo se le instruyó para que diese seis pasos muy definidos, como primer movimiento hacia la transmutación del deseo de dinero en su equivalente físico. Uno de esos pasos es la formación de un plan, o planes, definido y práctico, mediante el cual esa transformación puede llevarse a cabo.

Ahora recibirá instrucciones sobre cómo construir planes que sean prácticos:

a) Alíese con un grupo de tantas personas como pueda necesitar para la creación y ejecución de su plan para la acumulación de dinero, haciendo uso del principio del «trabajo en equipo» que se describe en un próximo capítulo. La sumisión a este principio es esencial. No lo desatienda.

b) Antes de haber formado su «equipo de trabajo», decida ventajas y beneficios que usted puede ofrecer a cada miembro de su grupo a cambio de su cooperación. Nadie trabajará indefinidamente sin alguna forma de compensación. Ninguna persona inteligente exigirá ni esperará que otra trabaje sin una compensación adecuada, aunque ésta no siempre se encuentre en forma de dinero.

c) Acuerde reunirse con los miembros de su equipo de trabajo por lo menos un par de veces por semana, y más a menudo si es posible, hasta que hayan puesto a punto el plan necesario para la acumulación de dinero.

d) Mantenga una perfecta armonía entre usted y los miembros del equipo. Si no consigue ajustarse a esta instrucción al pie de la letra, se topará con el fracaso. El principio del «trabajo en equipo» *no se obtiene* donde la armonía perfecta no reina.

Tenga presentes estos hechos:

Primero: usted está comprometido en una empresa de gran importancia para usted. Si quiere asegurarse el éxito, ha de tener planes que sean infalibles.

Segundo: debe contar con la ventaja de la experiencia, la educación, la capacidad innata y la imaginación de otras mentes. Esto está en armonía con los métodos que siguen todas las personas que han acumulado grandes fortunas.

Ningún individuo tiene suficiente experiencia, educación, capacidad innata y conocimientos para garantizar la acumulación de una gran fortuna sin la cooperación de otras personas. Cada plan que usted adopte en la empresa de acumular riquezas debe ser la creación conjunta de usted y los demás miembros del «equipo de trabajo». Usted puede originar sus propios planes, tanto en partes como en su totalidad, pero asegúrese de que esos planes sean verificados y aprobados por su «equipo de trabajo».

SI SU PRIMER PLAN FRACASA, ¡PRUEBE OTRO!

Si el primer plan que usted adopta no funciona con éxito, cámbielo por uno nuevo; si este nuevo plan tampoco funciona, vuelva a cambiarlo por otro, y así sucesivamente hasta que encuentre un plan que dé resultado. Aquí se encuentra la causa principal de que la mayoría de los hombres tope con el fracaso, debido a su falta de perseverancia en la creación de nuevos planes para sustituir los que no funcionan. El hombre más inteligente no puede tener éxito en la acumulación de dinero (ni en ninguna otra empresa) sin contar con planes que sean prácticos y viables. Tenga presente este hecho, y, cuando sus planes fallen, recuerde que un fracaso temporal no es lo mismo que un fracaso permanente. Un fracaso indica sólo que los planes no eran buenos. Haga otros. Vuelva a empezar todo de nuevo.

El fracaso temporal debe significar sólo una cosa: la certidumbre de que hay algo que no funciona en lo planificado. Millones de hombres se pasan la vida en la miseria y en la pobreza porque les falta un buen plan mediante el cual acumular una fortuna.

Ningún hombre está vencido mientras él mismo no se rinda en su *propia mente.*

James J. Hill se topó con fracasos temporales la primera vez que se propuso reunir el capital necesario para trazar un ferrocarril de Este a Oeste de Estados Unidos, pero él también convirtió el fracaso en victoria con la utilización de *nuevos planes.*

Henry Ford conoció el fracaso temporal, no sólo al principio de su carrera en el mundo del automóvil, sino después de haber estado en lo más alto del éxito. Concibió otros planes, y siguió avanzando hacia la victoria económica.

Vemos hombres que han acumulado grandes fortunas; pero, a menudo, sólo reconocemos sus triunfos, y pasamos por alto los fracasos temporales que han tenido que superar antes de «llegar».

Ningún seguidor de esta filosofía puede esperar de manera razonable que acumulará una fortuna sin experimentar «fracasos temporales». Cuando el fracaso sobreviene, acéptelo como una señal de que sus planes no son buenos, haga otros, y encamínese de nuevo hacia su anhelado objetivo. Si pierde interés antes de haber alcanzado su objetivo, usted es una persona que abandona con facilidad. Recuerde que *los que abandonan nunca ganan..., y un ganador nunca abandona*. Copie esta frase en un papel, en letras bien grandes, y póngala donde pueda verla todas las noches antes de acostarse, y todas las mañanas antes de ir a trabajar.

Cuando empiece a elegir miembros para su equipo de trabajo, procure elegir aquellos que no se tomen el fracaso muy en serio.

Algunas personas creen tontamente que sólo el dinero puede generar dinero. ¡Esto no es verdad! El deseo, transmutado en su equivalente monetario, a través de los principios que presentamos aquí, es el agente por medio del cual se «hace» el dinero. El dinero, en sí, no es más que materia inerte. No se puede mover, no piensa, ni habla, ¡pero puede «oír» cuando, un hombre que lo desee, lo llama!

PLANIFICACIÓN DE LA VENTA DE SERVICIOS PERSONALES

La planificación inteligente es esencial para el éxito de cualquier empresa ideada con el fin de acumular riquezas. Aquí encontrará explicaciones detalladas para quienes tienen que empezar la acumulación de riquezas por el procedimiento de vender sus servicios personales.

Debe de ser muy alentador saber que casi todas las grandes fortunas empezaron en forma de compensación por servicios personales prestados, o por la venta de ideas. ¿Qué más, aparte de las ideas y de los servicios personales, tiene alguien sin propiedades para ofrecer a cambio de la riqueza?

CASI TODOS LOS LÍDERES EMPIEZAN COMO SEGUIDORES

Hablando en general, en el mundo hay dos tipos de personas. A unas se las conoce como líderes, y a otras como seguidores. Decídase desde un principio si se propone llegar a ser un líder en su vocación elegida o continuará siendo un asistente. La diferencia en las compensaciones es enorme. El asistente no puede esperar de manera razonable recibir la misma compensación que el líder, aunque muchos seguidores cometen el error de esperar la misma remuneración.

No es ninguna desgracia ser asistente. Por otra parte, tampoco tiene mérito alguno seguir siéndolo. Casi todos los grandes líderes empezaron en el puesto de los seguidores. Llegaron a ser grandes líderes porque eran seguidores inteligentes. Con muy pocas excepciones, el hombre que no pueda estar a las órdenes de un líder de manera inteligente nunca llegará a ser un líder eficaz. En cambio, el hombre que pueda seguir inteligentemente a un líder es quien desarrolla con mayor rapidez la capacidad para ser líder. Un seguidor inteligente tiene muchas ventajas; entre ellas, la oportunidad de adquirir conocimientos de su líder.

LAS CARACTERÍSTICAS PRINCIPALES DEL LÍDER

Los factores siguientes son importantes en todo líder:

1. *Valor inquebrantable,* basado en el conocimiento de sí mismo y de la propia ocupación. Ningún seguidor desea ser

dominado por un líder falto de confianza en sí mismo y de coraje. Ningún seguidor inteligente puede estar mucho tiempo dominado por un líder así.

2. *Autocontrol.* El hombre que es incapaz de controlarse nunca podrá controlar a los demás. El autocontrol es un ejemplo poderoso para los seguidores, que los más inteligentes emularán.

3. *Un claro sentido de la justicia.* Sin un sentido de lo que es justo y de la justicia, ningún líder puede dirigir a sus seguidores y mantener su respeto.

4. *Determinación en las decisiones.* El hombre que vacila en sus decisiones demuestra que no está seguro de sí mismo, y no puede conducir a otros con éxito.

5. *Exactitud en los planes.* El líder que tiene éxito debe planificar su trabajo, y trabajar *su plan*. Un líder que se mueve por conjeturas, a ojo, sin planes prácticos ni precisos, es comparable a un barco sin timón. Tarde o temprano acabará contra los arrecifes.

6. *El hábito de hacer más de lo que le corresponde.* Uno de los inconvenientes del liderazgo es el hecho de que el líder debe estar dispuesto a hacer más de lo que exige a sus seguidores.

7. *Una personalidad agradable.* Ninguna persona desaliñada y descuidada puede llegar a ser un líder eficaz. La categoría de líder requiere respeto. Los seguidores no respetarán a un líder que no destaque en todos los factores que conforman una personalidad agradable.

8. *Simpatía y comprensión.* El líder de éxito debe ser simpático con sus seguidores. Además de ser comprensivo con ellos y con sus problemas.

9. *Dominio del detalle.* Un liderazgo eficaz exige el dominio de los detalles de la posición del líder.

10. *Disposición a asumir toda la responsabilidad.* El líder de éxito debe estar dispuesto a asumir la responsabilidad por los

errores y los descuidos de sus seguidores. Si trata de eludir esta responsabilidad, dejará de ser el líder. Si uno de sus seguidores comete un error, y queda como un incompetente, el líder debe considerar que él es quien ha fallado.

11. *Cooperación.* El líder de éxito debe comprender y aplicar el principio del esfuerzo cooperativo y ser capaz de impulsar a sus seguidores a hacer lo mismo. El liderazgo requiere poder, y el poder exige cooperación.

Hay dos formas de liderazgo. La primera, mucho más eficaz, es el liderazgo con el consentimiento y la simpatía de los seguidores. La segunda, el liderazgo por la fuerza, sin el consentimiento ni la simpatía de los seguidores.

La historia está llena de pruebas de que el liderazgo por la fuerza no perdura. La caída y la desaparición de dictadores y de reyes es significativa. Indica que la gente no acatará indefinidamente un liderazgo por la fuerza.

Napoleón, Mussolini, Hitler fueron ejemplos de líderes por la fuerza. Su liderazgo ha pasado. El liderazgo con el consentimiento de los seguidores es el único perdurable.

Los hombres pueden acatar temporalmente un liderazgo por la fuerza, pero no lo harán por su propia voluntad.

La nueva marca del liderazgo abarcará los once factores descritos en este capítulo, además de algunos otros. El hombre que haga de ellos la base de su liderazgo encontrará abundantes oportunidades de liderar en todos los órdenes de la vida.

LAS DIEZ CAUSAS PRINCIPALES DEL FRACASO EN EL LIDERAZGO

Llegamos ahora a los principales errores de los líderes que fracasan, porque saber lo que hay que hacer es tan importante como saber lo *que no hay que hacer.*

1. *Incapacidad para organizar detalles.* Un liderazgo eficiente requiere capacidad para organizar y controlar los detalles. Ningún líder genuino está jamás «demasiado ocupado» para hacer cualquier cosa que se le pueda pedir en su condición de líder. Cuando un hombre, ya sea en calidad de líder o de asistente, admite que está «demasiado ocupado» para cambiar de planes, o para prestar atención a una emergencia, está admitiendo su incompetencia. El líder de éxito debe ser quien controle todos los detalles relacionados con su posición. Esto significa, por supuesto, que ha de adquirir el hábito de delegar los detalles en asistentes capaces.

2. *Mala disposición para prestar servicios modestos.* Los líderes realmente grandes están siempre dispuestos, cuando la ocasión lo exige, a llevar a cabo cualquier tipo de labor que se les pida que hagan. Que «el mejor de entre vosotros será el sirviente de todos» es una verdad que todos los líderes capaces observan y respetan.

3. *Expectativas de gratificación por lo que «saben», y no por lo que hacen con aquello que saben.* El mundo no paga a los hombres por lo que «saben». Les pagan por lo que hacen, o impulsan a hacer a otros.

4. *Temor ante la competencia de los seguidores.* El líder que teme que uno de sus seguidores pueda ocupar su puesto está prácticamente condenado a ver cumplidos sus temores tarde o temprano. El líder capaz entrena a suplentes en quienes pueda delegar, a voluntad, cualquiera de los detalles de su posición. Sólo de ese modo un líder puede multiplicarse y prepararse para estar en muchos lugares, y prestar atención a muchas cosas al mismo tiempo. Es una verdad eterna que los hombres reciben más paga *por su habilidad para hacer que los demás trabajen* que lo que ganarían por su propio esfuerzo. Un líder eficiente puede, a través del conocimiento de su trabajo y del magnetismo de su personalidad, aumentar en gran medida la eficacia de los demás, e inducirlos a

rendir más y mejores servicios que los que rendirían sin su ayuda.

5. *Falta de imaginación.* Sin imaginación, el líder es incapaz de superar las emergencias, y de crear planes que le permitan guiar con eficacia a sus seguidores.

6. *Egoísmo.* El líder que reclama todo el honor por el trabajo de sus seguidores está condenado a generar resentimientos. El verdadero líder no exige honor alguno. Le alegra ver que los honores, cuando los hay, son para sus seguidores, porque sabe que la mayoría de los hombres trabajarán con más entusiasmo por recomendaciones y reconocimientos que sólo por dinero.

7. *Intemperancia.* Los seguidores no respetan a los líderes intemperantes. Además, la intemperancia en cualquiera de sus diversas formas destruye la resistencia y la vitalidad de cualquiera que se deje llevar por ella.

8. *Deslealtad.* Quizás esta causa debería encabezar la lista. El líder que no sea leal con su organización y con su equipo, con quienes están por encima de él y con quienes están por debajo, no podrá mantener mucho tiempo su liderazgo. La deslealtad le señala como alguien que está en el nivel del polvo que pisamos, y atrae sobre su cabeza el desprecio que se merece. La falta de lealtad es una de las principales causas de fracaso en todos los terrenos de la vida.

9. *Acentuar la «autoridad» del liderazgo.* El líder eficiente enseña mediante el estímulo y no intenta atemorizar a sus seguidores. El líder que trata de impresionar a sus seguidores con su «autoridad» entra en la categoría del liderazgo por la fuerza. Si un líder lo es de verdad, no necesitará anunciarlo, a no ser mediante su conducta, es decir, con su simpatía, comprensión y sentido de la justicia, y demostrando, además, que conoce su trabajo.

10. *Insistir en el título.* El líder competente no necesita «títulos» para obtener el respeto de sus seguidores. El hombre que insiste demasiado en su título, generalmente no tiene mu-

cho más en qué apoyarse. Las puertas del despacho de un verdadero líder permanecen abiertas para todos aquellos que deseen entrar, y su lugar de trabajo está tan libre de formalidad como de ostentación.

Entre las causas de fracaso en el liderazgo, éstas son las más comunes. Cualquiera de ellas es suficiente para provocar el fracaso. Estudie cuidadosamente la lista si aspira al liderazgo, y asegúrese de no cometer ninguna de estas faltas.

ALGUNOS CAMPOS FÉRTILES EN LOS QUE HABRÁ DEMANDA DE NUEVOS LÍDERES

Antes de terminar con este capítulo llamaremos su atención sobre algunos campos fértiles donde se ha producido un declive del liderazgo y en los cuales el nuevo tipo de líder puede encontrar abundancia de oportunidades.

Primero: en el campo de la política hay una insistente demanda de nuevos líderes, una demanda que apunta nada menos que a una emergencia.

Segundo: en el mundo de la Banca se está produciendo una reforma.

Tercero: la industria tiene nuevos líderes. Para que pueda perdurar, el nuevo líder industrial debe considerarse casi como un funcionario público, cuyo deber es manejar su empresa de manera tal que no imponga penurias a ningún individuo ni a ningún grupo.

Cuarto: el líder religioso del futuro se verá obligado a prestar más atención a las necesidades temporales de sus seguidores, a la solución de los problemas económicos y personales del presente, y a prestar menos atención al pasado, que ya no existe, y al futuro, que no ha llegado aún.

Quinto: en las profesiones del derecho, la medicina y la educación, se necesitará una forma de liderazgo nueva y, en alguna medida, también nuevos líderes. Esto es sobre todo válido en el campo de la educación. El líder en este campo deberá encontrar, en el futuro, formas y medios nuevos de enseñar a la gente la manera de aplicar el conocimiento que se les ha impartido, ocupándose más de la práctica y menos de la teoría.

Sexto: en el campo del periodismo se necesitarán nuevos líderes.

Éstos no son más que algunos de los campos en que actualmente se dispone de oportunidades para nuevos líderes y para una forma de liderazgo también nueva. El mundo está sufriendo rápidos cambios, y esto significa que los medios por obra de los cuales se promueven los cambios en los hábitos humanos deben adaptarse a los cambios. Los medios que describimos aquí son los que, en mayor medida que ningún otro, determinan la tendencia de la civilización.

CUÁNDO Y CÓMO SALIR EN BUSCA DE EMPLEO

La información que aquí le presentamos es el resultado neto de muchos años de experiencia durante los cuales miles de mujeres y de hombres fueron ayudados a comercializar eficazmente sus servicios.

La experiencia ha demostrado que los siguientes medios ofrecen los métodos más eficaces y más directos para poner en contacto a quien necesita vender sus servicios personales con la persona que necesita comprarlos.

1. *Oficinas de empleo.* Se debe tener cuidado en seleccionar sólo las de buena reputación, en las cuales la gerencia pue-

da mostrar archivos que comprueben el logro de resultados satisfactorios. Tales oficinas son bastante escasas.

2. *Anuncios en periódicos, revistas y publicaciones comerciales.* Generalmente se puede confiar en que los anuncios clasificados den resultados satisfactorios en el caso de los que buscan empleos en oficinas u otros cargos asalariados comunes. Los anuncios destacados son más deseables en el caso de quienes buscan conexiones exclusivas, y se deben publicar en la sección del periódico que más fácilmente haya de llamar la atendón de la clase de patrono que uno busca. El anuncio lo debe preparar un experto, que sepa cómo destacar las cualidades vendibles necesarias para obtener respuestas.

3. *Cartas personales de presentación,* dirigidas a determinadas firmas o personas que puedan necesitar los servicios que uno ofrece. Las cartas deben estar siempre *mecanografiadas con pulcritud,* y llevar la firma manuscrita. Con la carta enviará un resumen completo de las cualificaciones del aspirante. Tanto la carta de presentación como el currículo, o lista de cualificaciones, deben ser preparados por un experto. (Véanse las instrucciones referentes a la información que se ha de incluir.)

4. *Presentación por intermedio de relaciones personales.* Cuando sea posible, el aspirante debe tratar de establecer contacto con un posible patrono valiéndose de las relaciones personales. Este método es especialmente ventajoso en el caso de quienes buscan contactos a nivel ejecutivo y no desean dar la impresión de estar «vendiéndose como baratijas».

5. *Presentación personal.* En algunos casos puede resultar más eficaz que el aspirante ofrezca sus servicios personalmente a sus posibles empleadores, y, de ser así, se ha de presentar por escrito una lista completa de las cualificaciones para el cargo, dado que suele suceder que el patrono en potencia quiere estudiar con sus socios los antecedentes del aspirante.

La información que se debe incluir en un expediente escrito

El expediente ha de ser preparado con tanto cuidado como un abogado prepararía el legajo de un caso que ha de defender ante el tribunal. A menos que el aspirante tenga experiencia en la preparación de documentos así, debe consultar con un experto, cuyos servicios contratará con este fin. Los comerciantes de éxito emplean como anunciantes a hombres y mujeres que entienden el arte y la psicología de la presentación de los méritos de su mercancía, y quien tiene que vender sus servicios personales debe hacer lo mismo. En el expediente se ha de incluir la información siguiente:

1. *Educación.* Enuncie en forma breve, pero clara, su nivel de escolarización y los temas en que se ha especializado, dando las razones para esa especialización.

2. *Experiencia.* Si ya ha tenido experiencia en cargos similares al que ahora busca, descríbala en detalle, dando los nombres y direcciones de sus antiguos patronos. Trate de destacar claramente cualquier experiencia especial que pueda haber tenido y que lo califique para adjudicarse el cargo al que aspira.

3. *Referencias.* Casi todas las firmas comerciales desean tener información completa sobre los trabajos anteriores y antecedentes de los aspirantes que buscan cargos de responsabilidad. Con las fotocopias de su expediente incluya copias de cartas de:

a) Patronos anteriores.
b) Profesores y maestros con quienes estudió.
c) Personas relevantes en cuyo juicio se pueda confiar.

4. *Fotografía.* Incluya una fotografía reciente.

5. *Ofrézcase para un cargo específico.* Nunca deje de incluir en la presentación una descripción exacta del cargo o actividad

que usted busca. Nunca se limite a pedir «un puesto». Eso indica la falta de cualificaciones especializadas.

6. *Enuncie sus cualificaciones para ocupar el cargo que desea.* Exprese detalladamente la razón por la que cree estar cualificado para el puesto que busca. Éste es el detalle más importante de su presentación, y el que, más que ninguna otra cosa, determinará la consideración que usted reciba.

7. *Ofrézcase para un período de prueba.* Ésta puede parecer una sugerencia radical, pero la experiencia ha demostrado que rara vez deja de asegurar por lo menos una prueba. Si usted está seguro de sus cualificaciones, una prueba es todo lo que necesita. Digamos de paso que un ofrecimiento así indica que usted está seguro de su capacidad para ocupar el cargo al que aspira. Es muy convincente. Deje claro que su ofrecimiento se basa en:

a) Su seguridad de ser capaz de ocupar el cargo.

b) Su confianza en lo que decidirá su posible patrono una vez que lo haya probado.

c) Su determinación de alcanzar el puesto.

8. *Muestre su conocimiento de las actividades comerciales de su futuro patrono.* Antes de ofrecerse para un puesto, póngase al tanto del negocio para familiarizarse con él, e indique en su expediente los conocimientos que tenga de ese campo. Así dará una buena impresión, porque evidenciará que tiene imaginación y que está realmente interesado en el puesto que busca.

Recuerde que no es el abogado que más sabe de leyes el que gana el proceso, sino el que mejor lo prepara. Si su «caso» está bien preparado y presentado, tendrá, ya desde el comienzo, media victoria.

No tema presentar un expediente demasiado largo. A los patronos les interesa tanto contratar los servicios de aspirantes bien cualificados como a usted conseguir empleo. La verdad es que el éxito de la mayoría de los patronos que lo consiguen se debe, sobre todo, a su capacidad para seleccionar colaboradores bien cualificados. Y para eso quieren toda la información posible.

Recuerde otra cosa: la pulcritud en la presentación de su expediente indicará hasta qué punto es usted una persona minuciosa. Yo he ayudado a redactar currículos a clientes tan especiales y fuera de lo común que lograron que los contrataran sin necesidad de tener una entrevista personal.

Cuando haya completado su expediente, hágalo encuadernar y encabécelo más o menos así:

EXPEDIENTE DE LAS CUALIFICACIONES DE

Carlota Díaz Moreno

PARA OPTAR AL CARGO DE

secretaria personal del
presidente de la

EMPRESA DE SUMINISTROS INFORMÁTICOS, S. A.

Cambie los nombres cada vez que presente su expediente. Este toque personal llamará sin duda la atención sobre usted. Preséntelo pulcramente mecanografiado o mimeografiado en el mejor papel que pueda conseguir y hágale una carpeta con una cartulina de las que se usan para cubiertas de libros, de modo que se pueda cambiar si se ha de presentar a más de una empresa. En alguna de las páginas debe figurar su fotografía. Siga estas instrucciones al pie de la letra e introduzca todas las mejoras que su imaginación le sugiera.

Los vendedores de éxito se presentan bien vestidos y arreglados, porque entienden que la primera impresión es la que perdura. Su expediente es el vendedor de usted. Vístalo bien, de modo que marque un nítido contraste con cualquier cosa que su futuro patrono haya podido ver antes en cuanto a la forma de presentarse a solicitar empleo. Si el cargo que usted busca merece la pena, más vale que usted se la tome. Además, si usted se vende a un patrono de una manera tal que su individualidad lo impresione, es probable que le pague mejor sus servicios, desde el primer día, que si se hubiera presentado a buscar empleo de la manera convencional en que todos lo hacen.

Si busca un trabajo a través de una agencia de publicidad o de la oficina de empleo, haga que el agente use copias de su expediente cuando ofrezca sus servicios. Eso le ayudará a encontrarse en una situación de preferencia, tanto en relación con su agente como con sus posibles patronos.

Cómo conseguir el cargo que desea

Todos disfrutamos haciendo el tipo de trabajo para el cual nos sentimos más adecuados. A un artista le encanta trabajar con pintura, a un artesano con las manos, y a un escritor le gusta escribir. Los que no tienen una idea tan definida muestran también su preferencia por ciertos campos del comercio y de la industria. Por esta razón, en Estados Unidos se ofrece una completa gama de ocupaciones, desde arar la tierra hasta cualquier actividad fabril, de *marketing* o profesional que a usted se le ocurra.

Primero: decida *exactamente* qué trabajo quiere. Si es un trabajo que aún no existe, quizá usted pueda crearlo.

Segundo: escoja la empresa o la persona para la que quiere trabajar.

Tercero: estudie a su posible patrono en lo que se refiere a sus políticas comerciales y de personal, y a las probabilidades de ascenso.

Cuarto: analícese y analice sus talentos y capacidades para precisar qué *puede ofrecer*, y organice maneras y medios para presentar las ventajas, servicios, planes e ideas siempre que usted crea estar en condiciones de ofrecer con éxito.

Quinto: olvídese de «un trabajo». Olvídese de si hay o no una oportunidad. Olvídese de la rutina habitual del «¿Tiene trabajo para mí?». Concéntrese en lo que *usted puede dar.*

Sexto: una vez que tenga mentalmente claro su plan, busque una persona que sea capaz de ponerlo por escrito, en forma detallada.

Séptimo: preséntesela a la persona con la autoridad necesaria y deje que se ocupe del resto. Todas las compañías andan en busca de personas que puedan ofrecerles algo de valor, ya sean ideas, servicios o «contactos». Todas las empresas tienen lugar para la gente que dispone de un plan de acción definido que represente una ventaja para la compañía.

Este formalismo puede llevarle unos días o unas semanas más de tiempo, pero la diferencia en ingresos, en ascensos y en obtención de reconocimiento le ahorrará años de trabajo duro y salario escaso. La principal ventaja es que se evitará de uno a cinco años de espera para alcanzar el objetivo que se haya propuesto.

Toda persona que comienza, o que «se mete» en medio de la escala del éxito, ha necesitado, para conseguirlo, una planificación deliberada y cuidadosa.

La nueva manera de comercializar servicios

En el futuro, los hombres y las mujeres que mejor comercialicen sus servicios tendrán que reconocer el cambio que se ha producido en lo referente a la relación entre patrono y empleado.

La relación del futuro entre los patronos y sus empleados será más afín a una sociedad integrada por:

a) El patrono
b) El empleado
c) El público al que sirven

Si decimos que esta manera de comercializar los servicios personales es nueva, ello se debe a varias razones. Primero, porque en el futuro tanto el patrono como el empleado serán considerados empleados comunes, puestos ambos al servicio de un cliente, el público, y su negocio consistirá en servir a su cliente con eficiencia. En el pasado, patronos y empleados se han trabado en luchas por el empeño de sacar cada uno el mejor partido posible del otro, sin considerar que, en última instancia, en realidad estaban regateando a expensas de un tercero, el público al que servían.

«Cortesía» y «servicio» son las actuales consignas de la comercialización, y son aplicables a la persona que ofrece servicios personales en forma aún más directa que al patrono a quien ésta sirve, porque, en última instancia, tanto el patrono como su empleado son empleados del público al que sirven. Si no alcanzan a darle buen servicio, lo pagan con la pérdida de su privilegio de servir.

Todos podemos recordar el tiempo en que el empleado que venía a leer el contador del gas aporreaba la puerta con tanta fuerza como para romper los paneles. Cuando le abrían, entraba con aire prepotente, con una mueca en el rostro que era un evidente reproche por haberlo tenido esperando. Todo aquello ha cambiado. El empleado del gas se conduce hoy por hoy como un caballero que estuviese «encantado de poder servirle a usted». Antes de que las compañías de gas se dieran cuenta de que sus empleados estaban acumulando deudas que jamás se acabarían de pagar, aparecieron los corteses vendedores de quemadores de petróleo y se quedaron con el mercado.

Durante la Depresión en Estados Unidos, pasé varios meses en la región del carbón de antracita en Pennsylvania, estudiando las condiciones que estuvieron a punto de destruir aquella industria. Los empresarios del carbón y sus empleados negociaron tratos recíprocamente provechosos, añadiendo el precio de la «negociación» al del carbón, hasta que terminaron por descubrir que habían organizado un negocio maravilloso para los fabricantes de equipos quemadores de petróleo y para los productores de crudo.

Relato estos ejemplos para aquellos que tienen servicios personales que ofrecer, con el fin de demostrarles que, si estamos donde estamos y somos lo que somos, ¡se debe a nuestra propia conducta! Si hay un principio de causa y efecto que rige los negocios, las finanzas y el transporte, ese mismo principio vale para los individuos y determina su estatus económico.

¿CUÁL ES SU CIFRA DE CCE?

Las causas del éxito en la comercialización efectiva y permanente de los servicios se han descrito con toda claridad. A menos que estudie, analice, entienda y aplique estas causas, nadie puede comercializar sus servicios de manera eficaz y permanente. Cada persona debe ser su propia vendedora de servicios personales. La calidad y la cantidad de los servicios prestados, y el espíritu del que los presta, determinan en gran medida la remuneración y la duración del empleo. Para comercializar eficazmente los servicios personales (lo cual significa un mercado permanente, a un precio satisfactorio y en condiciones agradables), uno debe adoptar y seguir la fórmula «CCE», que significa que la calidad, más la cantidad, más el adecuado espíritu de cooperación, dan como resultado una perfecta venta de servicios. Recuerde la fórmula «CCE», pero haga algo más: ¡aplíquela, siempre!

Vamos a analizar la fórmula para asegurarnos de que entendemos exactamente lo que significa.

1. *La calidad* del servicio debe ser entendida en el sentido de realizar cada detalle que se relacione con su cargo de la manera más eficiente posible, teniendo siempre presente como objetivo una mayor eficacia.

2. *La cantidad* del servicio se ha de entender en el sentido del hábito de prestar la totalidad del servicio del cual usted es capaz, en todo momento, con el propósito de incrementar la cantidad de servicios prestados a medida que su habilidad aumente con la práctica y la experiencia. Volvemos a insistir en la palabra *hábito*.

3. *El espíritu* de servicio se ha de entender en el sentido de hábito de una conducta agradable y armoniosa que induzca a la cooperación de socios y empleados.

Adecuar la calidad y la cantidad del servicio no basta para mantener un mercado permanente para sus servicios. La conducta, o el espíritu con que usted preste el servicio, es un fuerte factor de determinación relacionado tanto con la remuneración que usted recibe como con la duración del empleo.

Andrew Carnegie resaltó este punto más que otros en relación con su descripción de los factores que conducen al éxito en la comercialización de servicios personales, insistiendo reiteradamente en la necesidad de una conducta armoniosa. Subrayó el hecho de que él no conservaría a ningún hombre, por más abundante que fuera la cantidad, o eficiente la calidad de su trabajo, *a menos* que trabajase con un espíritu de armonía. Carnegie insistía en que sus hombres fuesen corteses y agradables. Para demostrar que asignaba un elevado valor a esta cualidad, ayudó a enriquecerse a muchos hombres *que se ajustaban a sus normas*. Los que no lo hacían tenían que dejar lugar a los otros.

La importancia de una personalidad agradable se destaca porque es un factor que le permite a uno prestar servicios con el espíritu adecuado. Si uno tiene una personalidad que agrada, y presta sus servicios con espíritu de armonía, éstas son ventajas que suelen compensar deficiencias tanto en la calidad como en la cantidad del servicio ofrecido. Nada, sin embargo, puede sustituir con éxito a una conducta agradable.

El valor capital de sus servicios

La persona cuyos ingresos totales se derivan de la venta de servicios personales no es comerciante en menor medida que el hombre que vende bienes de consumo, y bien se podría añadir que una persona así está sometida a las mismas reglas de conducta que el comerciante que vende mercancías.

Si insistimos en ello es porque la mayoría de las personas que viven de la venta de servicios personales cometen el error de considerarse libres de las reglas de conducta y de las responsabilidades que corresponden a quienes se dedican a la comercialización de bienes y productos.

Ha pasado la época del «sale para conseguir», ya que tal personaje ha sido sustituido por el que «sale para dar».

El verdadero valor de capital de su cerebro puede estar determinado por la cantidad de ingresos que usted es capaz de producir (comercializando sus servicios). Usted puede lograr una estimación adecuada del valor de capital de sus servicios si multiplica su ingreso anual por dieciséis y dos tercios, puesto que es razonable calcular que su ingreso anual representa el seis por ciento de su valor de capital. El dinero rinde el 6% anual, y el dinero no vale más que el cerebro. Con frecuencia, mucho menos.

Si es comercializado con eficacia, un «cerebro» competente representa una forma de capital mucho más deseable que la que se requiere para manejar un negocio que se ocupe de bienes de consumo, porque el «cerebro» es una forma del capital que no se puede desvalorizar en forma permanente por obra de la depresión, ni es tampoco una forma de capital que se pueda robar o que se desgaste. Además, el dinero, que es esencial para la conducción de un negocio, resulta tan valioso como un montón de arena mientras no se combine con un «cerebro» eficiente.

LAS TREINTA Y UNA CAUSAS PRINCIPALES DEL FRACASO

La mayor tragedia de la vida es la de los hombres y las mujeres que se empeñan seriamente en fracasar. La tragedia reside en la abrumadora mayoría de personas que fracasan, en comparación con las pocas que alcanzan el éxito.

Yo he tenido el privilegio de analizar a varios miles de hombres y mujeres, el 98% de los cuales habían sido catalogados como «fracasos». Mi análisis demostró que hay treinta y una razones fundamentales para el fracaso, y trece principios importantes merced a los cuales la gente acumula fortunas. En este capítulo se dará una descripción de las treinta y una causas principales del fracaso. A medida que lea la lista, vaya marcando, punto por punto, cuántas de estas causas de fracaso se interponen entre usted y el éxito.

1. *Antecedentes hereditarios desfavorables.* Poco o nada es lo que se puede hacer por las personas que nacen con un poder cerebral deficitario. Nuestro enfoque no ofrece más que un único método de salvar esta dificultad, y es el trabajo en equipo. Vale la pena señalar, sin embargo, que ésta es la única de las treinta y una causas de fracaso que ningún individuo puede corregir con facilidad.

2. *Falta de un propósito definido en la vida.* No hay esperanza de éxito para la persona que carece de un propósito central o de un objetivo definido al cual apuntar. El noventa y ocho por ciento de las personas a quienes he analizado no lo tenían, y quizás ésa fuera la causa principal de su fracaso.

3. *Falta de ambición para elevarse por encima de la mediocridad.* No ofrecemos esperanzas a la persona que es tan indiferente que no le interesa mejorar en la vida y que no está dispuesta a pagar el precio.

4. *Educación insuficiente.* Es una desventaja que se puede superar con relativa facilidad. La experiencia ha demostrado que las personas mejor educadas son, con frecuencia, aquellas a quienes se considera que se han hecho a sí mismas, o que se educaron solas. Para ser una persona con educación se requiere algo más que un título universitario. Una persona educada es cualquiera que haya aprendido a conseguir lo que quiere de la vida sin violar los derechos de los demás. La educación no consiste tanto en el conocimiento como en saber aplicarlo con eficacia y persistencia. A la gente no se le paga sólo por lo que sabe, sino más bien por lo que hace con lo que sabe.

5. *Falta de autodisciplina.* La disciplina proviene del autocontrol; eso significa que uno debe controlar todas las cualidades negativas. Antes de poder controlar otras condiciones, debe empezar por controlarse a sí mismo. El dominio de uno mismo es la tarea más difícil que se puede abordar. Si usted no es capaz de cumplirla con éxito, estará a merced de sí. Cuando se mire al espejo, podrá ver al mismo tiempo a su mejor amigo y a su peor enemigo.

6. *Mala salud.* Nadie que no tenga una buena salud puede gozar de un éxito perdurable. Muchas causas de mala salud son susceptibles de control. Entre ellas, las principales son:

a) Comer en exceso alimentos que dañen la salud.

b) Hábitos de pensamiento erróneos, conducentes a la expresión de actitudes negativas.

c) Abusos y excesiva complacencia en la vida sexual.

d) Falta de ejercicio físico adecuado.

e) Una provisión insuficiente de aire fresco, debida a una respiración inadecuada.

7. *Influencias desfavorables durante la niñez.* «A un árbol hay que enderezarlo cuando es joven», dice el refrán. La mayoría de las personas con tendencias criminales las han adquirido como resultado de un ambiente desfavorable y de relaciones inapropiadas durante su niñez.

8. *La dilación habitual.* He aquí una de las causas más comunes de fracaso. La tendencia a dejarlo todo para más adelante acecha a todos los seres humanos desde la sombra y espera su oportunidad para destruir sus probabilidades de éxito. La mayoría andamos por la vida como fracasados porque aguardamos «el mejor momento» para empezar a hacer algo que valga la pena. No espere, porque el momento nunca será «el mejor». Empiece donde esté y trabaje con las herramientas que tenga a su disposición, ya que las irá encontrando mejores a medida que avance.

9. *Falta de persistencia.* La mayoría somos buenos para empezar, pero no servimos para terminar todo lo que comenzamos. Además, la gente tiene propensión a abandonar la lucha ante los primeros signos de derrota. No hay sustituto para la persistencia. La persona que hace de la persistencia su consigna descubre que, finalmente, el fracaso se cansa de perseguirle y se va. El fracaso no triunfa sobre la persistencia.

10. *Personalidad negativa.* No hay esperanza de éxito para la persona que repele a los demás a causa de su personalidad negativa. El éxito se alcanza mediante la aplicación del poder, y el poder se consigue merced a los esfuerzos de cooperación con otras personas. Una personalidad negativa no induce a la cooperación.

11. *Falta de control del impulso sexual.* La energía sexual es el más poderoso de los estímulos que mueven a la gente a la acción. Por ser la más poderosa de las emociones, debe estar controlada mediante la transmutación, y ser canalizada por otras vías.

12. *Deseo incontrolado de conseguir «algo por nada».* El instinto del juego arrastra a millones de personas al fracaso. De

ello se pueden encontrar pruebas en un estudio del crac de Wall Street en el año 29, cuando millones de personas intentaron hacer dinero jugando a la Bolsa.

13. *Falta de un poder de decisión bien definido.* Los triunfadores toman decisiones con prontitud, y las cambian, si las cambian, con mucha lentitud. Los que fracasan toman decisiones, si las toman, muy lentamente, y las cambian rápidamente y con frecuencia. La indecisión y la tendencia a dejar las cosas para después son hermanas gemelas. Donde una de ellas se encuentra, suele hallarse también la otra. Apresúrese a anular esta pareja antes de que ella pueda encadenarlo a la rueda del fracaso.

14. *Uno o más de los seis miedos básicos.* En un capítulo posterior se encontrará el análisis de los miedos básicos, que es preciso dominar para que uno pueda comercializar sus servicios de manera eficaz.

15. *Selección errónea de la pareja en el matrimonio.* Se trata de un caso muy común de fracaso. La relación que se establece en el matrimonio hace que las personas se encuentren en íntimo contacto. A menos que esa relación sea armoniosa, es muy probable que se produzca el fracaso. Además, será una forma de fracaso que se verá marcada por la miseria y la infelicidad, y que destruye toda la ambición.

16. *Precaución excesiva.* La persona que no corre riesgos suele tener que conformarse con aquello que queda una vez que han elegido los demás. La precaución excesiva es tan perniciosa como la falta de precaución. Hay que evitar ambos extremos. La vida, en sí misma, está llena de riesgos.

17. *Selección errónea de los asociados en los nego*cios. Ésta es una de las causas más comunes del fracaso en los negocios. Al comercializar sus servicios personales, se ha de tener gran cuidado en seleccionar un patrono capaz de inspirarlo a uno por ser, a su vez, inteligente y triunfador. Las personas emulamos a aquellos con los que tenemos una asociación más estrecha. Así que elija un patrono a quien valga la pena emular.

18. *Superstición y prejuicio.* La superstición es una forma del miedo, y también un signo de ignorancia. Los triunfadores son personas de mentalidad abierta que no temen a nada.

19. *Elección vocacional errónea.* Nadie puede triunfar si se encamina por una senda que no le gusta. El paso más esencial en la comercialización de servicios personales consiste en elegir una ocupación a la cual usted pueda consagrarse de todo corazón.

20. *Falta de concentración del esfuerzo.* Los sabelotodo rara vez hacen nada bien. Concentre todos sus esfuerzos en un objetivo principal bien definido.

21. *El hábito de gastar indiscriminadamente.* Los derrochadores no pueden tener éxito, sobre todo porque viven siempre con el temor a la pobreza. Habitúese a ahorrar sistemáticamente un porcentaje determinado de sus ingresos. Tener dinero en el Banco da a las personas una sólida base de coraje cuando tienen que negociar la venta de sus servicios personales. Si uno no tiene dinero, ha de aceptar lo que le ofrecen, y alegrarse de conseguirlo.

22. *Falta de entusiasmo.* Sin entusiasmo no se puede ser convincente. Además, el entusiasmo es contagioso, y la persona que lo tiene y lo controla suele ser bien recibida en cualquier grupo de personas.

23. *Intolerancia.* La persona de mentalidad cerrada, sobre el tema que sea, rara vez sale adelante. Ser intolerante significa que uno ha acabado de adquirir conocimientos. Las formas más dañinas de la intolerancia son las que se relacionan con las diferencias de opinión en el terreno étnico, religioso o político.

24. *Falta de moderación.* Sus formas más dañinas se relacionan con las actividades de la comida, del consumo de bebidas alcohólicas y de la sexualidad. Los excesos en cualquiera de estos campos son nefastos para el éxito.

25. *Incapacidad de cooperar con los demás.* Son más las personas que pierden sus puestos y sus mejores oportunidades en la vida debido a este fallo que por todas las demás razones jun-

tas. Es un defecto que ningún líder ni hombre de negocios bien informado está dispuesto a tolerar.

26. *Posesión de poder que no haya sido adquirido mediante el propio esfuerzo.* (El caso de los vástagos de hombres adinerados, y de otros que heredan un dinero que no se ganaron.) Con frecuencia, el poder en manos de alguien que no lo ha adquirido poco a poco es fatal para el éxito. El enriquecimiento rápido resulta más peligroso que la pobreza.

27. *Deshonestidad deliberada.* No hay sustituto para la honestidad. Se puede ser deshonesto por la fuerza de las circunstancias, sobre las que uno no tiene control alguno, sin sufrir un daño permanente. Pero no hay esperanzas para la persona que lo sea por propia elección. Tarde o temprano quedará prisionero de sus actos y los pagará con la pérdida de su reputación, quizás incluso de su libertad.

28. *Egotismo y vanidad.* La utilidad de estas cualidades es que sirven a modo de luces rojas a los demás porque les advierten que se mantengan a distancia. Son fatales para el éxito.

29. *Adivinar en vez de pensar.* La mayoría de las personas son demasiado indiferentes o perezosas para examinar los hechos que les permitan pensar con precisión. Prefieren actuar basándose en «opiniones» fundadas en conjeturas o en juicios precipitados.

30. *Falta de capital.* He aquí una causa de fracaso común entre aquellos que se inician en los negocios y no disponen de capital suficiente para absorber el impacto de sus errores y para sostenerlos hasta que hayan afianzado su reputación.

31. Bajo este rubro, anote cualquier causa de fracaso que usted haya experimentado y que no haya sido incluida aquí.

En estas treinta y una causas principales de fracaso se encuentra una descripción de la tragedia de la vida, que es válida para casi todas las personas que hagan un intento y fracasen. Será bueno que consiga la ayuda de alguien que lo conozca bien para recorrer juntos esta lista, de modo que le ayude a analizarse en función de cada una de las causas de fracaso, pero también le beneficiará hacerlo solo. La mayoría de las personas no son capaces de verse como los demás las ven, y es posible que usted sea una de ellas.

¿CONOCE USTED SU PROPIO VALOR?

Uno de los consejos más antiguos es el de «Conócete a ti mismo». Si usted comercializa una mercancía con éxito, debe saber qué es lo que vende, y lo mismo vale cuando se trata de comercializar servicios personales. Usted tiene que conocer todas sus debilidades para poder superarlas o eliminarlas por completo. Ha de conocer su fuerza para poder llamar la atención sobre ella cuando venda sus servicios. Y sólo puede llegar a conocerse mediante un análisis preciso.

El desatino de la ignorancia en relación con el autoconocimiento se vio en el comportamiento de un joven que fue a ofrecerse para un puesto de trabajo al gerente de una conocida empresa. Había causado muy buena impresión hasta que el gerente le preguntó qué salario esperaba. Su respuesta fue que no llevaba pensada ninguna cifra exacta (falta *de un propósito definido*).

—Le pagaremos todo lo que usted valga después de haberlo tenido una semana a prueba —le dijo entonces el gerente.

—Eso no lo aceptaré, porque donde estoy trabajando me pagan más —respondió el aspirante al puesto.

Antes de empezar siquiera a negociar un aumento de salario en el empleo que usted tiene ya, o de buscar trabajo en otra parte, asegúrese de que usted vale más de lo que le pagan en la actualidad.

Una cosa es querer más dinero —eso todo el mundo lo quiere—, y otra muy diferente valer más. Muchas personas confunden sus deseos con sus merecimientos. Sus necesidades o exigencias financieras no tienen nada que ver con su valor. Eso lo establece exclusivamente su capacidad para prestar servicios útiles o para inducir a otros a que los presten.

HAGA UN INVENTARIO DE SÍ MISMO

Un autoanálisis anual es esencial para la eficaz comercialización de servicios personales, tanto como los inventarios anuales en los negocios. Además, los análisis anuales deberían revelar una disminución de los fallos y un incremento de las virtudes. En la vida, uno avanza, se estanca o retrocede. Por supuesto, nuestro objetivo tendrá que ser ir hacia adelante. Un autoanálisis anual le hará ver si ha avanzado, y en qué medida lo ha hecho. También revelará si ha retrocedido en algo. La comercialización eficaz de los servicios personales le exige a uno mantenerse en marcha, aun cuando el progreso sea lento.

Debe efectuar su autoanálisis a fin de año, para que incluya en sus resoluciones de Año Nuevo cualquier mejora que el análisis aconseje introducir. Para ese inventario, hágase las preguntas siguientes y compruebe las respuestas con ayuda de alguien que no le permita autoengañarse en lo referente a su exactitud.

CUESTIONARIO DE AUTOANÁLISIS PARA EL INVENTARIO PERSONAL

1. ¿He alcanzado el objetivo que me había propuesto como meta este año? (Usted debe trabajar para alcanzar un objetivo anual definido como parte de su objetivo vital principal.)

2. ¿He ofrecido mis servicios con calidad y de acuerdo con mi nivel, o hubiera podido mejorarlos de alguna manera?

3. ¿He trabajado todo lo que yo era capaz?

4. ¿Ha sido siempre armonioso y cooperativo el espíritu de mi conducta?

5. ¿He permitido que el hábito de la dilación disminuyera mi eficiencia? En caso afirmativo, ¿en qué medida?

6. ¿He mejorado mi personalidad? En caso afirmativo, ¿de qué manera?

7. ¿He sido constante en seguir mis planes hasta el final?

8. ¿He tomado mis decisiones rápida y definidamente en todas las ocasiones?

9. ¿He permitido que uno de los seis miedos básicos, o más, disminuyera mi eficiencia?

10. ¿He demostrado excesiva prudencia o, por el contrario, he sido imprudente?

11. Mi relación con mis compañeros de trabajo, ¿ha sido agradable o desagradable? Si fue desagradable, ¿la culpa ha sido mía o sólo en parte?

12. ¿He disipado mi energía por falta de concentración en el esfuerzo?

13. ¿He mantenido una mentalidad abierta y tolerante en todo momento?

14. ¿De qué manera he mejorado mi capacidad de trabajo?

15. ¿He dejado de ser moderado en alguno de mis hábitos?

16. ¿He expresado abierta o secretamente alguna forma de egotismo?

17. Mi conducta con mis colaboradores, ¿los ha inducido a respetarme?

18. Mis opiniones y decisiones, ¿se han basado en conjeturas, o en la precisión de mi análisis y de mis ideas?

19. ¿He seguido el hábito de administrar mi tiempo, mis gastos y mis ingresos de manera conservadora?

20. ¿Cuánto tiempo que podría haber aprovechado mejor he dedicado a esfuerzos improductivos?

21. ¿Cómo puedo reordenar mi tiempo y modificar mis hábitos para ser más eficiente el próximo año?

22. ¿Me reconozco culpable de alguna conducta que mi conciencia no apruebe?

23. ¿Hasta qué punto he trabajado más y mejor de lo que mi paga me impone?

24. ¿Me he mostrado injusto con alguien? Si es así, ¿de qué manera?

25. Si hubiera sido yo el comprador de mis propios servicios de este año que termina, ¿estaría satisfecho?

26. ¿Estoy en el trabajo que me gusta? Si no es así, ¿por qué no?

27. El que compra mis servicios, ¿ha estado satisfecho? Si no es así, ¿por qué no?

28. ¿Cuál es mi evaluación actual en los principios fundamentales del éxito? (Evalúese justa y francamente, y procure obtener una evaluación de alguien que tenga el valor de hacerlo con precisión.)

Tras haber leído y asimilado la información aportada en este capítulo, usted está en condiciones de hacerse un plan práctico para comercializar sus servicios personales. En este capítulo encontrará una descripción adecuada de todos los principios esenciales para planear la venta de servicios personales, incluso de los atributos principales del liderazgo; las causas más comunes del fracaso en el liderazgo, una descripción de los campos de oportunidad para el liderazgo, las principales causas del fracaso en todos los aspectos de la vida y las cuestiones importantes que se han de emplear en el autoanálisis.

Hemos incluido esta amplia y detallada presentación de un caudal preciso de información porque será necesaria para todos aquellos que deban empezar la acumulación de riquezas vendiendo sus servicios personales. Los que hayan perdido su fortuna y los que apenas empiezan a ganar dinero no tienen nada más que servicios personales para ofrecer a cambio de riquezas; por lo tanto, para ellos es esencial disponer de la necesaria información práctica para sacar el mejor partido posible de la comercialización de sus servicios.

Asimilar y entender por completo la información que aquí ofrecemos será útil para quien necesite comercializar sus propios servicios, y le ayudará también a mejorar su capacidad de análisis y de juzgar a las personas. La información será inapreciable para los directores de personal, los encargados de colocaciones y otros ejecutivos encargados de la selección de empleados y del mantenimiento de organizaciones eficientes. Si usted duda de esta afirmación, ponga a prueba su firmeza, y responda por escrito las veintiocho preguntas del cuestionario de autoanálisis.

DÓNDE Y CÓMO SE PUEDEN ENCONTRAR OPORTUNIDADES DE ACUMULAR RIQUEZA

Ahora que hemos analizado los principios en virtud de los cuales se puede acumular riqueza, nos preguntamos, naturalmente, dónde puede uno encontrar oportunidades favorables para aplicarlos. Pues bien, hagamos un inventario para ver qué ofrece Estados Unidos a la persona que busca riqueza, en pequeña o gran escala.

Recordemos, para empezar, que todos los estadounidenses vivimos en un país donde *todo ciudadano respetuoso de la ley goza de una libertad de pensamiento y de acción sin parangón en ninguna parte del mundo.* La mayoría de nosotros jamás ha tomado conciencia de las ventajas de esta libertad ilimitada. Nunca la hemos comparado con la recortada libertad de otros países.

Aquí tenemos libertad de pensamiento, libertad en la elección y disfrute de la educación, libertad religiosa y política, libertad en la elección de actividades comerciales, profesionales u ocupacionales, libertad de acumular y poseer sin restricciones *todas las propiedades que podamos acumular,* libertad de escoger nuestro lugar de residencia, libertad de contraer matrimonio, *libertad de igualdad de oportunidades para todas las razas,* libertad de viajar de un estado a otro, libertad en la elección de nuestros alimentos y libertad de *aspirar a cualquier situación vital para la cual nos hayamos preparado,* incluso a la presidencia de Estados Unidos.

Tenemos otras formas de libertad, pero esta lista dará una visión a vuelo de pájaro de las más importantes, que constituyen oportunidades del orden más elevado. Esta ventaja de la libertad es tanto más notable cuanto que Estados Unidos es el único país que garantiza a todos sus ciudadanos, sean nativos o naturalizados, una lista de libertades tan amplia y tan variada.

Ahora pasemos revista a algunas de las bendiciones con que la amplitud de nuestras libertades nos ha colmado. Tomemos como ejemplo la familia estadounidense media (con lo que me refiero a una familia de ingresos medios) y sumemos los beneficios de que cada miembro de la familia dispone, en esta tierra de la oportunidad y de la abundancia. Junto con la libertad de acción y pensamiento, tenemos el alimento, la ropa y la vivienda, las tres necesidades básicas de la vida.

a) *Alimento.* Gracias a nuestra libertad universal, la familia estadounidense media dispone, a las puertas mismas de su casa, de la más escogida selección de alimentos que se pueda encontrar en el mundo entero, y a precios al alcance de su bolsillo.

b) *Ropa.* En cualquier lugar de Estados Unidos, la vestimenta corriente de una mujer se puede adquirir por menos de 400 dólares anuales, y el hombre medio puede vestirse por la misma suma, o por menos.

c) *Vivienda.* Esta familia vive en un apartamento cómodo, con calefacción central, luz eléctrica y gas para cocinar. Las tostadas que come con el desayuno se preparan en un tostador eléctrico que apenas cuesta unos pocos dólares. El apartamento se limpia con una aspiradora que funciona con electricidad. En la cocina y en el cuarto de baño se dispone de agua fría y caliente en cualquier momento. La comida se mantiene fría en una nevera eléctrica. La mujer se riza el cabello, lava y plancha la ropa con aparatos eléctricos de fácil manejo, servidos por una energía suministrada por un enchufe en la pared. El marido se afeita con una maquinilla eléctrica, y todos reciben entretenimiento del mundo entero durante las veinticuatro horas del día si quieren, sin que les cueste nada, con sólo girar el dial de la radio o de la televisión.

En este apartamento hay otras comodidades, pero la lista que antecede dará una idea aproximada de algunas pruebas concretas de la libertad de que disfrutamos en Estados Unidos.

Sólo hemos mencionado las tres necesidades básicas de alimento, ropa y vivienda. El ciudadano medio yanqui dispone de otros privilegios y ventajas a cambio de un modesto esfuerzo que no excede las ocho horas de trabajo diarias.

El estadounidense medio posee seguridades sobre sus derechos de propiedad que no tienen equivalente en ningún otro país del mundo. Puede ingresar el dinero que le sobra en un Banco, con la seguridad de que su Gobierno lo protegerá y se lo devolverá si el Banco le falla. Si un ciudadano estadounidense quiere viajar de un Estado a otro, no necesita pasaporte ni permiso de nadie. Puede ir adonde desee y regresar cuando quiera. Además, puede ir en tren, automóvil particular, autobús, avión o barco, según su bolsillo se lo permita.

El «milagro» que ha proporcionado estas bendiciones

Con frecuencia oímos que los políticos proclaman la libertad de Estados Unidos cuando buscan votos, pero es raro que se tomen tiempo o hagan el esfuerzo de analizar la fuente de tal «libertad». Al no depender de intereses creados, y no albergar resentimientos ni segundas intenciones, yo tengo el privilegio de adentrarme en un sincero análisis de ese «algo» misterioso, abstracto y, por lo general, malentendido que concede a todos los ciudadanos de Estados Unidos más privilegios, más oportunidades de acumular riqueza, más libertad en todos los órdenes de lo que se pueda encontrar en ningún otro país.

Tengo el derecho de analizar la fuente y la naturaleza de este poder invisible porque he conocido durante más de medio siglo a muchos de los hombres que organizaron ese poder, y a muchos que son los responsables actuales de que tal poder se mantenga.

¡El nombre de ese misterioso benefactor de la humanidad es «capital»!

El capital no consiste sólo en dinero, sino más específicamente en grupos de hombres inteligentes y bien organizados que planean medios y maneras de usar el dinero en forma eficiente para el bien público, y provechosa para ellos mismos.

Estos grupos están constituidos por científicos, educadores, químicos, inventores, analistas de sistemas, especialistas en publicidad, expertos en transportes, contables, abogados, médicos y toda clase de personas que disponen de conocimientos sumamente especializados en todos los campos de la industria y de los negocios. Esos hombres y mujeres abren caminos y experimentan en nuevos campos abiertos a su iniciativa; sostienen universidades, hospitales y escuelas; construyen buenos caminos; publican periódicos; pagan la mayor parte del coste gubernamental y se ocupan de los numerosos detalles esenciales para el progreso humano. En pocas palabras, los capitalistas son el cerebro de la civilización, porque ellos proveen la totalidad del material para la educación, la civilización y el progreso.

Sin un cerebro que lo controle, el dinero es siempre peligroso. Si se lo utiliza en la forma apropiada, es el elemento esencial más importante de la civilización.

157

Se puede tener una ligera idea de la importancia del capital organizado si uno intenta imaginarse —sin ayuda alguna del capital— cargado con la responsabilidad de reunir los elementos para un sencillo desayuno y servírselo a una familia.

Para conseguir el té tendría que viajar a China o a la India, y ambos países se hallan a muchísima distancia de Estados Unidos. A menos que fuera un excelente nadador, se cansaría bastante antes de completar el viaje. Además, se encontraría también con otros problemas. Aun si tuviera las fuerzas físicas suficientes para atravesar nadando el océano, ¿qué usaría como dinero?

Para conseguir el azúcar, tendría que lograr una nueva marca de resistencia natatoria para llegar a Cuba, o de marcha a pie hasta el sector de la remolacha azucarera, en nuestro remoto estado de Utah. Pero, incluso así, podría ser que regresara sin el azúcar, porque para su producción —sin hablar de lo que representa refinarla, transportarla y servírsela en la mesa del desayuno a cualquier habitante de Estados Unidos— se necesita tanto esfuerzo organizado como dinero.

Encontraría los huevos en las granjas más próximas, pero otra vez tendría que hacer una marcha de ida y vuelta muy larga hasta Florida para poder servir zumo de pomelos.

Y le esperaría otra larga caminata a Kansas o a cualquier otro de nuestros Estados cerealeros para conseguir pan de trigo.

No le quedaría más remedio que servir el desayuno sin cereales porque no los conseguiría sin el esfuerzo de una mano de obra especializada y organizada —sin hablar de las máquinas necesarias—, y todo eso requiere capital.

Tras haber descansado, podría partir en un nuevo viajecito, a nado otra vez, a América del Sur, donde cosecharía un par de plátanos, y, de regreso, sólo le faltaría caminar un poquito más hasta la granja más próxima donde tuvieran organizada la producción lechera para conseguir un poco de mantequilla y crema. Entonces, su familia podría sentarse ya a disfrutar del desayuno.

Parece un tanto absurdo, ¿verdad? Bueno, pues el procedimiento que acabo de describirle sería la única manera posible de conseguir esos simples artículos alimenticios si no contáramos con la bendición del sistema capitalista.

EL CAPITAL ES LA PIEDRA ANGULAR DE NUESTRAS VIDAS

La suma de dinero que se requiere para la construcción y el mantenimiento de los ferrocarriles y de los barcos usados para servirle a usted un desayuno tan sencillo es tan enorme que la imaginación se marea. Asciende a centenares de millones de dólares, por no mencionar siquiera los ejércitos de trabajadores especializados que son necesarios para tripular tales medios de transporte. Pero ésta no es más que una mínima parte de las exigencias que la civilización moderna impone al Estados Unidos capitalista. Antes de que pueda haber algo que transportar, tiene que haber sido cultivado o fabricado, y preparado para el mercado. Y esto exige más millones y millones de dólares en equipo, maquinaria, embalajes, comercialización, y para pagar los salarios de millones de hombres y de mujeres.

Los barcos y los ferrocarriles no brotan de la tierra ni funcionan de manera automática. ¡Llegan en respuesta a la vocación civilizadora, gracias al esfuerzo, el ingenio y la capacidad de organización de personas dotadas de imaginación, fe, entusiasmo, decisión y perseverancia! Estas personas son conocidas como capitalistas. Están motivadas por el deseo de construir, edificar, conseguir, prestar servicios útiles, obtener un lucro y acumular riquezas. Y el hecho de ser las que prestan servicios sin los cuales la civilización no existiría los encamina a la consecución de grandes riquezas.

Sin otro propósito que mantener mi discurso en un nivel simple y comprensible, añadiré que estos capitalistas son los mismísimos hombres de quienes casi todos nosotros hemos oído hablar a los oradores callejeros. Son los mismos hombres a quienes radicales, chantajistas, políticos deshonestos y líderes obreros corruptos califican de «intereses predatorios», o «Wall Street».

No es mi intención presentar ningún alegato a favor o en contra de ningún grupo de hombres ni de sistema económico alguno. El propósito de este libro —un propósito al que he consagrado más de medio siglo— es presentar, a todos los que deseen conocerla, la más confiable de las ideologías merced a las cuales los individuos puedan acumular riquezas en la cantidad que les apetezca.

He analizado aquí las ventajas económicas del sistema capitalista con el doble propósito de demostrar:

1. Que todos aquellos que buscan riquezas deben rendir pleitesía al sistema que controla cualquier posibilidad de hacer fortuna, y adaptarse a él.

2. Presentar la visión del cuadro opuesta a la que muestran los políticos y los demagogos que oscurecen deliberadamente los problemas que plantean al referirse al capital organizado como si fuera un veneno contaminante.

Estados Unidos es una nación capitalista. Creció gracias al uso del capital, y más vale que nosotros, los que reivindicamos el derecho de compartir las bendiciones de la libertad y de la oportunidad, nosotros, los que tenemos como meta acumular riqueza, sepamos que ni las riquezas ni las oportunidades estarían a nuestro alcance si el capital organizado no nos hubiera proporcionado estos beneficios.

Sólo hay un método seguro de acumular riquezas y de aferrarse a ellas, y ese método es prestar servicios útiles y seguir creando necesidades ficticias. Jamás se ha creado sistema alguno por el cual los hombres puedan adquirir riquezas legalmente por la mera fuerza de los números, o sin dar a cambio, de una manera u otra, un valor equivalente.

Estados Unidos ofrece toda la libertad y todas las oportunidades de acumular riqueza que cualquier persona honrada pueda necesitar. Cuando uno sale de caza con ánimo deportivo, busca cotos donde las presas abunden, y por supuesto, la misma regla es válida cuando se sale a la caza de riquezas.

Si lo que usted busca son riquezas, no pase por alto las posibilidades de un país cuyos ciudadanos son tan ricos que las mujeres, solas, se gastan al año más de medio millón de dólares en lápices de labios, colorete y productos de belleza.

Si lo que usted busca es dinero, piense seriamente en un país que se gasta centenares de millones de dólares al año en cigarrillos.

No se dé demasiada prisa en irse de un país cuyos habitantes dilapidan de buena gana, e incluso con alegría, millones de dólares anuales en el fútbol, el béisbol y el boxeo.

Recuerde, además, que éste no es más que el comienzo de las fuentes que están a su alcance para que usted gane dinero. Aquí sólo hemos mencionado unos pocos lujos superfluos. Pero no olvide que el negocio de producir, transportar y comercializar estos pocos artículos inútiles proporciona empleo regular a muchos millones de personas que reciben millones de dólares mensuales por sus servicios y que se los gastan con entera libertad en productos tanto necesarios como superfluos.

Recuerde especialmente que detrás de todo este intercambio de mercancías y servicios personales pueden encontrarse abundantes oportunidades de acumular riquezas. Los estadounidenses contamos con la ayuda de nuestra libertad. No hay nada que impida, ni a usted ni a nadie, entregarse a cualquier aspecto del esfuerzo necesario para seguir adelante con nuestros negocios. Si uno abunda en talento, formación y experiencia, puede acumular riquezas en grandes cantidades. Los que no sean tan afortunados acumularán cantidades más pequeñas. Cualquier persona puede ganarse la vida a cambio de una cantidad apenas nominal de trabajo y esfuerzo.

Conque... ¡ya lo sabe!

La oportunidad ha desplegado ante usted sus mercancías. Acérquese al mostrador, seleccione lo que quiera, hágase su plan, póngalo en acción y sígalo con perseverancia. Estados Unidos «capitalista» se ocupará del resto. En eso sí que puede confiar: nuestra nación capitalista asegura a todas las personas la oportunidad de prestar servicios útiles y de cosechar riquezas en proporción con el valor de sus servicios.

El «sistema» no le niega a nadie este derecho, pero no promete, ni puede hacerlo, algo por nada, porque el mismo sistema está irrevocablemente controlado por la ley de la economía capitalista, que no reconoce ni tolera durante mucho tiempo dar sin recibir.

Puntos para recordar:

Cuatro principios dinámicos le ayudarán a formar su «equipo de trabajo», que le ayudará a expandir ampliamente su capacidad de hacer dinero.

Puede escoger a gente que le inspire, que compartan su poder mental con usted, que reflejen y amplíen la fe que usted tiene.

Explote once secretos para un liderazgo acertado; diez razones por las que los aspirantes a líderes fracasan; elévese por encima de cualquier influencia negativa; seis áreas nuevas de liderazgo y cinco formas de conseguir un buen trabajo en el campo que quiera.

Escriba un currículo como se indica aquí y se le abrirán todas las puertas, los patrones le ofrecerán puestos importantes y bien pagados.

La prosperidad de Estados Unidos se asienta en el capital, de una forma no muy diferente al capital ilimitado que lleva usted en su interior.

El éxito no necesita explicaciones. El fracaso no admite excusas.

8

Séptimo paso hacia la riqueza: la decisión

VERÁ CÓMO CRISTALIZAR LA OPINIÓN Y
CONVERTIRLA EN DECISIÓN, Y CÓMO ACTUAR
EN CONSECUENCIA. ENTENDERÁ CÓMO Y
CUÁNDO CAMBIAR UNA DECISIÓN PARA
OBTENER UN MAYOR BENEFICIO.

El análisis efectuado sobre más de 25.000 hombres y mujeres que habían experimentado el fracaso puso de manifiesto el hecho de que la falta de decisión era casi siempre el motivo que encabezaba la lista de las treinta y una grandes causas de fracaso.

La dilación, lo contrario de la decisión, es un enemigo común que debe superar casi cada ser humano.

Tendrá oportunidad de poner a prueba su capacidad para tomar decisiones *rápidas y* concretas cuando termine de leer este libro y esté preparado para poner en práctica los principios descritos aquí.

El análisis de varios cientos de personas que habían acumulado fortunas que superaban en mucho la marca del millón de dólares puso de manifiesto el hecho de que *cada una de ellas* tenía el hábito de tomar decisiones con rapidez, y de cambiarlas con lentitud, si se veía la necesidad de cambiarlas. Las personas que no logran acumular dinero, tienen, sin excepción, el hábito de tomar decisiones, si es que las toman, de modo *muy lento,* y de *cambiar esas mismas decisiones con rapidez y a menudo.*

Una de las cualidades más notables de Henry Ford era su costumbre de tomar decisiones rápidas y definitivas, y de cambiarlas con lentitud. Esta cualidad era tan pronunciada en el señor Ford que le hizo ganarse la reputación de ser un hombre obstinado. Fue precisamente esa cualidad la que le indujo a continuar la fabricación de su famoso modelo T (el coche más feo del mundo) en un momento en que todos sus consejeros, y muchos de los compradores del coche, le estaban pidiendo que lo cambiara.

Quizás el señor Ford se retrasó demasiado en efectuar el cambio, pero la otra cara de la moneda es que la firmeza de su decisión le permitió ganar una enorme fortuna antes de que se hiciera necesario cambiar el modelo. No cabe la menor duda de que la costumbre del señor Ford de tomar decisiones definitivas llegó a asumir la proporción de la obstinación, pero esa misma cualidad es preferible a la lentitud cuando llega la hora de tomar decisiones, y a la rapidez a la hora de cambiarlas.

CONSEJOS SOBRE LA TOMA DE SUS PROPIAS DECISIONES

La gran mayoría de la gente que no logra acumular dinero suficiente para cubrir sus necesidades suele verse, por lo general, fácilmente influida por las opiniones de los demás. Esas personas permiten que los periódicos y las murmuraciones de los vecinos influyan en sus ideas. Las opiniones son los bienes más baratos que existen sobre la Tierra. Todo el mundo tiene un montón de opiniones preparadas para comunicárselas a cualquiera que se muestre dispuesto a aceptarlas. Si usted se deja influir por las opiniones cuando se trata de tomar decisiones, no tendrá éxito en ninguna empresa, y mucho menos en la de transformar su propio deseo en dinero.

Si usted permite que las opiniones de los demás lo influyan, llegará a no tener deseos propios.

Cuando empiece a poner en práctica los principios descritos en este libro, guíese por su propio consejo, tome sus propias *decisiones* y aténgase a ellas. No confíe en nadie más que en los miembros de su «equipo de trabajo», y asegúrese de haberlos escogido bien, eligiendo sólo a aquellos que estén en completa armonía con su propósito y que muestren simpatía por él.

A menudo, los amigos íntimos y los parientes le ponen obstáculos a uno por medio de «opiniones», aunque ésa no sea su intención. A veces lo hacen incluso a través del ridículo, con la pretensión de que sea humorístico. Hay miles de mujeres y hombres que sufren de complejos de inferioridad durante toda la vida, debido precisamente a que alguna persona bienintencionada pero ignorante destruyó la confianza en ellos mismos mediante las «opiniones» o el ridículo.

Usted dispone de un cerebro y de una mente propios. Utilícelos y tome sus propias decisiones. Si lo que necesita son los actos o la información de otras personas, que le permitan tomar sus decisiones, como le sucederá en numerosos casos, impulse esos actos, o asegúrese con discreción de esa información que necesita, sin descubrir cuáles son sus propósitos.

Una de las características de las personas que tienen sólo conocimientos elementales o escasos es que intentan dar la impresión de que poseen muchos conocimientos. En general, esas personas hablan demasiado, y saben escuchar muy poco. Mantenga los ojos y los oídos bien abiertos, y la boca cerrada, si lo que desea es adquirir el hábito de una toma de decisiones rápida. Quienes hablan mucho hacen bien poco. Si usted habla mucho más de lo que escucha, no sólo se privará a sí mismo de muchas oportunidades de acumular conocimientos útiles, sino que también habrá puesto sus planes y propósitos al descubierto ante personas a las que les encantará desilusionarle porque, en el fondo, lo envidian.

Recuerde también que, cada vez que abra la boca en presencia de una persona que posea una gran abundancia de conocimientos, estará desplegando ante ella su reserva exacta de conocimientos propios, ¡o su falta de la misma! La verdadera sabiduría se manifiesta sobre todo en *la modestia* y *el silencio*.

Tenga en cuenta el hecho de que cada persona con la que usted se asocie estará buscando, como usted mismo, la oportunidad de acumular dinero. Si habla con demasiada libertad acerca de sus planes, quizá se sienta sorprendido al enterarse de que alguna otra persona se le ha adelantado para alcanzar el objetivo que usted se había propuesto alcanzar, poniendo en práctica los mismos planes acerca de los cuales usted habló con tanta imprudencia.

Que una de sus primeras decisiones sea la de mantener cerrada la boca, y abiertos los ojos y los oídos.

Como una forma de recordarle este consejo, sería útil que copiara el siguiente epigrama en letras mayúsculas, y lo colocara allí donde pueda verlo cada día: «Dígale al mundo lo que intenta hacer, pero llévelo a cabo antes de decirlo».

Eso es algo así como decir: «Lo que cuenta son los hechos, y no las palabras».

LIBERTAD O MUERTE EN UNA DECISIÓN

El valor de toda decisión depende del coraje que se necesite para ejecutarla. Las grandes decisiones, aquellas que constituyeron los fundamentos de la civilización, fueron tomadas asumiendo grandes riesgos, lo que a menudo significó la posibilidad de encontrar la muerte.

La decisión de Lincoln de promulgar su famosa Declaración de la Emancipación, mediante la que se otorgaba la libertad a las personas de color en Estados Unidos, la tomó a sabiendas de que ese acto pondría en su contra a miles de amigos y partidarios políticos.

La decisión de Sócrates de tomar la venenosa cicuta, en lugar de comprometer sus creencias personales, fue un acto de gran valentía. Se adelantó mil años a su tiempo, y dio el derecho a la libertad de pensamiento y de palabra a todos los que no habían nacido aún.

La decisión del general Robert E. Lee de apartarse de la Unión y tomar partido por la causa del Sur, también fue una acción valerosa, pues él sabía que podía costarle la vida, además de la de muchas otras personas.

CINCUENTA Y SEIS QUE SE ARRIESGARON A LA HORCA

Pero la mayor decisión de todos los tiempos, en lo que se refiere a los ciudadanos de lo que más tarde sería Estados Unidos, se tomó el 4 de julio de 1776, en Filadelfia, cuando cincuenta y seis hombres estamparon sus firmas en un documento que, como muy bien sabían, aportaría la libertad a todos los norteamericanos, o bien *dejaría a cada uno de los cincuenta y seis colgado de una cuerda por el cuello.*

Sin duda alguna habrá oído hablar de ese famoso documento, aunque tal vez no haya extraído del mismo la gran lección de logro personal que nos enseña de un modo tan sencillo.

Muchos recuerdan la fecha en que esa gran decisión fue tomada; pero pocos se dan cuenta del valor que se necesitó para ello. Recordamos nuestra historia, tal y como nos la enseñan; recordamos las fechas, y los nombres de los hombres que lucharon; recordamos Valley Forge y Yorktown; recordamos a George Washington y a lord Cornwallis. Pero, en realidad, sabemos muy poco acerca de las fuerzas reales que había detrás de estos nombres, fechas y lugares. Y sabemos menos todavía sobre ese poder intangible que nos aseguró la libertad, mucho *antes de que los ejércitos de Washington llegaran a Yorktown.*

Representa casi una tragedia que los historiadores hayan pasado por alto el hacer la más mínima referencia al poder irresistible que dio nacimiento y libertad a la nación destinada a establecer nuevos niveles de independencia para todos los pueblos de la Tierra. Y digo que eso es casi una tragedia porque precisamente se trata del mismo poder que todo individuo debe utilizar para superar las dificultades que se le presenten en la vida, y obligar a ésta a pagar el precio que se le pide.

Revisemos, aunque sólo sea de forma muy breve, los acontecimientos que dieron lugar a ese poder. La historia comienza con un incidente ocurrido en Boston el 5 de marzo de 1770. Los soldados británicos patrullaban por las calles, amenazando a los ciudadanos con su sola presencia. A los colonos no les gustaba ver hombres armados andando por sus ciudades. Empezaron a expresar abiertamente su resentimiento por este hecho, arrojando piedras y profiriendo insultos contra los soldados que patrullaban, hasta que el oficial al mando dio la orden: «¡Calen bayonetas...! ¡Carguen!».

La batalla que comenzó en ese momento tuvo como resultado la muerte de muchos, mientras que otros quedaron heridos. El incidente provocó tal resentimiento que la Asamblea Provincial (compuesta por colonos importantes) convocó una reunión con el propósito de emprender alguna acción concreta. Dos de los miembros de esa asamblea fueron John Hancock y Samuel Adams. Tomaron la palabra y hablaron con valentía, declarando que debían organizar un movimiento para expulsar de Boston a todos los soldados británicos.

Debemos recordar que eso fue una decisión surgida en la mente de dos hombres, lo que podemos considerar como el principio de la libertad que todos disfrutamos ahora en Estados Unidos. Tampoco podemos olvidar que la decisión de esos dos hombres exigía fe y coraje, porque era una decisión que entrañaba peligros.

Antes de que la asamblea terminara, Samuel Adams fue elegido para visitar al gobernador de la provincia, Hutchinson, con objeto de exigirle la retirada de las tropas británicas.

La petición fue aceptada, y los soldados se retiraron de Boston, pero el incidente no quedó zanjado por ello. Había provocado una situación cuyo desenlace estaría destinado a cambiar el rumbo de toda una civilización.

Organización de un equipo de trabajo

Richard Henry Lee adquirió un papel importante en esa historia. Él y Samuel Adams se comunicaban entre sí con frecuencia (por correspondencia), compartiendo temores y esperanzas acerca del bienestar del pueblo en sus provincias respectivas. A raíz de esta práctica, Adams concibió la idea de que un intercambio mutuo de cartas entre las trece colonias podría ayudar a producir la coordinación de esfuerzos que tanto necesitaban en relación con la solución de sus problemas. Dos años después del enfrentamiento con los soldados británicos en Boston (en marzo de 1772), Adams presentó esta idea ante la Asamblea, en forma de una moción para que se estableciera un Comité de Correspondencia entre las colonias, que contara con corresponsales nombrados en cada una de las colonias, «con el propósito de una cooperación amistosa para la mejora de las colonias de la América Británica».

Eso constituyó el principio de la organización de un poder mucho más amplio destinado a conseguir la libertad para todos los colonos y sus descendientes. De ese modo se organizó el equipo de trabajo. Estaba compuesto por Adams, Lee y Hancock.

El Comité de Correspondencia fue organizado. Los ciudadanos de las colonias habían estado desarrollando una desorganizada oposición física contra los soldados británicos, a través de incidentes similares a los tumultos de Boston, pero de todo ello no se había derivado ventaja alguna. Sus agravios individuales no habían sido consolidados bajo un equipo de trabajo. Ningún grupo de individuos tenía puestos sus corazones, mentes, almas y cuerpos juntos en una decisión concreta para solucionar de una vez por todas su dificultad con los británicos, hasta que Adams, Hancock y Lee se pusieron a trabajar juntos.

Mientras tanto, los británicos tampoco permanecieron de brazos cruzados. También ellos se dedicaron a efectuar alguna planificación y a formar equipos de trabajo propios, con la ventaja de contar con el apoyo del dinero y de un ejército organizado.

UNA DECISIÓN QUE CAMBIÓ LA HISTORIA

La Corona nombró a Gage para sustituir a Hutchinson como gobernador de Massachusetts. Uno de los primeros actos del nuevo gobernador consistió en llamar a Samuel Adams por mediación de un mensajero, con el propósito de intentar detener su oposición, merced al temor.

Comprenderemos mucho mejor el espíritu de lo que sucedió si citamos la conversación mantenida entre el coronel Fenton (el mensajero enviado por Gage) y el propio Adams.

Coronel Fenton: «He sido autorizado por el gobernador Gage para asegurarle, señor Adams, que el gobernador ha sido dotado de amplios poderes para conferirle a usted tantos beneficios como le sean satisfactorios [intento de ganarse a Adams con la promesa de sobornos], con la condición de que abandone usted su oposición a las medidas del gobierno. El gobernador le aconseja que no continúe disgustando a Su Majestad. Su conducta le hace acreedor a los castigos previstos en una ley de Enrique VIII, por la que se puede enviar a Inglaterra a las personas para que allí sean juzgadas por traición, o encarceladas por traición, a discreción del gobernador de una provincia. Pero si usted cambia su línea política no sólo obtendrá grandes ventajas personales, sino que también estará en paz con el Rey».

Samuel Adams tenía que escoger entre dos decisiones: cesar en su oposición, y recibir recompensas personales por ello, o continuar, y correr el riesgo de ser ahorcado.

Evidentemente, había llegado el momento en que Adams se veía obligado a tomar una decisión que podía costarle la vida. Adams insistió en que el coronel Fenton, bajo palabra de honor, le transmitiría al gobernador su respuesta, repitiendo con toda exactitud las mismas palabras que él le dijera.

La contestación de Adams fue: «Dígale al gobernador Gage que confío desde hace mucho tiempo en estar en paz con el Rey de Reyes. Ninguna consideración personal me inducirá a abandonar la justa causa de mi país. Y dígale al gobernador Gage que Samuel Adams le aconseja que no continúe insultando los sentimientos de un pueblo exasperado».

Cuando el gobernador Gage recibió la cáustica respuesta de Adams, montó en cólera y promulgó una proclama en la que se decía: «El abajo firmante, en nombre de Su Majestad, ofrece y promete su más gracioso perdón a todas aquellas personas que a partir de ahora abandonen las armas y regresen a los deberes propios de súbditos pacíficos. Las únicas excepciones del beneficio de tal perdón son Samuel Adams y John Hancock, cuyas ofensas, de naturaleza demasiado flagrante, no admiten otra consideración que la de un adecuado castigo».

Podríamos decir que tanto Adams como Hancock se encontraban en dificultades. La amenaza del airado gobernador obligó a los dos hombres a tomar otra decisión, igualmente peligrosa. Convocaron una apresurada reunión de sus más fieles seguidores. Una vez que todos estuvieron presentes, Adams cerró la puerta con llave, se la metió en el bolsillo y les informó que era imperativo organizar un congreso de los colonos, y que nadie abandonaría aquella habitación hasta que se hubiera tomado la decisión de convocar dicho congreso.

A este anuncio siguió una gran excitación. Algunos sopesaron las posibles consecuencias de tal radicalismo. Otros expresaron graves dudas en cuanto a la prudencia y la conveniencia de una *decisión tan definitiva,* que desafiaba claramente a la Corona. Encerrados en aquella habitación había dos hombres inmunes al temor, ciegos ante la posibilidad del fracaso: Hancock y Adams. Gracias a la influencia de sus mentes, los demás fueron inducidos a aceptar que se debían establecer acuerdos, a través del Comité de Correspondencia, para convocar el Primer Congreso Continental, que se celebraría en Filadelfia el 5 de septiembre de 1774.

Vale la pena recordar esa fecha. Es mucho más importante que la del 4 de julio de 1776. Si no se hubiera tomado la decisión de convocar un Congreso Continental, tampoco se hubiese llevado a cabo la firma de la Declaración de Independencia.

Antes de que la primera reunión del nuevo Congreso se celebrara, otro líder, que se encontraba en otra parte del país, se hallaba profundamente enfrascado en la tarea de publicar una *Sucinta exposición de los derechos de la América Británica.* Se trataba de Thomas Jefferson, de la provincia de Virginia, cuyas relaciones con lord Dunmore (representante de la Corona en Virginia) eran tan tensas como las de Hancock y Adams con su gobernador.

Poco después de que se publicara *Sucinta exposición de los derechos...,* Jefferson fue informado de que había la orden de perseguirlo por alta traición contra el gobierno de Su Majestad. Inspirado por la amenaza, uno de los colegas de Jefferson, Patrick Henry, expresó con claridad lo que pensaba, y concluyó sus observaciones con una frase que se ha hecho clásica desde entonces: «Si esto es traición, que sea la mayor de todas».

Fueron hombres como éstos los que, sin poder, sin autoridad, sin ejército y sin dinero, tomaron asiento en una solemne

Sale

MASTERCARD   Entry Method: Swiped

                                              1.24

05-05-09   06:48:40

consideración del destino de las colonias, dando inicio así a la apertura del Primer Congreso Continental, que continuaron celebrando cada dos años, hasta que, el 7 de junio de 1776, Richard Henry Lee se levantó, se dirigió a la presidencia y, ante el asombro de la asamblea, presentó la siguiente moción:

«Caballeros, presento la moción de que estas Colonias Unidas son, y deben ser por derecho, Estados libres e independientes, absueltos de toda alianza con la Corona británica, y que toda conexión política entre ellos y el país del Reino Unido está disuelta, y así debe quedar».

LA DECISIÓN MÁS TRASCENDENTAL JAMÁS ESCRITA SOBRE PAPEL

La asombrosa moción de Lee fue discutida con tanto fervor, y durante tanto tiempo, que él empezó a perder la paciencia. Finalmente, después de días de discusiones, volvió a ocupar el estrado de oradores y declaró, con una voz clara y firme: «Señor presidente, hace días que llevamos discutiendo este tema. Es el único curso de acción que podemos seguir. ¿Por qué, entonces, retrasarlo más? ¿Por qué continuar deliberando? Que este día feliz dé nacimiento a una República Americana. Que se levante, no para devastar y conquistar, sino para restablecer el reino de la paz y de la ley».

Antes de que se votara su moción, Lee fue llamado a Virginia debido a una grave enfermedad familiar; pero, antes de marcharse, dejó la causa en manos de su amigo Thomas Jefferson, el cual le prometió luchar hasta que se cumpliera una acción favorable. Poco después, el presidente del Congreso (Hancock) nombró a Jefferson presidente de un comité que se dedicaría a redactar la Declaración de Independencia.

El comité trabajó mucho y muy duramente en la redacción de un documento que, cuando fuera aceptado por el Congreso, y firmado por cada uno de los congresistas, significaría una condena de muerte para todos los firmantes en el caso de que las colonias perdieran en la lucha que, sin lugar a dudas, estallaría entre ellas y el Reino Unido.

Se redactó el documento y la versión original del mismo fue leída el 28 de junio ante el Congreso. Durante varios días se discutió, alteró y preparó su redacción definitiva. El 4 de julio de 1776, Thomas Jefferson se levantó ante la Asamblea y, sin el menor temor en su voz, leyó la decisión más trascendental jamás escrita sobre papel.

«Cuando en el curso de los acontecimientos humanos se hace necesario que un pueblo disuelva los lazos políticos que lo han conectado con otro, y asuma, entre los poderes de la Tierra, el Estado separado e igual a que las leyes divinas y naturales le dan derecho, un respeto decente por las opiniones de la humanidad exige que ese pueblo declare las causas que lo impelen a la separación...»

Cuando Jefferson hubo terminado de leer, se votó la aprobación del documento, que fue aceptado, y después los cincuenta y seis hombres presentes lo firmaron. Cada uno de ellos ponía en juego su propia vida con la decisión de estampar su firma en aquel papel. Gracias a esa decisión una nación surgió a la existencia; una nación destinada a aportar para siempre a la humanidad el privilegio de tomar sus propias decisiones.

Al analizar los acontecimientos que condujeron a la Declaración de Independencia, podemos estar convencidos de que esta nación, que ahora ostenta una posición de respeto y poder entre todos los demás países del mundo, fue el fruto de la decisión de un equipo de trabajo compuesto por cincuenta y seis hombres. Observe bien el hecho de que su decisión fue lo que aseguró el éxito a los ejércitos de Washington, porque el *espíritu* de esa decisión estaba en el corazón de cada uno de los soldados que lucharon con él, y sirvió como un poder espiritual que no reconoce lo que es el fracaso.

Observe también (y para mayor beneficio personal) que el poder que dio la libertad a esta nación es el mismo poder que todo individuo ha tenido que utilizar para alcanzar su autodeterminación. Este poder está hecho a partir de los principios descritos en este libro. No resulta difícil detectar, en la historia de la Declaración de Independencia, al menos seis de estos principios: *deseo, decisión, fe, perseverancia, equipo de trabajo y planificación organizada.*

SEPA LO QUE QUIERE Y, EN GENERAL, LO CONSEGUIRÁ

A través de toda esta filosofía se encontrará la sugerencia de que el pensamiento, apoyado por un fuerte deseo, tiene una tendencia a transformarse en su equivalente físico. Tanto en esta historia como en la de la organización de la United States Steel Corporation se encuentra una descripción perfecta del método mediante el cual el pensamiento produce esta asombrosa transformación.

En su búsqueda del secreto del método, no espere milagro alguno, porque no lo hallará. Sólo encontrará las eternas leyes de la naturaleza. Esas leyes están disponibles para toda aquella persona que tenga la fe y el valor suficientes para utilizarlas. Pueden ser empleadas bien para aportar libertad a una nación bien para acumular riquezas.

Quienes toman decisiones con rapidez y de un modo definitivo saben muy bien lo que quieren, y, en general, lo consiguen. Los líderes en todos los campos de la vida son personas que deciden con rapidez y firmeza. Ésa es la razón principal por la que se han convertido en líderes. El mundo tiene la costumbre de abrir paso al hombre cuyas palabras y acciones muestran que sabe a dónde se dirige.

La indecisión es un hábito que suele aparecer en la juventud. Un hábito que se consolida a medida que el joven pasa por la escuela, el instituto e incluso la universidad sin un propósito definido.

El hábito de la indecisión acompaña al estudiante cuando inicia el trabajo que elige hacer..., si es que lo elige. En general, el joven que acaba de terminar sus estudios busca cualquier trabajo. Acepta el primero que se le ofrece, porque ha caído en el hábito de la indecisión. Noventa y ocho de cada cien personas que trabajan en la actualidad a cambio de un salario ocupan los puestos en los que están porque les falló la firmeza de decisión necesaria para planificar el alcanzar un puesto determinado, así como el conocimiento acerca de cómo elegir al patrono.

La firmeza de decisión exige siempre valor, y, a veces, incluso mucho valor. Los cincuenta y seis hombres que firmaron la Declaración de Independencia pusieron sus vidas en juego cuando decidieron estampar sus firmas en aquel documento. La persona que toma la firme decisión de conseguir un puesto de trabajo determinado, y de que la vida le pague el precio que pide, no pone en juego su vida con esa decisión; lo único que se juega es su libertad económica. La independencia financiera, la riqueza, un negocio deseable o un buen puesto profesional no se encuentran al alcance de la persona que descuida o rechaza la expectativa, la planificación y la exigencia de esas mismas cosas. El que desea obtener riquezas, con el mismo espíritu con el que Samuel Adams deseó obtener la libertad para las colonias, seguro que terminará por acumular una gran fortuna.

Puntos para recordar:

La falta de decisión es una importante causa de fracaso. Todo el mundo tiene una opinión, pero al final será su opinión la que moverá su mundo. Piense que una decisión que se tomó en 1776 en Filadelfia puede potenciar su fuerza y su seguridad.

Una mente decidida genera una cantidad extraordinaria de poder. La indecisión empieza muchas veces en la juventud; piense cómo evitarla y ayudar a otros a evitarla.

Analice los hechos que han llevado a las grandes decisiones y tendrá una guía que le ayudará a emprender acciones decididas y efectivas toda su vida.

El fuerte deseo de libertad trae libertad; el fuerte deseo de riquezas trae riquezas.

Todo hombre poderoso depende de su propio poder.

9

Octavo paso hacia la riqueza: la perseverancia

RECONOZCA Y APARTE DE SU LADO CIERTAS
DEBILIDADES QUE SE INTERPONEN ENTRE USTED
Y SUS OBJETIVOS. SU PERSEVERANCIA SE
TRANSFORMARÁ EN UN PODER RESPETADO,
SEGURO Y PROGRESIVO.

La perseverancia es un factor esencial para el procedimiento de transformar el deseo en su equivalente monetario. El fundamento de la perseverancia es la fuerza de voluntad.

Cuando la fuerza de voluntad y el deseo se combinan adecuadamente, forman una asociación irresistible. En general, los hombres que acumulan grandes fortunas son conocidos como fríos, a veces como despiadados incluso. A menudo son mal interpretados. Lo que tienen es fuerza de voluntad, que ellos combinan con la perseverancia, utilizando ambas cosas para apoyar sus deseos y asegurarse así el logro de sus objetivos.

La gran mayoría de la gente está preparada para echar por la borda sus objetivos y propósitos, abandonándolos a la primera señal de oposición o desventura. Unos pocos continúan, a pesar de todas las oposiciones, hasta que los alcanzan.

Es posible que no exista ninguna connotación heroica en el concepto de «perseverancia», pero esa cualidad es para el carácter de un hombre lo que el carbón para el acero.

En general, la formación de una gran fortuna implica la puesta en práctica de los trece factores de esta filosofía. Todos aquellos que acumulan dinero tienen que comprender estos principios, han de aplicarlos con perseverancia.

SU TEST DE PERSEVERANCIA

Si usted está siguiendo lo que se dice en este libro con la intención de aplicar los conocimientos que comunica, su primera prueba en cuanto a su nivel de perseverancia se la encontrará cuando empiece a seguir los seis pasos descritos en el segundo capítulo. A menos que usted sea una de las dos personas de cada cien que ya poseen un objetivo marcado que se esfuerza por alcanzar, así como un plan definido para conseguirlo, puede leer las instrucciones y continuar después con su rutina diaria, sin llegar a cumplir nunca esas instrucciones.

La falta de perseverancia es una de las grandes causas del fracaso. Es más, la experiencia con miles de personas ha demostrado que la falta de perseverancia es una debilidad común a la mayoría de las personas. Se trata de una debilidad que puede superarse mediante el esfuerzo. La facilidad con la que se venza la falta de perseverancia dependerá por completo de la intensidad del deseo de cada cual.

El punto de partida de todo logro es el deseo. Téngalo siempre presente. Unos deseos débiles llevan unos resultados débiles consigo, del mismo modo que un fuego pequeño produce muy poco calor. Si le parece que le falta perseverancia, remédielo construyendo en su interior un fuego mucho más fuerte que avive sus deseos.

Continúe leyendo hasta el final, y luego vuelva al capítulo dos, y empiece *de inmediato* a llevar a cabo las instrucciones que allí se dan en relación con los seis pasos. La avidez con la que siga esas instrucciones indicará con claridad lo mucho, o lo poco, que desea acumular dinero. Si descubre que se siente indiferente, le aseguro que no ha adquirido todavía la «conciencia del dinero» que debe poseer, antes de poder estar seguro de acumular una fortuna.

Las fortunas gravitan hacia los hombres cuyas mentes han sido preparadas para atraerlas con la misma seguridad con que el agua gravita hacia el océano.

Si llega a la conclusión de que su perseverancia es débil, centre su atención en las instrucciones contenidas en el capítulo sobre el poder; rodéese de un «equipo de trabajo», y podrá desarrollar la perseverancia a través de los esfuerzos cooperativos de los miembros de ese grupo de personas. Encontrará más instrucciones para el aumento de la perseverancia en los capítulos sobre la autosugestión y la mente subconsciente. Siga las instrucciones perfiladas en esos capítulos hasta que la naturaleza del hábito transmita a su mente subconsciente una imagen clara del objeto de su deseo. A partir de ese punto, ya no se verá obstaculizado por la falta de perseverancia.

Su mente subconsciente actúa continuamente, tanto si usted está despierto como si duerme.

¿Tiende usted a la «conciencia del dinero» o a la «conciencia de la pobreza»?

No le serán de ningún valor los esfuerzos espasmódicos u ocasionales para aplicar las reglas. Si desea obtener resultados, tiene que aplicar todas las reglas hasta que esa aplicación se haya convertido en un hábito fijo. De ninguna otra forma podrá desarrollar la necesaria «conciencia del dinero».

La pobreza es atraída hacia la persona cuya mente es favorable a ella, mientras que el dinero es atraído hacia la que se ha preparado deliberadamente para atraerlo, y según las mismas leyes. La conciencia de la pobreza se apoderará de la mente que no se ocupe de la conciencia del dinero. Una conciencia de la pobreza se desarrolla sin aplicación consciente de hábitos favorables a la misma. La conciencia del dinero, en cambio, se ha de crear, a menos que uno haya nacido con ella.

Comprenda el completo significado de las afirmaciones que se hacen en el párrafo anterior, y habrá entendido la importancia de la perseverancia en la acumulación de una fortuna. Si no existe perseverancia, se verá derrotado, incluso antes de que haya empezado. Con la perseverancia, seguro que ganará.

Si alguna vez ha experimentado una pesadilla, se dará cuenta del valor de la perseverancia. Se encuentra usted en la cama, medio despierto, con la sensación de estar a punto de ahogarse. No se siente capaz de volverse de lado, ni de mover un solo músculo. Se da cuenta de que tiene que recuperar el control de su cuerpo. A través de un esfuerzo perseverante de fuerza de voluntad, se las arregla al fin para mover los dedos de una mano. Mientras continúa con el movimiento de los dedos, extiende su control a los músculos de un brazo, hasta que puede levantarlo. Luego, de la misma manera, consigue el control del otro brazo. A continuación logra controlar los músculos de una pierna, y luego de la otra. Por último, y con un supremo esfuerzo de voluntad, recupera el control completo de su sistema muscular, y entonces logra escapar de su pesadilla. El truco se ha efectuado paso a paso.

CÓMO LIBRARSE DE LA INERCIA MENTAL

Es posible que le sea necesario «librarse» de su inercia mental. Debe hacerlo mediante un procedimiento similar, con movimientos lentos al principio, para luego aumentar poco a poco su velocidad, hasta recuperar un control completo sobre su voluntad. Sea perseverante, sin que importe la lentitud con que se mueva al principio. Con la perseverancia llegará el éxito.

Si selecciona con cuidado a su «equipo de trabajo», encontrará en él a una persona por lo menos que le ayudará en el desarrollo de la perseverancia. Algunos hombres que han acumulado grandes fortunas lo hicieron impulsados por la necesidad. Desarrollaron el hábito de la perseverancia porque fueron impulsados por las circunstancias y tuvieron que *llegar a ser perseverantes.*

Quienes han cultivado el hábito de la perseverancia parecen disfrutar de una especie de seguro contra el fracaso. No importan las veces que se vean derrotados; siempre terminan por subir el último peldaño de la escalera. A veces parece como si existiera un guía oculto cuya tarea consistiera en poner a prueba a los hombres por medio de toda clase de experiencias descorazonadoras. Aquellos que, después de la derrota, se levantan y siguen intentando llegar, terminan por lograrlo; entonces, el mundo entero grita: «¡Bravo! ¡Sabía que lo conseguirías!». El guía oculto no permite que nadie disfrute de grandes logros sin pasar por la prueba de la perseveranda. Quienes no la superan tampoco llegan a donde quieren llegar.

Aquellos que la superan se ven recompensados por su perseverancia. Como compensación, alcanzan el objetivo que han estado persiguiendo. ¡Pero eso no es todo! También reciben algo mucho más importante que la compensación material: el conocimiento de que «cada fracaso lleva consigo la semilla de una ventaja equivalente».

ELÉVESE POR ENCIMA DE SUS FRACASOS

Hay excepciones a esta regla; unas pocas personas conocen por experiencia lo sana que es la perseverancia. Son las personas que han aceptado la derrota sólo como algo temporal. Son las personas cuyos deseos se aplican de un modo tan perseverante que la derrota acaba por transformarse en victoria. Los que estamos observando lo que ocurre en la vida vemos a un número abrumadoramente grande de personas desmoronadas por la derrota, que ya no vuelven a levantarse nunca. Vemos a los pocos que aceptan el castigo de la derrota como una urgencia de hacer un esfuerzo aún mayor. Estos últimos, por fortuna, nunca aprenden a aceptar los reveses de la vida. Pero lo que no vemos, lo que la mayoría de nosotros ni siquiera sospecha que exista, es el poder, silencioso pero irresistible, que acude al rescate de aquellos que siguen luchando frente al desánimo. Si hablamos de ese poder, lo denominamos perseverancia, y lo dejamos tal cual. Pero hay algo que todos debemos saber: si no se posee perseverancia, no se alcanza éxito notable alguno en ningún campo de actividad.

En el momento de escribir estas líneas, levanto la cabeza de mi trabajo y veo ante mí, a menos de una manzana de distancia, el grande y misterioso Broadway, el «Cementerio de las esperanzas muertas» y la «Puerta delantera de la oportunidad». A Broadway han acudido personas procedentes de todo el mundo en busca de fama, fortuna, poder, amor, o todo aquello que los seres humanos consideran éxito. De vez en cuando, mientras alguien abandona la larga procesión de buscadores, el mundo recibe la noticia de que otra persona ha logrado triunfar en Broadway. Pero Broadway no se conquista ni con facilidad ni con rapidez. Reconoce el talento, sabe distinguir el genio y recompensa en dinero después de que uno se haya negado a abandonar.

Sólo entonces sabemos que esa persona ha descubierto el secreto de cómo conquistar Broadway. Y ese secreto estará siempre indisolublemente unido a una palabra: ¡*perseverancia*!

El secreto se narra en la lucha de Fannie Hurst, cuya perseverancia le permitió conquistar el Gran Camino Blanco. Ella llegó a Nueva York en 1915 para transformar sus escritos en riqueza. Aunque esa transformación no se produjo de inmediato, llegó. Durante cuatro años, la señorita Hurst conoció «las aceras de Nueva York» a través de una experiencia de primera mano. De día trabajaba y de noche confiaba. Cuando el futuro parecía negro, ella no se decía: «¡Muy bien, Broadway, tú ganas!». Antes al contrario, pensaba: «Muy bien, Broadway, es posible que derrotes a algunos, pero no a mí. Yo te obligaré a que te entregues».

Un editor (el del *Saturday Evening Post*) le envió su trigesimosexta nota de rechazo antes de que ella lograra romper el hielo y consiguiera que le publicaran una historia. El escritor mediocre, al igual que todas las personas mediocres, hubiese abandonado la tarea en cuanto hubiera recibido el primer rechazo. Ella recorrió las calles durante cuatro años, porque estaba decidida a ganar.

Luego llegó la recompensa. El hechizo se había roto; el guía invisible había puesto a prueba a Fannie Hurst y ella la había superado. A partir de ese momento, los editores recorrieron el camino hasta su puerta. El dinero llegó con tanta rapidez que ella apenas si tenía tiempo para contarlo. Más tarde, la industria cinematográfica la descubrió, y el dinero no llegó en un goteo, sino en oleadas.

Brevemente, acaba de leer una descripción de lo que la perseverancia es capaz de conseguir. Fannie Hurst no es ninguna excepción. Allí donde los hombres y las mujeres acumulan grandes riquezas, puede estar seguro de que antes han adquirido perseverancia. Broadway es capaz de dar una taza de café y un bocadillo a cualquier mendigo, pero exige perseverancia de aquellos que apuestan fuerte.

Kate Smith dirá «amén» cuando lea esto. Durante años, ella cantó, sin dinero y sin recompensa, delante de todo micrófono que le ponían delante. Broadway le dijo: «Ven y consíguelo, si puedes tomarlo». Ella lo tomó, hasta que un día feliz Broadway se cansó y dijo: «Ah, ¿de qué sirve? Nunca se sabe cuándo te vas

a ir a otro lado, así que di tu precio y ponte a trabajar en serio».
La señorita Smith indicó su precio. Y era muy alto.

LA PERSEVERANCIA SE PUEDE APRENDER

La perseverancia es un estado mental y, en consecuencia, se puede cultivar. Como todos los estados mentales, la perseverancia se basa en causas definidas, entre las que se encuentran las siguientes:

a) *Definición de propósito.* Saber lo que uno quiere es el primer paso, y quizás el más importante hacia el desarrollo de la perseverancia. Una motivación lo bastante fuerte nos fuerza a superar muchas dificultades.

b) *Deseo.* Resulta comparativamente fácil adquirir y mantener la perseverancia en persecución del objeto de un deseo intenso.

c) *Confianza en sí mismo.* Creer en la capacidad propia para llevar a cabo un plan le estimula a uno a conseguirlo con perseverancia. (Se puede desarrollar la confianza en sí mismo por medio del principio descrito en el capítulo sobre la autosugestión.)

d) *Definición de planes.* Los planes organizados, aun cuando sean débiles y poco prácticos, estimulan la perseverancia.

e) *Conocimiento exacto.* La perseverancia se ve estimulada por el hecho de saber que los planes de uno son sanos y que están basados en la experiencia o en la observación; «suponer» en lugar de «conocer» destruye la perseverancia.

f) *Cooperación.* La simpatía, la comprensión y la cooperación armoniosa con los demás tienden a desarrollar la perseverancia.

g) *Fuerza de voluntad.* El hábito de concentrar los pensamientos propios en la construcción de planes destinados al logro de un propósito definido conduce a la perseverancia.

h) *Hábito.* La perseverancia es el resultado directo del hábito. La mente absorbe y se convierte en una parte de las experiencias diarias de las que se alimenta. El temor, que es el peor de todos los enemigos, se puede curar con toda efectividad por la *repetición forzada de actos de valor.* Todo aquel que haya luchado en una guerra lo sabe muy bien.

HAGA SU PROPIO «INVENTARIO DE PERSEVERANCIA»

Antes de abandonar el tema de la perseverancia, haga un inventario de sí mismo y determine en qué aspecto particular, si es que hay alguno, le falta esta cualidad esencial. Mídase a sí mismo con valentía, punto por punto, y determine cuántos, de los ocho factores de la perseverancia, le faltan. El análisis puede conducirle a descubrimientos que le proporcionarán una nueva comprensión de sí mismo.

Aquí encontrará a los verdaderos enemigos que se encuentran entre usted y un logro notable. No sólo hallará los «síntomas» que indican una debilidad de la perseverancia, sino también las causas subconscientes profundamente arraigadas de esta debilidad. Estudie la lista con sumo cuidado y mírese a sí mismo con honestidad si desea realmente saber quién es usted, y qué se ve capaz de hacer. Éstas son las debilidades que deben dominar todos aquellos que acumulan riquezas:

1. Fracaso a la hora de reconocer y determinar con claridad y exactitud qué es lo que se desea.

2. Dilación, con o sin causa. (Por lo general, apoyada por toda una serie de justificaciones y excusas.)

3. Falta de interés para adquirir conocimientos especializados.

4. Indecisión, el hábito de «pasar la pelota» en todas las ocasiones, en lugar de abordar los temas de frente. (Apoyada también por numerosas justificaciones.)

5. Hábito de apoyarse en justificaciones, en vez de crear planes definidos para la solución de los problemas.

6. Autosatisfacción. Hay muy poco remedio para esta aflicción, y ninguna esperanza para aquellos que la sufren.

7. Indiferencia, habitualmente reflejada en la predisposición al compromiso en todas las ocasiones, antes que afrontar la oposición y luchar contra ella.

8. Hábito de achacar a otros los errores propios, y de aceptar las circunstancias desfavorables como algo inevitable.

9. Debilidad de deseo, a causa de la negligencia en la elección de los motivos que impelen a la acción.

10. Predisposición, e incluso avidez, por abandonar la lucha a la primera señal de derrota. (Basada en uno, o en varios, de los seis temores básicos.)

11. Falta de planes organizados, expuestos por escrito de forma que puedan ser analizados.

12. Hábito de descuidar el moverse por ideas, o de aprovechar la oportunidad cuando se presenta.

13. Desear en lugar de querer.

14. Hábito de alcanzar un compromiso con la pobreza, en lugar de aspirar a la riqueza. Ausencia general de ambición de *ser,* de *hacer,* de *poseer.*

15. Buscar todos los atajos hacia la riqueza, tratando de conseguir sin estar dispuesto a dar un equivalente justo, lo que suele verse reflejado en el hábito del juego, y la tendencia a buscar buenas gangas.

16. Temor a la crítica, y fracaso a la hora de crear planes y ponerlos en práctica a consecuencia de lo que otros piensen, hagan o digan. Este enemigo debería estar al principio de la lista, porque, por lo general, existe en la mente subconsciente, donde su presencia no suele ser reconocida. (Véanse los seis temores básicos en un capítulo posterior.)

Examinemos algunos de los síntomas del temor a la crítica. La mayoría de la gente permite que parientes, amigos y público en general influyan sobre ellos de tal modo que no son capaces de vivir su propia vida debido a su temor a la crítica.

Muchas personas cometen un error al casarse, pero aceptan la situación y llevan una vida miserable y desgraciada porque temen a la crítica que les harían si decidieran corregir el error. (Cualquiera que se haya sometido a esta forma de temor conoce muy bien el daño irreparable que causa, ya que destruye la ambición y el deseo de conseguir algo.)

Millones de personas descuidan adquirir una educación adecuada porque, tras haber abandonado los estudios, temen a la crítica.

Incontables hombres y mujeres, tanto jóvenes como ancianos, permiten que los parientes echen a pique sus vidas en nombre del deber, porque temen a la crítica. (El deber no exige a ninguna persona que se someta a la destrucción de sus ambiciones personales y del derecho a vivir su vida a su manera.)

La gente se niega a correr riesgos en los negocios porque temen a la crítica que se les haría si fracasaran. En tales casos, *el temor a la crítica es mucho más fuerte que el deseo de alcanzar el éxito.*

Demasiadas personas se niegan a establecer objetivos elevados, e incluso descuidan el seleccionar una carrera, porque temen a la crítica de parientes y «amigos», los cuales pueden decir: «No aspires tan alto, porque la gente pensará que estás loco».

Cuando Andrew Carnegie me sugirió que dedicara veinte años a la organización de una filosofía del logro individual, el primer impulso de mi pensamiento fue el temor a lo que la gente pudiera decir. La sugerencia me planteaba un objetivo que iba mucho más allá de todo lo que yo hubiera concebido. Con la rapidez de un rayo, mi mente empezó a buscar justificaciones y excusas, todas las cuales se remontaban al temor inherente a la crítica. Dentro de mí, algo me dijo: «No puedes hacerlo, el trabajo es excesivo y exige demasiado tiempo, ¿qué pensarán tus parientes de ti? ¿Cómo te ganarás la vida? Nadie ha organizado jamás una filosofía del éxito, ¿qué derecho tienes a pensar que puedes hacerlo? ¿Quién eres tú, en cualquier caso, para apuntar tan alto? Recuerda tu humilde nacimiento, ¿qué sabes tú acerca de la filosofía? La gente pensará que estás loco (y lo pensaron), ¿por qué no lo ha hecho otra persona antes que tú?».

Estas y otras muchas preguntas cruzaron rápidamente por mi mente y exigieron mi atención. Parecía como si, de repente, todo el mundo hubiera vuelto su atención hacia mí, con el propósito de ridiculizarme para que abandonase todo deseo de llevar a cabo la sugerencia del señor Carnegie.

Dispuse de una excelente oportunidad, allí mismo, en ese momento, para matar toda ambición antes de recuperar el control sobre mí mismo. Más tarde, después de haber analizado a miles de personas, descubrí que casi todas las ideas nacen muertas, y necesitan que se les inyecte el aire de la vida por medio de planes definidos de acción inmediata. La mejor ocasión para cuidar una idea es el momento en que nace. Cada minuto que ésta vive le proporciona una mejor oportunidad de sobrevivir. El temor a la crítica se encuentra en el fondo de la destrucción de la mayoría de las ideas, que nunca alcanzarán la fase de planificación y puesta en práctica.

LA «CASUALIDAD» SE PUEDE HACER A MEDIDA

Muchas personas creen que el éxito material es el resultado de «casualidades» favorables. Hay una parte de verdad en esa creencia, pero quienes dependen por completo de la suerte casi siempre se verán desilusionados, porque pasan por alto otro factor importante que debe hallarse presente antes de que uno pueda estar seguro del éxito. Se trata del conocimiento mediante el que se pueden producir «casualidades» favorables.

Durante la Depresión, W. C. Fields, el comediante, perdió todo su dinero y se encontró sin ingresos, sin trabajo y habiendo perdido hasta los medios de ganarse la subsistencia (el *vaudeville*). Además, contaba con más de sesenta años, edad a la que muchos hombres se consideran «viejos». Él estaba tan ansioso por conseguir un regreso a los escenarios que incluso se ofreció a trabajar gratis en un nuevo campo, el cine. Además de todos sus otros problemas, se cayó y se hirió en el cuello. Demasiadas cosas, las suficientes como para abandonar el lugar y dejarlo todo. Pero Fields perseveró. Sabía que si continuaba, antes o después, la «casualidad» se le presentaría, y lo hizo, pero no la casualidad.

Marie Dressler también se encontró en lo más bajo y arruinada; desaparecido todo su dinero, sin trabajo, cuando tenía unos sesenta años. Ella también buscó la «casualidad» y la encontró. Su perseverancia le proporcionó un éxito asombroso en el último período de su vida, mucho más allá de la edad en que la mayoría de los hombres y de las mujeres han abandonado ya su ambición de conseguir algo.

Eddie Cantor también perdió su dinero en el crac de la Bolsa de 1929, pero aún le quedaban la perseverancia y el valor. Dotado de estas dos armas, más dos ojos prominentes, se explotó a sí mismo hasta alcanzar unos ingresos de 10.000 dólares semanales. Desde luego, si uno tiene perseverancia se puede llegar muy lejos, incluso sin muchas de las otras cualidades.

La única «casualidad» en la que se puede confiar es aquella que uno ha sabido labrarse por sí mismo. Y eso es algo que se alcanza mediante la aplicación de la perseverancia. El punto de partida siempre es la definición del propósito.

Hubo una vez un hombre que era rey de un gran imperio. Pero en su corazón no era rey, sino un hombre solo. Durante más de cuarenta años, como príncipe de Gales, había sido muy solicitado como esposo y las princesas de toda Europa suspiraban por él. No tenía vida privada y, cuando se convirtió en Eduardo VIII lo único que encontró fue un gran vacío, algo que difícilmente podían entender sus súbditos... y aquel vacío sólo el amor podía llenarlo.

¿Y qué hay de Wallis Simpson? En dos ocasiones, a pesar de sus fallidos intentos de encontrar el amor, tuvo el valor para seguir buscando. Su objetivo en la vida era el amor. ¿Qué es la cosa más grande que hay en el mundo? El Señor la llamó amor... no las normas hechas por el hombre, la crítica, la amargura o la calumnia, no el matrimonio político, sino el amor.

Cuando se acuerde de Wallis Simpson, piense que era una persona que sabía lo que quería, y que sacudió un imperio entero para conseguirlo. Las mujeres que se quejan de que éste es un mundo de hombres, de que no tienen las mismas oportunidades de triunfar, deberían estudiar atentamente la vida de esta mujer excepcional que, a una edad que la mayoría considerarían «avanzada», conquistó al soltero más codiciado del mundo.

¿Y el rey Eduardo? ¿Pagó un precio demasiado alto por el amor de la única mujer a la que quería?

Sólo podemos hacer conjeturas, pero tenemos el testimonio de su *decisión*, una decisión que tuvo un precio que él pagó gustoso.

El imperio británico había dado paso a un nuevo orden mundial. El duque de Windsor y su esposa se habían reconciliado finalmente con la familia real. Su historia de amor, de perseverancia, de un precio que se pagó y un amor que salió victorioso, parece pertenecer a una época muy, muy lejana. Pero aun así deberíamos recordar que buscaron el mayor tesoro del mundo y lo reclamaron.

Examine a las primeras cien personas que encuentre, pregúnteles qué es lo que más desean en la vida, y noventa y ocho de ellas le contestarán que no son capaces de decírselo. Si las presiona para que le den una respuesta, algunas de ellas dirán: seguridad; otras, dinero; unas pocas, felicidad; algunas otras, fama y poder; otras, reconocimiento social, una vida cómoda, habilidad para bailar, cantar o escribir. Pero ninguna de ellas será capaz de definir esos términos, o de ofrecer la menor indicación acerca de la existencia de un plan mediante el que confían alcanzar sus deseos, expresados de una forma tan vaga. Las riquezas no responden a los deseos, sólo a planes definidos, apoyados por deseos concretos, alcanzados a través de una constante perseverancia.

CÓMO CULTIVAR LA PERSEVERANCIA

Hay cuatro pasos sencillos que conducen al hábito de la perseverancia. No exigen la posesión de una gran cantidad de inteligencia, ni una cantidad particular de educación, sino tiempo y esfuerzo mínimos. Los pasos necesarios son:

1. Un propósito definido apoyado por un ardiente deseo de cumplirlo.
2. Un plan definido, expresado en una acción continua.
3. Una mente cerrada a toda influencia y desánimo negativos, incluyendo las sugerencias negativas de parientes, amigos y conocidos.
4. Una alianza amistosa con una o más personas capaces de animar a uno a seguir adelante con el plan y con el propósito.

Estos cuatro pasos son esenciales para el éxito en todos los ámbitos de la vida. Todo el propósito de los trece principios de esta filosofía consiste en permitirle a uno dar estos cuatro pasos de forma que se conviertan en un hábito.

Son los pasos mediante los que uno puede controlar su propio destino económico.

Son los pasos que conducen a la libertad y a la independencia de pensamiento.

Son los pasos que conducen a las riquezas, grandes o pequeñas.

Son los pasos que conducen al poder, la fama y el reconocimiento mundial.

Son los cuatro pasos que garantizan «casualidades» favorables.

Son los cuatro pasos que convierten los sueños en realidades físicas.

Son los cuatro pasos que conducen al dominio del temor, el desánimo y la indiferencia.

Hay una magnífica recompensa para todos aquellos que aprenden a dar estos cuatro pasos. Es el privilegio de escribir lo que ha de ser la propia vida, y de conseguir que ésta proporcione lo que se le pide.

CÓMO VENCER LAS DIFICULTADES

¿Cuál es el poder místico que da a los hombres de perseverancia la capacidad para dominar las dificultades? ¿Acaso la cualidad de la perseverancia despierta en la mente de uno alguna forma de actividad espiritual o química que le permite el acceso a fuerzas sobrenaturales? ¿Es que la Inteligencia Infinita se pone del lado de la persona que prosigue la lucha, aun después de que la batalla se ha perdido, a pesar de que todo el resto del mundo esté del lado opuesto?

Estas y otras muchas preguntas similares surgían en mi mente a medida que observaba a hombres como Henry Ford, que, empezando desde abajo, construyó un imperio industrial de enormes proporciones, contando al principio con poco más que una gran perseverancia. O como Thomas A. Edison, que con menos de tres meses de haber asistido a la escuela se convirtió en el principal inventor mundial y consiguió que la perseverancia se transformara en el fonógrafo, la cámara de cine y la bombilla incandescente, por no referirnos a otro medio centenar de inventos muy útiles.

Tuve el feliz privilegio de analizar tanto al señor Edison como al señor Ford, año tras año, durante un largo período de tiempo, y, en consecuencia, dispuse de la oportunidad de estudiarlos de cerca, de modo que hablo por conocimiento personal cuando digo que no encontré en ninguno de ellos cualidad alguna, excepto la perseverancia, que explicara ni siquiera remotamente la gran fuente de la que sus estupendos logros procedían.

Cuando se lleva a cabo un estudio imparcial de los profetas, los filósofos, los hombres que producen milagros y los líderes religiosos del pasado, se llega a la inevitable conclusión de que la perseverancia, la concentración del esfuerzo y la definición del propósito fueron las grandes fuentes que les permitieron alcanzar sus logros.

Consideremos, por ejemplo, la extraña y fascinante historia de Mahoma; analicemos su vida, comparémosla con la de hombres de grandes logros en esta era actual de la industria y las finanzas, y observaremos que todos ellos tienen un rasgo común destacado: ¡la perseverancia!

Si está muy interesado en el estudio del extraño poder que proporciona potencia a la perseverancia, lea la biografía de Mahoma, en especial la escrita por Essad Bey. El siguiente y breve extracto del libro, publicado por Thomas Sugrue en el *Herald Tribune,* le ofrece una visión previa de lo mucho que les espera a quienes se tomen el tiempo de leer la historia completa de uno de los ejemplos más asombrosos del poder de la perseverancia conocido por la civilización.

EL ÚLTIMO GRAN PROFETA
por Thomas Sugrue

Mahoma fue un profeta, pero jamás hizo milagros. No fue un místico; no poseía una educación formal; no inició su misión hasta que cumplió los cuarenta años. Cuando anunció que era el Mensajero de Dios, portador de la palabra de la religión verdadera, fue ridiculizado y tachado de lunático. Los niños se burlaban de él, y las mujeres le arrojaban basura. Fue desterrado de su ciudad natal, La Meca, y sus seguidores privados de sus bienes mundanos y enviados al desierto, tras él. Después de haber predicado durante diez años no tenía nada que mostrar excepto destierro, pobreza y ridículo. Sin embargo, antes de que otros diez años transcurrieran, se había convertido en el dictador de toda Arabia, en gobernante de La Meca, y en la cabeza de un nuevo mundo religioso que, con el tiempo, se extendería hasta el Danubio y los Pirineos, antes de agotar el impulso que él le proporcionó. Ese impulso fue de tres clases: el poder de las palabras, la eficacia de la oración y el parentesco del hombre con Dios.

Su carrera nunca tuvo sentido. Mahoma nació de miembros empobrecidos de una familia dirigente de La Meca. Como quiera que La Meca era cruce de caminos del mundo, hogar de la piedra mágica llamada la Caaba, gran ciudad comercial, centro de las rutas de caravanas y no muy saludable, los niños eran enviados al desierto, a que fueran criados por los beduinos. De ese modo, Mahoma fue alimentado y obtuvo fortaleza y salud de la leche de madres nómadas y experimentadas. Atendió a las ovejas y no tardó en ser contratado por una viuda rica como jefe de sus caravanas. Viajó a todas las partes del mundo oriental, habló con muchos hombres de diversas creencias y observó el declive de la cristiandad en sectas que guerreaban las unas contra las otras. Cuando tenía veintiocho años, Jadija, la viuda, lo miró con favor y se casó con él. El padre de ella se hubiera opuesto a ese matrimonio, así que ella lo emborrachó y logró que diera la bendición paterna. Durante los doce años siguientes, Mahoma vivió como un rico comerciante, respetado y muy astuto. Luego empezó a deambular por el desierto, y un buen día regresó con el primer verso del Corán, y le dijo a Jadija que el arcángel Gabriel se le había aparecido y le había dicho que él iba a ser el Mensajero de Dios.

El Corán, la palabra revelada por Dios, fue lo más cercano a un milagro que Mahoma hizo en toda su vida. No había sido poeta; no tenía el don de la palabra. Y, sin embargo, los versos del Corán, tal y como él los recibió y los recitó con toda fidelidad, eran mejores que cualesquiera versos que los poetas profesionales de las tribus pudieran producir. Eso fue un verdadero milagro para los árabes. Para ellos, el don de la palabra era el mayor don, el poeta era todopoderoso. Además, el Corán decía que todos los hombres eran iguales ante Dios, que el mundo debía ser un estado democrático, el Islam. Esta herejía política, más el deseo de Mahoma de destruir los 360 ídolos existentes en la plaza de la Caaba, fue lo que le ganó el destierro. Los ídolos atraían a las tribus del desierto a La Meca, y eso significaba comercio. Así que los hombres de negocios de La Meca, los capitalistas, de los que él mismo había formado parte, se echaron sobre Mahoma. Entonces se retiró al desierto y demandó la soberanía sobre el mundo entero.

El auge del Islam comenzó. Del desierto surgió una llamada que no se extinguiría: un ejército democrático luchando como una unidad y preparado a morir sin pestañear. Mahoma había invitado a judíos y a cristianos a unírsele, porque él no estaba creando una nueva religión. Estaba llamando a todos aquellos que creían en un solo Dios a unirse en una sola fe. Si los judíos y los cristianos hubieran aceptado su invitación, el Islam habría conquistado el mundo entero. Pero no fue así. Ni siquiera aceptaron la innovación de Mahoma de introducir la guerra humana. Cuando los ejércitos del profeta entraron en Jerusalén, no mataron a una sola persona a causa de su fe. En cambio, cuando los cruzados entraron en la Ciudad Santa, varios siglos más tarde, no le fue perdonada la vida a ningún musulmán, fuera hombre, mujer o niño. Los cristianos, no obstante, aceptaron una idea musulmana: el lugar de aprendizaje, la universidad.

Puntos para recordar:

La perseverancia cambia el carácter de un hombre como el carbón convierte un frágil hierro en acero invencible. Con la perseverancia tendrá una conciencia mágica del dinero y su inconsciente trabajará sin descanso para que pueda conseguir ese dinero.

Un inventario de ocho puntos le muestra cómo potenciar la perseverancia en su interior. Ocho áreas especiales que trabajar le proporcionarán objetivos concretos para perseverar.

Personas como Fannie Hurst, Kate Smith o W. C. Fields nos enseñan una valiosa lección sobre el valor de la perseverancia. Mahoma y otros personajes históricos nos enseñan que la perseverancia puede cambiar la historia.

Cuatro sencillos pasos conducen al hábito de la perseverancia y mantienen a raya cualquier influencia negativa que pueda haberle afectado.

10

Noveno paso hacia la riqueza: el poder del pensamiento maestro

UN PRINCIPIO ECONÓMICO Y UN PRINCIPIO
PSÍQUICO LE PROPORCIONARÁN UNA ALIANZA
NOTABLE. EL PODER DEL TRABAJO EN EQUIPO LE
AYUDA A ACUMULAR DINERO Y HACE QUE SU
DINERO NO DEJE DE AUMENTAR.

El poder es esencial para el éxito en la acumulación de riqueza.

Los planes son inertes e inútiles si no se dispone del poder suficiente para transformarlos en acción. Este capítulo describirá el método mediante el que un individuo puede obtener y aplicar poder.

Es posible definir el poder como «conocimiento organizado e inteligentemente dirigido». El poder, tal y como se utiliza el término aquí, se refiere al esfuerzo organizado, suficiente para permitir a un individuo transformar el deseo en su equivalente monetario. El esfuerzo organizado se produce a través de la coordinación del esfuerzo de dos o más personas, que trabajan para alcanzar un fin determinado, en un espíritu de armonía.

¡El poder es necesario para lograr la acumulación de dinero! ¡Y también para conservar el dinero una vez que ha sido adquirido!

Averigüemos cómo se puede adquirir el poder. Si el poder es «conocimiento organizado», examinemos las fuentes del conocimiento.

a) *Inteligencia Infinita.* Podemos ponernos en contacto con esta fuente del conocimiento a través del procedimiento descrito en otro capítulo, con la ayuda de la imaginación creativa.

b) *Experiencia acumulada.* La experiencia acumulada del hombre (o esa parte de la misma que ha sido organizada y registrada) podemos encontrarla en cualquier biblioteca pública bien equipada. Una parte importante de esta experiencia acumulada se enseña en las escuelas y universidades públicas, donde ha sido clasificada y organizada.

c) *Experimentación e investigación.* En el campo de la ciencia, así como casi en cualquier otro ámbito de la vida, los hombres se dedican diariamente a reunir, clasificar y organizar hechos nuevos. Ésta es la fuente a la que debemos volver nuestra atención cuando el conocimiento no esté disponible a través de la «experiencia acumulada». Aquí también hay que utilizar con frecuencia la imaginación creativa.

El conocimiento puede ser adquirido a partir de cualquiera de las fuentes antes citadas, y convertido en poder mediante la organización de ese mismo conocimiento en planes definidos, y expresando esos planes en términos de acción.

El examen de estas tres grandes fuentes de conocimiento pone ya de manifiesto la dificultad con la que se encontrará todo individuo que dependa exclusivamente de sus únicos esfuerzos a la hora de reunir el conocimiento y expresarlo a través de planes definidos en términos de acción. Si sus planes son amplios, y si contemplan amplios horizontes, debe inducir, en general, a otros a cooperar con él, antes de poder inyectar el necesario elemento de poder en ellos.

El «equipo de trabajo» puede ser definido como: «coordinación de conocimiento y esfuerzo, en un espíritu de armonía, entre dos o más personas, para el logro de un propósito definido».

Ningún individuo tendrá un gran poder sin tener el «equipo de trabajo» a su disposición. En un capítulo anterior ya se han dado instrucciones para la creación de planes para el propósito de transformar el deseo en su equivalente monetario. Si usted lleva a cabo esas instrucciones con perseverancia e inteligencia, y utiliza la discriminación en la selección del «equipo de trabajo», su objetivo estará medio alcanzado, incluso antes de que empiece a darse cuenta de ello.

Así pues, para que comprenda las potencialidades intangibles del poder de que dispone mediante un «equipo de trabajo» adecuadamente seleccionado, explicaremos aquí las dos características del principio del «equipo de trabajo», una de las cuales es de naturaleza económica, y la otra, de naturaleza psíquica. La característica económica resulta evidente. Cualquier persona podrá conseguir ventajas económicas rodeándose del asesoramiento, el consejo y la cooperación de un grupo de personas dispuestas a prestarle una ayuda honesta, en un espíritu de perfecta armonía. Esta forma de alianza cooperativa ha sido el fundamento de casi todas las grandes fortunas. Su comprensión de esta gran verdad puede llegar a determinar definitivamente su estatus financiero.

La característica psíquica del principio del «equipo de trabajo» es mucho más difícil de captar. Quizás usted pueda admitir una sugerencia significativa a partir de la siguiente afirmación: «No hay dos mentes que se unan sin crear por ello una tercera fuerza invisible e intangible que puede enlazar con una tercera mente».

La mente humana es una forma de energía, una parte de la cual es de naturaleza espiritual. Cuando las mentes de dos personas se coordinan en un espíritu de armonía, las unidades espirituales de energía de cada mente forman una afinidad, que constituye la parte «psíquica» del «equipo de trabajo».

Hace ya más de cincuenta años, Andrew Carnegie fue el primero en llamar mi atención sobre el principio del «equipo de trabajo», o más bien sobre la característica económica del mismo. El descubrimiento de este principio fue el responsable de la elección del trabajo de mi vida.

El «equipo de trabajo» del señor Carnegie estaba compuesto por unos cincuenta hombres, de los que él se supo rodear con el propósito definido de fabricar y vender acero. Él atribuía toda su fortuna al poder acumulado a través de ese «equipo de trabajo».

Si se analiza la historia de cualquier hombre que haya acumulado una gran fortuna, y las de muchos de aquellos que han acumulado fortunas modestas, se descubrirá que todos ellos han empleado consciente o inconscientemente el principio del «equipo de trabajo».

¡No se puede acumular ningún gran poder por medio de ningún otro principio!

CÓMO MULTIPLICAR EL PODER DE SU CEREBRO

El cerebro del hombre es comparable con una batería eléctrica. Es un hecho bien conocido que un grupo de baterías eléctricas proporcionarán más energía que una sola de ellas. También es un hecho bien conocido que toda batería individual proporcionará energía en proporción al número y capacidad de las células que contiene.

El cerebro funciona de una forma similar. Esto explica el hecho de que algunos cerebros sean más eficientes que otros, y conduce a la siguiente e importante afirmación: un grupo de cerebros coordinados (o conectados) en un espíritu de armonía proporcionarán más energía de pensamiento que un solo cerebro, del mismo modo que un grupo de baterías eléctricas proporcionarán más energía que una sola batería.

A través de esta comparación se hace evidente que el principio del «equipo de trabajo» contiene el secreto del poder obtenido por hombres que se saben rodear de otras personas con cerebro.

De ello se desprende otra afirmación que nos conducirá a una comprensión más exacta del elemento psíquico del principio del «equipo de trabajo»: cuando un grupo de cerebros individuales se coordina y funciona en armonía, la energía generada, incrementada por esa alianza, se transforma en algo que está a disposición de cada uno de los cerebros individuales que forman parte del grupo.

Es un hecho bien conocido que Henry Ford empezó su carrera empresarial con el obstáculo de la pobreza, la falta de erudición y la ignorancia. También es un hecho bien conocido que en el inconcebible lapso de diez años, el señor Ford logró superar esos tres obstáculos, y que veinticinco años más tarde se había convertido en uno de los hombres más ricos de Estados Unidos. Si relacionamos con este hecho el conocimiento adicional de que los progresos más rápidos del señor Ford se hicieron patentes a partir del momento en que se convirtió en amigo personal de Thomas A. Edison, empezaremos a comprender cuál puede ser la influencia de una mente sobre la otra. Avancemos un paso más, y consideremos el hecho de que los logros más extraordinarios del señor Ford empezaron a producirse tras haber conocido a Harvey Firestone, John Burroughs y Luther Burbank (cada uno de los cuales era un hombre de gran capacidad cerebral), y habremos encontrado nuevas pruebas de que el poder se puede producir mediante la amistosa alianza de las mentes.

Los hombres participan de la naturaleza y los hábitos y el poder de pensamiento de aquellos con quienes se asocian en un espíritu de simpatía y armonía. A través de su asociación con Edison, Burbank, Burroughs y Firestone, el señor Ford añadió al poder de su propio cerebro la suma y la sustancia de la inteligencia, la experiencia, el conocimiento y las fuerzas espirituales de esos cuatro hombres. Es más, se apropió y utilizó el principio del «equipo de trabajo» a través de los métodos de procedimiento descritos en este libro.

¡Y ese mismo principio también está disponible para usted!

Ya hemos mencionado antes al Mahatma Gandhi.

Estudiemos ahora el método por el que obtuvo su enorme poder. Eso es algo que es posible explicar con pocas palabras. Obtuvo poder al haber sabido inducir a más de doscientos millones de personas a que se coordinaran, física y mentalmente, en un espíritu de armonía, para alcanzar un propósito definido.

En resumen, Gandhi logró un verdadero milagro, pues eso es lo que sucede cuando se consigue que doscientos millones de personas se vean inducidas —no forzadas— a cooperar en un espíritu de armonía. Si usted duda de que eso sea un milagro, intente inducir a dos personas, sean las que fueren, a que cooperen en un espíritu de armonía durante *cualquier período de tiempo prolongado*.

Toda persona que dirige una empresa sabe muy bien lo difícil que resulta que los empleados trabajen juntos en un espíritu parecido, aunque sólo sea remotamente, a la armonía.

La lista de las fuentes principales de las que se puede obtener poder está encabezada, como ya hemos visto, por la Inteligencia Infinita. Cuando dos o más personas se coordinan en un espíritu de armonía, y trabajan juntas para alcanzar un objetivo definido, se sitúan a sí mismas, por medio de esa alianza, en posición de absorber poder directamente de la gran reserva universal de la Inteligencia Infinita. Se trata de la mayor fuente de poder que existe. Es la fuente hacia la que el genio y todos los grandes líderes se vuelven (tanto si ellos son conscientes de ese hecho, como si no).

Las otras dos grandes fuentes de las que es posible obtener el conocimiento, necesario para la acumulación de poder, no son ni más ni menos fiables que los cinco sentidos del hombre. Y todos sabemos que los sentidos no siempre son fiables.

En capítulos posteriores se describirán adecuadamente los métodos mediante los que se puede contactar con mayor facilidad con la Inteligencia Infinita.

Éste no es ningún curso de religión. Ninguno de los principios fundamentales descritos en este libro debería interpretarse como algo que tiene la intención de interferir en los hábitos religiosos de cualquier persona, ya sea de forma directa o indirecta. Este libro tiene el exclusivo propósito de instruir al lector acerca de cómo transformar el propósito definido del deseo de obtener dinero en su equivalente monetario.

Lea, *piense* y medite a medida que vaya leyendo. El tema no tardará en desplegarse ante usted en su conjunto, y entonces podrá ver con la necesaria perspectiva. Lo que está viendo ahora son los detalles de cada uno de los capítulos individuales.

EL PODER DE LAS EMOCIONES POSITIVAS

El dinero es tímido y elusivo. Tiene que ser obtenido por métodos no muy distintos a los que emplea una persona enamorada y decidida, que persigue a la pareja de sus sueños. Coincidiendo con ello, el poder utilizado en el acto de «cortejar» al dinero no se diferencia en mucho del que se utiliza para cortejar a una mujer. Para que ese poder se utilice con éxito en la obtención del dinero, debe ser mezclado con la fe. Debe ser mezclado con el deseo. Debe ser mezclado con la perseverancia. Debe ser aplicado mediante un plan, y ese plan debe ser puesto en acción.

Cuando el dinero aparece en grandes cantidades, fluye hacia aquel que lo acumula con la misma facilidad con que el agua fluye hacia abajo. Existe una gran corriente invisible de poder que puede compararse con la de un río, excepto que una parte fluye en una dirección, y se lleva consigo a todos los que se encuentran en ese lado de la corriente, en dirección a la riqueza; y la otra lo hace en la dirección opuesta, y se lleva hacia la miseria y la pobreza a todos los que no logran salir de ella.

Todo aquel que haya acumulado una gran fortuna ha reconocido la existencia de esta corriente de la vida. Consiste en un proceso de pensamiento. Las emociones positivas del pensamiento forman el lado de la corriente que le lleva a uno hacia la fortuna. Las emociones negativas forman el lado de la corriente que le lleva a uno hacia la pobreza.

Esto contiene un pensamiento de una gran importancia para toda aquella persona que esté siguiendo este libro con el propósito de acumular una fortuna.

Si se encuentra usted en el lado de la corriente de poder que conduce a la pobreza, esto puede servirle como una especie de remo, mediante el cual impulsarse hacia el otro lado de la corriente. Pero sólo le servirá mediante la aplicación y el uso. La simple lectura y juicio sobre lo que lee, ya sea en un sentido o en otro, no le beneficiará en nada.

La pobreza y la riqueza suelen cambiar de lugar. Cuando la riqueza ocupa el lugar de la pobreza, el cambio se produce a través de planes bien concebidos y cuidadosamente ejecutados. La pobreza, en cambio, no necesita de plan alguno. No necesita que la ayuden, porque es enérgica y ruda. En cambio, la riqueza es reservada y tímida, y, por lo tanto, tiene que ser «atraída».

Puntos para recordar:

La gran contribución de Andrew Carnegie al éxito personal y en los negocios —el trabajo en equipo— está a su entera disposición. Es la fórmula maestra para utilizar un conocimiento organizado y orientado como vía hacia el poder.

La mente humana es una forma de energía. Cuando dos o más mentes cooperan en armonía, forman un gran «banco» de energía, además de una tercera fuerza invisible que puede unirse al «trabajo en equipo».

Es necesario planificar y organizar para hacerse rico. Seguir siendo pobre es fácil; no hace falta ningún plan.

Tres fuentes principales de poder mental acumulado están ahí para ayudarle. Pueden ser utilizadas a voluntad por quien sepa cómo hacerlo… como usted.

La felicidad está en hacer, no sólo en poseer.

11

Décimo paso hacia la riqueza: el misterio de la transmutación del sexo

VERÁ CÓMO UN HOMBRE PUEDE ORIENTAR SU
GRAN RESERVA DE ENERGÍA SEXUAL PARA
REFORZAR SU IMPULSO HACIA LA PROSPERIDAD.
ENTENDERÁ CÓMO AYUDAN LAS MUJERES
A QUE LOS HOMBRES TENGAN ÉXITO
Y CÓMO SACAR EL MÁXIMO PROVECHO
DE ESTA ANTIGUA VERDAD.

El significado de la palabra «transmutar» es, en lenguaje senci-llo, «el cambio, o transferencia, de un elemento, o forma de energía, en otro».

La emoción del sexo permite alcanzar un cierto estado mental.

Debido a la ignorancia que se tiene sobre el tema, este es-tado mental suele asociarse con el físico, y debido a las in-fluencias impropias a las que han estado sometida en el proce-so de adquisición de conocimiento sobre el sexo, las personas han dejado bastante de lado los mentales.

La emoción del sexo tiene en el fondo de sí misma la posi-bilidad de tres potencialidades constructivas, que son:

1. La perpetuación de la humanidad.
2. El mantenimiento de la salud (no tiene parangón como agente terapéutico).
3. La transformación de la mediocridad en genio a través de la transmutación.

La transmutación del sexo es fácil y sencilla de explicar. Significa el cambio de la mente desde pensamientos de expresión física a pensamientos de alguna otra naturaleza.

El deseo sexual es el más poderoso de los deseos humanos. Cuando los hombres se ven impulsados por él, desarrollan agudeza de imaginación, valor, fuerza de voluntad, perseverancia y habilidad creativa desconocidos para ellos en otras ocasiones. El deseo del contacto sexual es tan fuerte e impulsor que los hombres llegan a arriesgar su propia vida y su reputación para calmarlo. Esta fuerza motivadora, cuando es controlada y dirigida hacia otras líneas, conserva todos sus atributos de agudeza de imaginación, valor, etc., que pueden ser utilizados entonces como poderosas fuerzas creativas en la literatura, en el arte o en cualquier profesión o empresa, incluyendo, desde luego, la acumulación de riquezas.

La transmutación de la energía sexual exige el ejercicio de la fuerza de voluntad, pero vale la pena hacer el esfuerzo a cambio de la recompensa. El deseo de expresión sexual es innato y natural. Ese deseo no puede ni debe ser sumergido ni eliminado. En lugar de eso, debe proporcionársele una vía de salida a través de formas de expresión que enriquezcan el cuerpo, la mente y el espíritu del hombre. Si no se le proporciona esa vía de salida, por medio de la transmutación, buscará vías de salida puramente físicas.

Si se controla el agua de un río durante un tiempo, es posible construir una presa; pero, en último término, el río buscará una salida. Lo mismo puede decirse de la emoción del sexo. Puede quedar sumergida y ser controlada durante un tiempo, pero su propia naturaleza hace que ande siempre a la búsqueda de medios de expresión. Si no se transforma en algún otro esfuerzo creativo, encontrará una vía de salida mucho menos valiosa.

LOS LOGROS DE NATURALEZAS SEXUALES MUY DESARROLLADAS

La persona que ha descubierto cómo proporcionar a la emoción sexual una vía de salida a través de alguna forma de esfuerzo creativo puede considerarse muy afortunada.

La investigación científica ha puesto de manifiesto los siguientes hechos significativos:

1. Los hombres que han alcanzado mayores logros son aquellos que han desarrollado elevadas naturalezas sexuales; hombres que han aprendido el arte de la transmutación sexual.

2. Los hombres que han acumulado grandes fortunas y alcanzado un reconocimiento destacado en la literatura, el arte, la industria, la arquitectura y las profesiones fueron motivados por la influencia de una mujer.

La investigación a partir de la cual se hicieron estos descubrimientos se basó en páginas de biografía e historia de más de dos mil años. Cada vez que se encontraban pruebas en relación con las vidas de hombres y mujeres que habían alcanzado grandes logros, éstas indicaban de un modo muy convincente que esas personas poseían naturalezas sexuales muy desarrolladas.

La emoción del sexo es una «fuerza irresistible» contra la cual no puede haber una oposición como la de un «cuerpo inamovible». Cuando se ven impulsados por esta emoción, los hombres se hallan dotados de un superpoder para la acción. Una vez que usted haya comprendido esta verdad, habrá captado el significado de la afirmación según la cual la transmutación sexual contiene el secreto de la habilidad creativa.

Destruya las glándulas sexuales, ya sea en el hombre o en el animal irracional, y habrá eliminado la mayor fuente de acción. Como prueba de ello, observe lo que sucede con cualquier animal que haya sido castrado. Después de haber sido sexualmente alterado, un toro bravo se convierte en un animal tan dócil como una vaca. La alteración sexual le priva al macho, ya sea hombre o bestia, de toda la capacidad de lucha que lleva dentro.

LOS DIEZ ESTÍMULOS DE LA MENTE

La mente humana responde a estímulos por medio de los cuales puede ser «excitada» para alcanzar elevados grados de vibración, conocidos como entusiasmo, imaginación creativa, deseo intenso, etc. Los estímulos a los que la mente responde con mayor libertad son:

1. El deseo de expresión sexual.
2. Amor.
3. Un deseo ardiente de alcanzar fama, poder o ganancias financieras, dinero.
4. Música.
5. Amistad entre personas del mismo sexo, o con las del sexo opuesto.
6. Una alianza de «equipo de trabajo» basada en la armonía de dos o más personas que se alían entre sí para el progreso espiritual o temporal.
7. El sufrimiento compartido, como el experimentado por personas que se ven perseguidas.
8. Autosugestión.
9. Temor.
10. Narcóticos y alcohol.

El deseo de expresión sexual se encuentra a la cabeza de la lista de estímulos, por ser el que con mayor efectividad «eleva» la mente e inicia el giro de las «ruedas» de la acción física. Ocho de los estímulos de esta lista son naturales y constructivos. Dos de ellos son destructivos. Esta lista se ha presentado aquí con el propósito de permitir que usted efectúe un estudio comparativo de las grandes fuentes de la estimulación mental. A partir de ese estudio, verá con facilidad que la emoción del sexo es, con mucha ventaja, el más intenso y poderoso de todos los estímulos mentales.

Algún sabihondo ha dicho que un genio es un hombre que «lleva el cabello largo, come con descuido, vive solo y sirve de objetivo para quienes hacen los chistes». Una definición mucho mejor de genio es: «Un hombre que ha descubierto cómo incrementar la intensidad de pensamiento hasta el punto de poder comunicarse libremente con fuentes de conocimiento no disponibles a través del pensamiento ordinario».

Cualquier persona que piense querrá hacer más preguntas referentes a esta definición de lo que es un genio. La primera pregunta a plantear sería: «¿Cómo puede uno comunicarse con las fuentes del conocimiento que no estén disponibles a través del pensamiento ordinario?».

La siguiente pregunta sería: «¿Hay fuentes de conocimiento conocidas que sólo estén disponibles para los genios y, en tal caso, cuáles son esas fuentes y cómo se las puede alcanzar exactamente?».

Aportaremos pruebas que usted podrá utilizar como evidencia, a través de la experimentación propia, y al hacerlo así también contestaremos a esas dos preguntas.

EL «GENIO» SE REALIZA A TRAVÉS DEL SEXTO SENTIDO

La realidad de la existencia del sexto sentido ha sido bastante bien establecida ya. Este sexto sentido es la imaginación creativa. La facultad de la imaginación creativa es algo que la mayoría de la gente no utiliza nunca a lo largo de su vida, y si lo hace suele sucederles por mero accidente. Un número de personas relativamente pequeño utiliza la facultad de la imaginación creativa con deliberación y propósito premeditado. Quienes utilizan esta facultad voluntariamente, y quienes comprenden sus funciones, son genios.

La facultad de la imaginación creativa es el vínculo directo de unión entre la mente finita del hombre y la Inteligencia Infinita. Todas las denominadas revelaciones, a las que uno se refiere en el ámbito de la religión, y todos los descubrimientos de principios básicos o nuevos en el campo de la invención, se producen por medio de la facultad de la imaginación creativa.

De dónde surgen los «presentimientos»

Cuando en la mente de una persona surgen ideas o conceptos, a través de lo que popularmente se denomina un «presentimiento», o intuición, éstos proceden de una, o más, de las siguientes fuentes:

1. La Inteligencia Infinita.
2. El propio subconsciente, donde se halla almacenada toda impresión sensorial y todo impulso de pensamiento que ha llegado alguna vez al cerebro a través de cualquiera de los cinco sentidos.
3. De la mente de alguna otra persona que acaba de expresar el pensamiento, o que esboza o describe la idea o concepto a través del pensamiento consciente.
4. Del almacén subconsciente de la otra persona.

No existen otras fuentes conocidas de las que se puedan recibir ideas «inspiradas» o «presentimientos».

Cuando la acción del cerebro ha sido estimulada por medio de uno, o más, de los diez estímulos mentales, esa acción tiene el efecto de elevar al individuo muy por encima del horizonte del pensamiento ordinario, y le permite ver distancia, perspectiva y calidad de pensamientos no disponibles en el plano inferior, como los que se producen cuando uno se halla enfrascado en la solución de los problemas de la rutina empresarial y profesional.

Cuando uno se eleva hasta ese nivel de pensamiento más alto por medio de cualquier forma de estimulación mental, un individuo ocupa casi la misma posición que otro que ha ascendido en un avión hasta una altura desde la que puede observar más allá de la línea del horizonte que limita su campo de visión cuando se encuentra en tierra. Es más, mientras se encuentra en ese nivel de pensamiento elevado, el individuo no se ve atado por ninguno de los estímulos que circunscriben y limitan su visión mientras afronta los problemas de ganar lo suficiente para cubrir las tres necesidades básicas que tiene planteadas: alimento, ropa y cobijo. Se encuentra entonces en un mundo de pensamiento del que se han eliminado con tal efectividad los pensamientos cotidianos y ordinarios como lo están los valles y colinas y otras limitaciones de la visión física para el que se encuentra en un avión.

Mientras se encuentra en este plano exaltado del pensamiento, la facultad creativa de la mente obtiene libertad para la acción. De ese modo se ha despejado el camino para el funcionamiento del sexto sentido. El individuo se vuelve receptivo a ideas que no hubieran acudido a su mente en otras circunstancias. El «sexto sentido» es la facultad que marca la diferencia entre un genio y un individuo ordinario.

EL INCREMENTO DE LA CAPACIDAD CREATIVA

La facultad creativa se hace más despierta y receptiva a factores que se originan fuera del subconsciente del individuo, y ello sucede en mayor medida cuanto más se la utiliza, más se basa en ella el individuo y más le plantea exigencias de impulsos para el pensamiento. Esta facultad se puede cultivar y desarrollar sólo a través del uso.

Aquello que conocemos como «conciencia» opera por completo a través de la facultad del sexto sentido.

Los grandes artistas, escritores, músicos y poetas llegaron a serlo porque adquirieron la costumbre de confiar en «la pequeña voz silenciosa» que nos habla desde dentro a través de la facultad de la imaginación creativa. Se trata de un hecho bien conocido por las personas que poseen una imaginación «aguda» el que sus mejores ideas proceden de los denominados «presentimientos».

Hay un gran orador que no alcanza la grandeza hasta que no cierra los ojos y empieza a confiar por completo en la facultad de la imaginación creativa. Cuando se le preguntó por qué cerraba los ojos justo antes del clímax de su oratoria, contestó: «Lo hago porque entonces hablo a través de ideas que me llegan desde fuera de mí».

Uno de los financieros mejor conocidos y de mayor éxito de Estados Unidos tenía el hábito de cerrar los ojos durante dos o tres minutos antes de tomar una decisión. Cuando se le preguntó por qué lo hacía, contestó: «Con los ojos cerrados soy capaz de usar una fuente de inteligencia superior».

CÓMO CONSIGUE UN INVENTOR SUS MEJORES IDEAS

Mediante el proceso de cultivar y utilizar la facultad creativa, el ya fallecido doctor Elmer R. Gates, de Chevy Chase, Maryland, creó más de 200 patentes útiles. Su método es significativo e interesante al mismo tiempo para todo aquel que se sienta interesado por alcanzar el estatus de genio, a cuya categoría perteneció el doctor Gates, sin el menor género de dudas. El doctor Gates fue uno de los científicos más grandes del mundo, aunque menos conocidos del gran público.

En su laboratorio disponía de lo que él denominaba su «sala de comunicación personal». Era una estancia a prueba de ruidos, y dispuesta de tal modo que todo destello de luz podía ser eliminado. Estaba equipada con una pequeña mesa, sobre la que siempre tenía una libreta. Delante de la mesa, en la pared, había un panel de conmutadores eléctricos que controlaban las luces. Cuando el doctor Gates quería usar las fuerzas disponibles para él a través de su imaginación creativa, entraba en la sala, se sentaba ante la mesa, apagaba las luces y se concentraba en los factores conocidos del invento en el que estaba trabajando; allí permanecería en esa posición hasta que las ideas empezaran a aparecer en su mente en conexión con los factores del invento desconocidos.

En cierta ocasión, las ideas acudieron a su mente con tal rapidez que se vio obligado a escribir durante casi tres horas. Cuando los pensamientos dejaron de fluir y examinó las notas que había tomado, descubrió que contenían una minuciosa descripción de principios sin parangón alguno entre los datos conocidos del mundo científico. Además, la respuesta a su problema quedó inteligentemente presentada en aquellas notas.

El doctor Gates se ganaba la vida «sentándose para recibir ideas» destinadas a individuos y corporaciones. Algunas de las más grandes empresas estadounidenses le pagaron importantes cantidades por hora, sólo por «sentarse para recibir ideas».

La facultad de razonamiento suele resultar defectuosa porque, en buena medida, se ve guiada por la experienda acumulada. No todo el conocimiento que uno acumula por medio de la experiencia es exacto. Las ideas recibidas a través de la facultad creativa son mucho más fiables, por la sencilla razón de que proceden de fuentes más fiables que cualquier otra que esté disponible para la facultad de razonamiento de la mente.

La principal diferencia entre el genio y el inventor ordinario de cachivaches puede hallarse en el hecho de que el primero trabaja a través de su facultad de imaginación creativa, mientras que el «chiflado» no sabe nada de esa facultad. El inventor científico hace uso tanto de la facultad sintética como de la facultad creativa de la imaginación.

Por ejemplo, el inventor científico, cuando empieza un invento, organiza y combina las ideas conocidas o los principios acumulados gracias a la experiencia, empleando para ello su facultad sintética (la facultad de razonamiento). Si descubre que ese conocimiento acumulado es insuficiente para llevar a cabo su invento, entonces utiliza las fuentes de conocimiento de que dispone a través de su facultad creativa. El método que emplea varía con cada individuo; pero éste es, en esencia, el procedimiento:

1. Estimula su mente de modo que funcione en un plano superior al normal, y para ello utiliza alguno de los diez estímulos mentales, u otro estimulante de su elección.

2. Se concentra en los factores conocidos (la parte terminada) de su invento, y crea en su mente una imagen perfecta de los factores desconocidos (la parte no acabada) de su invento. Conserva esa imagen en su mente hasta que ha sido captada por el subconsciente; luego se relaja, elimina toda clase de pensamiento y espera a que la respuesta que busca surja en su mente.

A veces, los resultados son definitivos e inmediatos. En otras ocasiones, los resultados son negativos, dependiendo del estado de desarrollo del sexto sentido, o de la facultad creativa.

El señor Edison probó más de 10.000 combinaciones diferentes de ideas a través de la facultad sintética de su imaginación antes de «conectar» con la facultad creativa, y entonces fue cuando encontró la respuesta que le permitió perfeccionar la lámpara incandescente. Su experiencia fue similar cuando inventó el fonógrafo.

Existen numerosas pruebas fiables de la existencia de la facultad de la imaginación creativa. Disponemos de esas pruebas gracias al análisis exacto de personas que se han convertido en líderes en sus campos de actuación, sin haber tenido una educación muy amplia. Lincoln fue un notable ejemplo de un gran líder que alcanzó la grandeza a través del descubrimiento y el uso de esa facultad de la imaginación creativa. Descubrió y empezó a utilizar esta facultad como resultado de la estimulación del amor, que experimentó después de haber conocido a Anne Rutledge, una afirmación de la más alta importancia en conexión con el estudio de la fuente del genio.

La fuerza impulsora del sexo

Las páginas de la historia están llenas de casos de grandes líderes cuyos logros se basaron en la influencia de mujeres que despertaron en ellos las facultades creativas de sus mentes a través del estímulo sexual. Napoleón Bonaparte fue uno de ellos. Cuando se sintió inspirado por su primera esposa, Josefina, fue irresistible e invencible. Cuando su «mejor juicio», o su facultad de razonamiento, lo impulsó a dejar de lado a Josefina, empezó a declinar. Su derrota y su destierro en Santa Elena no estaban lejanos.

Si el buen gusto nos lo permitiera, podríamos mencionar a un gran número de hombres, bien conocidos en Estados Unidos, que alcanzaron grandes éxitos bajo la estimulante influencia de sus esposas, sólo para caer en picado hacia la destrucción cuando el dinero y el poder se les subieron a la cabeza y dejaron de lado a su esposa por otra mujer. Napoleón no fue el único hombre en descubrir que la influencia sexual, *procedente de una fuente correcta,* es mucho más poderosa que cualquier sustituto de la eficacia que pueda crearse sólo por la razón.

¡La mente humana responde al estímulo!

Entre los más grandes y poderosos estímulos se encuentra el del sexo. Cuando se la controla y se la transmuta, esta fuerza impulsora es capaz de elevar a los hombres a la más alta cota de pensamiento que les permite dominar las fuentes de la preocupación y las pequeñas molestias que se interponen en su camino en el plano inferior.

Con el único propósito de refrescar la memoria, y en relación con los hechos de que disponemos a partir de las biografías de ciertos hombres, presentamos a continuación los nombres de unos pocos hombres de éxito extraordinario, de cada uno de los cuales se sabe que poseyó una elevada naturaleza sexual. El genio, que era indiscutiblemente suyo, encontró su fuente de poder en la energía sexual transmutada:

GEORGE WASHINGTON	WOODROW WILSON
THOMAS JEFFERSON	RALPH WALDO EMERSON
NAPOLEÓN BONAPARTE	JOHN H. PATTERSON
ELBERT HUBBARD	ROBERT BURNS
WILLIAM SHAKESPEARE	ANDREW JACKSON
ELBERT H. GARY	ENRICO CARUSO
ABRAHAM LINCOLN	

El propio conocimiento de que usted disponga acerca de las biografías de los grandes hombres le permitirá engrosar esta lista. Encuentre, si puede, a un solo hombre en toda la historia de la civilización que alcanzara un éxito extraordinario en cualquier campo y que no se viera impulsado por una naturaleza sexual bien desarrollada.

Si no quiere fiarse de las biografías de hombres que han muerto, haga un inventario de aquellos que usted conozca como hombres de grandes logros, y vea si puede descubrir entre ellos a uno solo que no posea una elevada naturaleza sexual.

La sexualidad es la energía creativa de todos los genios. *Nunca ha existido, ni existirá, un gran líder, constructor o artista al que le falte esa fuerza impulsora del sexo.*

Espero que nadie malinterprete estas afirmaciones en el sentido de que todos los que poseen una elevada naturaleza sexual son genios. El hombre alcanza sólo el estatus de genio cuando estimula su mente de tal forma que puede usar las fuerzas disponibles a través de la facultad creativa de la imaginación. La energía sexual es el principal de los estímulos capaz de producir este «ascenso». La simple posesión de esa energía no basta para producir un genio. La energía tiene que ser transmutada de un deseo de contacto físico en alguna otra forma de deseo y acción, antes de que le eleve a uno al estatus de genio.

Lejos de convertirse en genios gracias a unos grandes deseos sexuales, la mayoría de los hombres se degradan a sí mismos con una mala interpretación y utilización de esa gran fuerza, hasta alcanzar el estatus de animales inferiores.

POR QUÉ LOS HOMBRES RARA VEZ ALCANZAN EL ÉXITO ANTES DE LOS CUARENTA

A partir del análisis de más de 25.000 personas, descubrí que los hombres que alcanzan el éxito de una forma destacada, raras veces lo hacen antes de cumplir los cuarenta años, y muy a menudo no emprenden su verdadero paso hasta mucho más allá de los cincuenta. Este hecho me resultó tan sorprendente que me impulsó a revisar su causa con mayor cuidado.

Ese estudio puso de manifiesto el hecho de que la razón principal por la que la gran mayoría de los hombres que tienen éxito no empiezan a alcanzarlo antes de los cuarenta o de los cincuenta años es debida a su tendencia a disipar sus energías a través de una excesiva complacencia en la expresión física de la emoción del sexo. La mayoría de los hombres nunca aprende que la urgencia del sexo tiene otras posibilidades que transcienden con mucho en importancia la simple expresión física. A la mayoría les viene este descubrimiento después de haber despilfarrado muchos años, en un período en el que la energía sexual se encuentra en su punto más alto, antes de los cuarenta y cinco o los cincuenta años. Habitualmente, a ese período sigue otro de logros notables.

Las vidas de muchos hombres cercanos a la cuarentena, o que ya la han dejado atrás, refleja una continuada disipación de energías, que podrían haber sido dirigidas con mucho más provecho hacia canales mejores. Extienden de manera alocada sus emociones más exquisitas y poderosas a los cuatro vientos.

El deseo de expresión sexual es, con gran diferencia, el más fuerte impulsor de todas las emociones humanas, y, por esa misma razón, cuando ese deseo se controla y se transmuta en acción en lugar de en expresión física, puede elevarle a uno hacia la consecución de grandes logros.

EL MAYOR DE LOS ESTIMULANTES DE LA MENTE

En la historia no faltan ejemplos de hombres que alcanzaron el estatus de genio como resultado del uso de estimulantes mentales artificiales, ya sea en forma de alcohol o de narcóticos. Edgar Allan Poe escribió *El cuervo* cuando se hallaba bajo la influencia del licor, «soñado sueños que ningún mortal se atrevió a soñar jamás». James Whitcomb Riley escribió lo mejor de su producción literaria hallándose bajo la influencia del alcohol. Quizá fuera así como viera «el ordenado entrelazamiento de lo real y del sueño, el molino por encima del río y la niebla por encima de la corriente». Robert Burns escribió sus mejores páginas estando intoxicado. «Por los tiempos de antaño, cariño mío, tomaremos una taza de amabilidad ahora, por los tiempos de antaño.»

Pero recordemos también que muchos de esos hombres terminaron por destruirse a sí mismos. La naturaleza ha preparado sus propios venenos con los que los hombres pueden estimular sus mentes para conectar con esos pensamientos, exquisitos y raros, que proceden... ¡nadie sabe de dónde! Jamás se ha encontrado sustitutivo alguno satisfactorio de los estimulantes naturales.

Es un hecho bien conocido por los psicólogos que existe una relación muy estrecha entre los deseos sexuales y las urgencias espirituales, un hecho que explica el comportamiento peculiar de la gente que participa en las orgías como «renacimientos» religiosos, comunes entre los pueblos primitivos.

Las emociones humanas son las que gobiernan el mundo y las que establecen el destino de la civilización. La gente se ve influida en sus acciones no por la razón, sino por los «sentimientos». Las emociones, *y no la razón fría,* son las que ponen en movimiento toda la facultad creativa de la mente. Y la más poderosa de todas las emociones humanas es la del sexo. Hay otros estímulos mentales, algunos de los cuales hemos citado, pero ninguno de ellos, ni todos ellos combinados, puede igualar el poder impulsor del sexo.

Un estimulante mental es cualquier fuerza que aumente de forma temporal o permanente la intensidad del pensamiento. Los diez grandes estimulantes descritos con anterioridad son aquellos a los que se recurre con mayor frecuencia. A través de estas fuentes podemos comunicarnos con la Inteligencia Infinita, o penetrar a voluntad en el almacén del subconsciente, ya sea el propio o el de otra persona, un procedimiento *que es todo lo que caracteriza al genio.*

Un profesor, que ha entrenado y dirigido los esfuerzos de más de 30.000 vendedores, hizo el asombroso descubrimiento de que los vendedores más eficientes son aquellos que poseen una elevada naturaleza sexual. La explicación la encontramos en el hecho de que el factor de la personalidad conocido como «magnetismo personal» no es ni más ni menos que energía sexual. Las personas de elevada naturaleza sexual poseen siempre una gran reserva de magnetismo. Esta fuerza vital puede ser utilizada, a través del cultivo y la comprensión de la misma, como un elemento de gran ventaja en las relaciones entre las personas. Es posible comunicar esa energía a los demás a través de los siguientes medios:

1. *El apretón de manos.* El contacto de la mano indica al instante la presencia de magnetismo, o la falta del mismo.

2. *El tono de voz.* El magnetismo, o la energía sexual, es el factor capaz de colorear la voz, o hacerla musical y encantadora.

3. *Postura y porte del cuerpo.* Las personas de elevada naturaleza sexual se mueven con energía, gracia y facilidad.

4. *Las vibraciones de pensamiento.* Las personas de elevada naturaleza sexual mezclan la emoción del sexo con sus pensamientos, o pueden hacerlo así a voluntad, y de ese modo influyen sobre quienes les rodean.

5. *Adorno del cuerpo.* Las personas de elevada naturaleza sexual suelen ser muy cuidadosas en cuanto a su apariencia física. Suelen seleccionar ropa de un estilo conveniente para su personalidad, figura, complexión, etc.

Cuando contrata a los trabajadores de su sección, el director de ventas más capaz busca como *primer requisito* de todo vendedor la cualidad del magnetismo personal. Las personas a las que les falta energía sexual nunca llegarán a ser entusiastas, ni inspirarán entusiasmo, y éste es uno de los requisitos más importantes de todo vendedor, sin que importe lo que venda.

El portavoz público, el orador, el predicador, el abogado o el vendedor al que le falte energía sexual es un «pesado» en cuanto a su capacidad para influir sobre los demás se refiere. Si a ello se añade el hecho de que la mayoría de la gente sólo es influenciable a través de una apelación a sus emociones, comprenderá usted la importancia de la energía sexual como parte de la habilidad innata de un vendedor. Los buenos vendedores lo son porque *transmutan,* consciente o inconscientemente, la energía del sexo en entusiasmo de ventas. En esta afirmación se puede encontrar una sugerencia muy práctica en cuanto al verdadero significado de lo que es la transmutación sexual.

El vendedor que sabe cómo apartar su mente del tema del sexo y dirigirla hacia el esfuerzo de venta con el mismo entusiasmo y determinación con que la aplicaría a su propósito original, ha adquirido el arte de la transmutación del sexo, tanto si lo sabe como si no. La mayoría de los vendedores que transmutan su energía sexual, lo hacen sin ser en absoluto conscientes de ello, ni de cómo lo están llevando a cabo.

La transmutación de la energía sexual exige más fuerza de voluntad de la que la persona ordinaria dispone para este propósito. Aquellos a quienes les resulta difícil reunir la fuerza de voluntad suficiente para la transmutación pueden adquirir esta habilidad gradualmente. Aunque eso requiere fuerza de voluntad, la recompensa que se obtiene con esta práctica hace que el esfuerzo valga la pena.

FALSAS CREENCIAS DE QUE EL SEXO DAÑA LA PERSONALIDAD

La gran mayoría de la gente parece ser imperdonablemente ignorante acerca de todo lo referente al sexo. En términos generales, la urgencia del sexo ha sido interpretada mal por parte de los ignorantes y las personas malvadas, que la han calumniado y se han burlado de ella.

Aquellos hombres y mujeres conocidos por haber sido bendecidos —sí, bendecidos— con una elevada naturaleza sexual, suelen ser considerados como personas con las que hay que andarse con cuidado. En lugar de considerarlas benditas, se las considera malditas.

Millones de personas sufren complejos de inferioridad, incluso en nuestra época, que se han desarrollado debido a la falsa creencia de que una elevada naturaleza sexual es una maldición. Estas afirmaciones sobre la virtud de la energía sexual no deben interpretarse como una justificación del libertinaje. La emoción del sexo sólo es una virtud cuando es utilizada con inteligencia y con discriminación. Puede ser mal empleada, y a menudo lo es, hasta el punto de que empobrece, en lugar de enriquecer, tanto el cuerpo como la mente.

Al autor le pareció muy importante el descubrimiento de que casi todos los grandes líderes a quienes tuvo el privilegio de analizar eran hombres cuyos logros fueron ampliamente inspirados por una mujer. En muchos de esos casos, la mujer en cuestión era una esposa modesta y abnegada, de la que el público había oído hablar muy poco o nada. En unos pocos casos, la fuente de inspiración pudo descubrirse en «la otra» mujer.

Toda persona inteligente sabe que la estimulación en exceso a base de bebidas alcohólicas y narcóticos es una destructiva forma de intemperancia. Sin embargo, no todo el mundo sabe que el exceso en la expresión sexual puede convertirse en un hábito tan destructivo y negativo para el esfuerzo creativo como los narcóticos o el licor.

Un obseso sexual no es, en esencia, muy diferente de un hombre drogado. Ambos han perdido el control sobre sus facultades de razonamiento y su voluntad. Hay muchos casos de hipocondría que han aparecido a partir de hábitos desarrollados en la ignorancia de la verdadera función del sexo.

Se comprende con facilidad que la ignorancia sobre el tema de la transmutación del sexo imponga grandes castigos por un lado y prive de beneficios igualmente grandes por el otro.

La amplia ignorancia que existe acerca del tema del sexo se debe al hecho de que ese tema se ha visto rodeado por el misterio y por un oscuro silencio. La conspiración del misterio y del silencio ha tenido sobre las mentes de los jóvenes el mismo efecto que tuvo la psicología de la prohibición. El resultado fue un incremento de la curiosidad y el deseo de adquirir un mayor conocimiento acerca de ese tema «prohibido». Y la información no ha estado disponible con facilidad, para vergüenza de los legisladores y de la mayoría de los médicos, que no han entrenado a los mejor cualificados para educar a la juventud acerca de este tema.

LOS AÑOS FRUCTÍFEROS DESPUÉS DE LOS CUARENTA

Un individuo raras veces inicia un esfuerzo altamente creativo en un campo determinado antes de los cuarenta años. El hombre medio alcanza el período de su mayor capacidad para crear entre los cuarenta y los sesenta años. Estas afirmaciones se basan en análisis de miles de hombres y mujeres que han sido observados con todo cuidado. Deberían ser estimulantes para todos aquellos que no han logrado llegar a donde querían antes de los cuarenta años, así como para quienes se sienten asustados a medida que se aproximan a los cuarenta y ya se sienten «viejos». Por regla general, los años que median entre los cuarenta y los cincuenta suelen ser los más fructíferos. El hombre debería aproximarse a esa edad no con temeroso temblor, sino con esperanza y avidez.

Si usted desea pruebas de que la mayoría de los hombres no empiezan a dar lo mejor de sí mismos hasta la edad de cuarenta años, estudie los datos de los hombres de mayor éxito, y descubrirá esas pruebas. Henry Ford no empezó a lograr grandes cosas hasta que pasó de los cuarenta. Andrew Carnegie ya había cumplido cuarenta años cuando empezó a cosechar la recompensa de todos sus esfuerzos. James J. Hill aún seguía manejando un telégrafo cuando tenía cuarenta años, y sus estupendos logros los alcanzó después de esa edad. Las biografías de muchos industriales y financieros estadounidenses demuestran que el período que media entre los cuarenta años y los sesenta es el más productivo del hombre.

Entre los treinta y los cuarenta, el hombre empieza a aprender (si es que aprende alguna vez) el arte de la transmutación del sexo. Este descubrimiento suele ser accidental, y el que lo descubre suele ser totalmente ajeno a su descubrimiento. Es posible que observe que su poder de logros ha aumentado hacia los treinta y cinco años o cuarenta; pero, en la mayor parte de los casos, no está familiarizado con la causa que ha producido ese cambio; esa naturaleza empieza a armonizar las emociones del amor y el sexo en el individuo, entre los treinta y los cuarenta años, de tal modo que la persona puede usar esas grandes fuerzas y aplicarlas unidas como estímulos para la acción.

LLAME A LA CENTRAL ELÉCTRICA DE SUS EMOCIONES

El sexo, por sí solo, es un poderoso estímulo para la acción, pero sus fuerzas son como las de un ciclón, y a menudo resultan incontrolables. Cuando la emoción del amor empieza a mezclarse con la emoción del sexo, el resultado es la calma de propósito, la serenidad, la exactitud del juicio y el equilibrio. ¿Qué persona que haya alcanzado la edad de cuarenta años es tan desafortunada como para no poder analizar estas afirmaciones y corroborarlas con su propia experiencia?

Cuando se ve impulsado por su deseo de agradar a una mujer, basándose únicamente en la emoción del sexo, un hom-

230

bre puede ser capaz, y por lo general lo es, de alcanzar un gran logro; pero es muy probable que sus acciones sean desorganizadas, estén distorsionadas y resulten destructivas. Cuando se ve impulsado por su deseo de agradar a una mujer, basándose únicamente en la motivación del sexo, un hombre es capaz de robar, engañar, e incluso de asesinar. Pero cuando la emoción del amor se mezcla con la del sexo, ese mismo hombre guiará sus acciones con mayor cordura, equilibrio y razonamiento.

El amor, el romanticismo y el sexo son emociones capaces de impulsar a los hombres a alcanzar alturas de superlogros. El amor es la emoción que sirve como una válvula de seguridad, que asegura equilibrio, porte y esfuerzo constructivo. Cuando estas tres emociones se combinan, son capaces, por sí solas, de elevarlo a uno a la altura de un genio.

Las emociones son estados de la mente. La naturaleza ha proporcionado al hombre una «química de la mente» que opera de una manera similar a los principios de la química de la materia. Es un hecho bien conocido que, con la ayuda de la química de la materia, un químico puede crear un veneno mortal mezclando ciertos elementos, ninguno de los cuales es nocivo si se toma solo en las proporciones correctas. Del mismo modo, las emociones se pueden combinar de tal forma que produzcan un veneno mortal. Cuando las emociones del sexo y los celos se mezclan, una persona puede convertirse en una bestia demente.

La presencia de una emoción destructiva, o de varias, en la mente humana, a través de la química de la mente, constituye un veneno capaz de destruir el sentido de justicia y equidad de la persona.

El camino que conduce al genio lo emprenden el desarrollo, el control y el uso del sexo, el amor y el romanticismo. En resumen, el proceso se desarrolla como sigue:

Estimula la presencia de estas emociones como los pensamientos dominantes en la mente de uno, y desanima la presencia de todas las emociones destructivas. La mente es una criatura de hábito. Se esfuerza por alcanzar los pensamientos dominantes de los que se alimenta. Gracias a la facultad de la fuerza de voluntad, es posible desanimar la presencia de cualquier emoción, y estimular la presencia de otra. No es difícil alcanzar el control de la mente a través del poder de la voluntad. El control es la consecuencia de la perseverancia y del hábito. El secreto del control radica en la comprensión del proceso de la transmutación. Cuando cualquier emoción negativa se presenta en la mente de uno, puede ser transmutada en otra positiva o constructiva mediante el simple procedimiento de cambiar los pensamientos que se tienen.

¡El único camino que conduce al genio es el esfuerzo voluntario y consciente! Un hombre sólo podrá alcanzar grandes alturas de logros financieros o empresariales gracias a la fuerza impulsora de la energía sexual, pero la historia está llena de pruebas de que uno puede llevar consigo, como así suele suceder, ciertos rasgos de carácter que lo privan de su habilidad para conservar o disfrutar de su fortuna. Vale la pena analizar, pensar y meditar en ello porque aquí se afirma una verdad cuyo conocimiento puede resultar muy útil, tanto a las mujeres como a los hombres. La ignorancia de este hecho ha costado a muchos miles de personas la pérdida de su privilegio de la felicidad, aun a pesar de que posean riquezas.

LA PODEROSA EXPERIENCIA DEL AMOR

Los recuerdos del amor nunca pasan. Permanecen, guían e influyen mucho después de que la fuente de estímulo se haya desvanecido. No hay nada de nuevo en esto. Toda aquella persona que se haya sentido conmovida por un amor genuino sabe que éste deja huellas perdurables en el corazón humano. El efecto del amor perdura porque la naturaleza del amor es espiritual. El hombre que no pueda ser estimulado para alcanzar grandes alturas de logros por medio del amor no tiene esperanza alguna, está como muerto, aunque pueda parecer vivo.

Recuerde algunas cosas del ayer, y sumerja su mente en los hermosos recuerdos de un amor pasado. Eso suavizará la influencia de las actuales preocupaciones y molestias, las realidades de la vida, y —¿quién sabe?—, durante esta retirada temporal, su mente le llevará al mundo de la fantasía, las ideas o los planes capaces de cambiar todo el estatus financiero, o el espiritual, de su vida.

Si usted cree que es desgraciado porque ha amado y perdido, olvide esa idea. Todo aquel que ha amado de veras nunca pierde por completo. El amor es caprichoso y temperamental. Llega cuando quiere, y se va sin la menor advertencia. Acéptelo y disfrute de él mientras permanezca; pero no malgaste su tiempo preocupándose por su desaparición, porque así nunca conseguirá que regrese.

Rechace también la idea de que el amor se presenta sólo una vez en la vida. El amor puede aparecer y desaparecer en innumerables ocasiones, pero no hay dos experiencias amorosas que afecten a una persona del mismo modo. Puede producirse, y de hecho ocurre, una experiencia amorosa que deje en el corazón una huella más profunda que las otras, pero todas las experiencias amorosas son beneficiosas, excepto para la persona que se siente resentida y cínica cuando el amor desaparece.

En el amor no debería existir desilusión alguna, y no la hay si la gente comprende la diferencia entre las emociones del amor y las del sexo. La gran diferencia radica en que el amor es espiritual, mientras que el sexo es biológico. Ninguna experiencia que afecte al corazón humano con una fuerza espiritual puede ser nociva, excepto como consecuencia de la ignorancia o de los celos.

No cabe la menor duda de que el amor es la experiencia más grande de la vida. Le permite a uno entrar en comunión con la Inteligencia Infinita. Cuando se mezcla con las emociones del romanticismo y del sexo, puede conducirle a uno muy alto por la escalera del esfuerzo creativo. Las emociones del amor, el sexo y el romanticismo son los lados del eterno triángulo del genio con capacidad para lograr y construir.

El amor es una emoción con numerosos colores, sombras y caras. Pero la más intensa y ardiente de todas las clases de amor es la que se experimenta cuando se mezclan las emociones del amor y del sexo. Los matrimonios que no se ven bendecidos con la afinidad eterna del amor, apropiadamente equilibrada y proporcionada con el sexo, no pueden ser felices, y raras veces perduran. El amor, por sí solo, no proporcionará felicidad en el matrimonio, como tampoco el sexo, por sí solo, lo hará. Cuando estas dos hermosas emociones se mezclan, el matrimonio puede producir un estado mental cercano al espiritual que se llega a conocer en este plano terrenal.

Cuando a las emociones del amor y el sexo se les añade la del romanticismo, se eliminan los obstáculos que se interponen entre la mente finita del hombre y la Inteligencia Infinita. ¡Entonces, un genio ha nacido!

RAZONES POR LAS QUE LA ESPOSA PUEDE ELEVAR O HUNDIR AL HOMBRE

He aquí una interpretación que, si se comprende adecuadamente, aporta armonía al caos que existe en demasiados matrimonios. La falta de armonía, expresada a menudo en forma de discusiones, suele remontarse a una falta *de conocimiento* sobre el tema del sexo. Allí donde existen el amor, el romanticismo y una adecuada comprensión de la emoción y la función del sexo, no existe falta de armonía entre las parejas.

Resulta afortunado el hombre cuya esposa comprende la verdadera relación existente entre las emociones del amor, el sexo y el romanticismo. Cuando se ve motivado por este santo triunvirato, ninguna forma de trabajo resulta pesada, porque hasta la forma más baja de esfuerzo adquiere la naturaleza de un trabajo hecho por amor.

Suele decirse que «la esposa de un hombre puede elevarlo o hundirlo», pero no siempre está clara la razón de que esto sea así. La elevación o el hundimiento es el resultado de la comprensión de la esposa, o de la falta de comprensión de las emociones del amor, el sexo y el romanticismo.

Si una esposa permite que su marido pierda interés por ella, y se sienta más interesado por otras mujeres, suele ocurrir debido a la ignorancia de ella, o a su indiferencia con respecto a los temas del sexo, el amor y el romanticismo. Esta afirmación presupone, desde luego, la existencia previa de un amor genuino entre un hombre y una mujer. Los hechos son igualmente aplicables a un hombre que permita que el interés de su esposa por él muera.

Los matrimonios discuten a menudo sobre un montón de trivialidades. Si éstas se analizan con atención, se descubrirá que, casi siempre, la verdadera causa del problema se halla en la indiferencia o en la ignorancia acerca de todos estos temas.

LA INUTILIDAD DE LA RIQUEZA SIN MUJERES

¡La mayor fuerza motivadora del hombre es su deseo de agradar a la mujer! El cazador destacado en los tiempos prehistóricos, antes del inicio de la civilización, destacó en su tarea debido a su deseo de aparecer grande ante los ojos de una mujer. La naturaleza del hombre no ha cambiado nada en ese aspecto. El «cazador» de hoy en día no vuelve a casa con pieles de animales salvajes, sino que indica su deseo de obtener el favor de la mujer suministrándole ropas exquisitas, automóviles y riqueza. El hombre experimenta el mismo deseo por agradar a la mujer que experimentaba antes de los albores de la civiliza-

ción. Lo único que ha cambiado en él es su método de agradar. Los hombres que acumularon grandes fortunas y alcanzaron grandes alturas de poder y fama lo hicieron así para satisfacer, sobre todo, su deseo de agradar a la mujer. Si se sacara a las mujeres de sus vidas, las grandes riquezas serían inútiles para casi todos los hombres. *Ese deseo, inherente al hombre, por agradar a la mujer es lo que proporciona a ésta el poder de elevar o de hundir a un hombre.*

La mujer que comprende la naturaleza masculina y la atiende con tacto, no tiene por qué sentir temor ante la competencia de otras mujeres. Los hombres pueden ser «gigantes» con una indomable fuerza de voluntad cuando tratan con otros hombres, pero las mujeres que ellos mismos han elegido pueden manejarlos con facilidad.

La mayoría de los hombres no admitirán que las mujeres que prefieren influyen en ellos con gran facilidad, porque una de las características de la naturaleza del hombre consiste en desear ser reconocido como el más fuerte de la especie. Además, la mujer inteligente reconoce esta característica masculina y no la pone en entredicho.

Algunos hombres saben que son influidos por las mujeres de su elección —esposa, amante, madre o hermana—; pero se contienen con tacto para no rebelarse contra esa influencia, porque son lo bastante inteligentes como para saber que ningún hombre es feliz ni está completo sin la influencia modificadora de la mujer correcta. El hombre que no reconozca esta importante verdad se priva a sí mismo del poder que ha contribuido, más que cualesquiera otras fuerzas combinadas, a ayudar a los de su género a alcanzar el éxito.

Puntos para recordar:

Dos hechos sorprendentes sobre la energía sexual le dan una nueva perspectiva sobre esta vasta fuente de poder personal. La energía sexual puede ser una fuente tan poderosa de genios como el de Thomas Edison o Andrew Jackson.

La energía sexual refuerza su entusiasmo, su imaginación creativa, deseo intenso, perseverancia y todas las otras cualidades que pueden hacerle rico y feliz.

Se ayuda usted a sí mismo a encontrar el plano exaltado de pensamiento que podrá proporcionarle un impulso que no tiene precio. Puede sintonizar con las ideas que alberga el inconsciente de otras personas.

El gran secreto de todo inventor dotado se pone ahora a su disposición en dos etapas sencillas pero sorprendentes. Ha visto también que ni siquiera la «razón» puede ayudarle tanto como cuando se deja guiar por la energía sexual, a la que nunca debe negar su expresión natural, si bien utilizándola de una forma que muchos hombres aprenden demasiado tarde.

En las fuentes de todo poder vital están las fuentes de la riqueza ilimitada.

12

Undécimo paso hacia la riqueza: el subconsciente

VERÁ CÓMO SU MENTE INCONSCIENTE
AGUARDA COMO UN GIGANTE DORMIDO PARA
RESPALDAR CADA PLAN Y CADA PROPÓSITO.
POR FIN PUEDE LLENAR SU INCONSCIENTE DE
PENSAMIENTOS POSITIVOS QUE LE
PROPORCIONEN TODO CUANTO QUIERE
EN LA VIDA.

El subconsciente es un campo de conciencia en el que todo impulso de pensamiento que alcanza la mente consciente a través de cualquiera de los cinco sentidos se ve clasificado y registrado, y del que se pueden recordar o retirar los pensamientos, del mismo modo que se sacan las cartas de un archivador. Recibe y archiva las impresiones sensoriales o los pensamientos, con independencia de su naturaleza.

Cualquier plan, pensamiento o propósito que se desee transmutar en su equivalente físico o monetario puede plantarse a voluntad en el subconsciente. Éste actúa primero sobre los deseos dominantes que se han mezclado con sensaciones emocionales, tales como la fe.

Consideremos esto en conexión con las instrucciones contenidas en el capítulo sobre el deseo, para dar los seis pasos esbozados allí, así como con las instrucciones acerca de la construcción y ejecución de planes, y se habrá comprendido la importancia que este pensamiento conlleva.

El subconsciente funciona de día y de noche. A través de un método de procedimiento, desconocido para el hombre, la mente subconsciente utiliza las fuerzas de la Inteligencia Infinita para disponer del poder con el que transmuta voluntariamente los deseos de una persona en su equivalente monetario, empleando siempre los medios más prácticos con los que pueda lograrse este fin.

No se puede controlar por completo la mente subconsciente, pero sí es posible transmitirle cualquier plan, deseo o propósito que se desee transformar en una forma concreta. Vuelva a leer las instrucciones acerca del uso del subconsciente en el capítulo sobre la autosugestión.

Existen numerosas evidencias que apoyan la creencia de que el subconsciente es el vínculo de conexión entre la mente finita del hombre y la Inteligencia Infinita. El subconsciente es el intermediario a través del cual se pueden utilizar a voluntad las fuerzas de la Inteligencia Infinita. Él, por sí mismo, contiene el proceso secreto por el que se modifican y se cambian los impulsos mentales para constituir su equivalente espiritual. Él, por sí mismo, es el medio a través del cual se puede transmitir la oración a la fuente capaz de contestar a esa misma oración.

CÓMO ENERGIZAR EL SUBCONSCIENTE PARA EL ESFUERZO CREATIVO

Las posibilidades del esfuerzo creativo conectado con el subconsciente son grandiosas e imponderables, hasta el punto de que a uno le inspiran respeto.

Nunca abordo la discusión del subconsciente sin experimentar una sensación de pequeñez e inferioridad, debido quizás al hecho de que sea tan lastimosamente limitada la reserva de conocimientos que poseemos sobre el tema.

Una vez aceptada la realidad de la existencia del subconsciente, y comprendidas sus posibilidades como un medio para transmutar sus propios deseos en su equivalente físico o monetario, comprenderá todo el significado de las instrucciones dadas en el capítulo sobre el deseo. También comprenderá por qué se le ha advertido repetidas veces la necesidad de aclarar sus deseos y reducirlos a una forma escrita. Asimismo entenderá la necesidad de la perseverancia en la tarea de llevar a cabo las instrucciones.

Los trece principios son los estímulos con los que se adquiere la habilidad de alcanzar e influir sobre su subconsciente. No se desanime si no puede conseguirlo al primer intento. Recuerde que el subconsciente sólo podrá ser dirigido voluntariamente mediante el hábito, y bajo las directrices expuestas en el capítulo sobre la fe. Aún no ha tenido usted el tiempo suficiente para dominar la fe. Sea paciente, y también perseverante.

Aquí se repetirán muchas de las afirmaciones hechas ya en los capítulos sobre la fe y la autosugestión, con el propósito de beneficiar a su subconsciente. Recuerde que ese subconsciente funciona de una forma voluntaria, al margen de que usted haga o no algún esfuerzo por influir sobre ella. Esto, por supuesto, le sugiere que los pensamientos relativos al temor y a la pobreza, así como todos los pensamientos negativos, sirven como estímulos para su mente subconsciente, a menos que usted controle esos impulsos, y alimente su subconsciente con un alimento más deseable.

¡El subconsciente no permanecerá ocioso! Si no logra plantar deseos en él, entonces se alimentará de pensamientos que le llegarán como resultado de su propia negligencia. Ya hemos explicado que los impulsos del pensamiento, tanto positivos como negativos, llegan continuamente a la mente subconsciente a partir de las cuatro fuentes que hemos mencionado en el capítulo sobre la transmutación del sexo.

Por el momento, es suficiente con que recuerde que usted vive a diario, en medio de toda clase de impulsos del pensamiento que llegan a su mente subconsciente, incluso sin su conocimiento. Algunos de esos impulsos son negativos, mientras que otros son positivos. Usted se halla enfrascado ahora en la tarea de intentar ayudar a cerrar el flujo de los impulsos negativos, y ayudar a influir voluntariamente sobre su subconsciente por medio de impulsos positivos de deseo.

Una vez que haya logrado esto, poseerá la clave que le abra la puerta a su subconsciente. Además, controlará esa puerta de un modo tan completo que ningún pensamiento no deseado llegará a influir sobre su mente subconsciente.

Todo aquello que el hombre crea empieza con un impulso del pensamiento. El hombre no puede crear nada que primero no haya concebido en su pensamiento. Los impulsos de éste pueden ser transformados en planes por medio de la ayuda de la imaginación. Cuando está bajo control, esa imaginación se puede utilizar para la creación de planes o propósitos que conducen al éxito en la ocupación elegida por uno mismo.

Todos los impulsos del pensamiento que tienden a la transformación en su equivalente físico y que se plantan voluntariamente en la mente subconsciente tienen que pasar antes a través de la imaginacion, y mezclarse allí con la fe. La introducción de la fe en un plan o propósito, con la intención de su sumisión a la mente subconsciente, sólo puede hacerse a través de la imaginación.

A partir de estas afirmaciones observará usted que el uso voluntario del subconsciente exige la coordinación y aplicación de todos los principios.

El subconsciente es más susceptible de verse influido por impulsos de pensamiento cuando éstos se hallan mezclados con un «sentimiento», o una emoción, que cuando se originan sólo en la parte razonadora de la mente. De hecho, hay muchas pruebas que apoyan la teoría de que los pensamientos emocionalizados son los únicos que ejercen alguna acción influyente sobre la mente subconsciente. Es un hecho bien conocido que la emoción, o el sentimiento, gobierna a la mayoría de la gente. Si es cierto que el subconsciente responde con mayor rapidez y se ve influido con más facilidad por los impulsos del pensamiento que se hallan mezclados con la emoción, se comprenderá lo esencial que es familiarizarse con las más importantes de las emociones. Existen siete grandes emociones positivas, y siete grandes emociones negativas. Las negativas se inyectan voluntariamente en los impulsos del pensamiento, que aseguran su paso hacia el subconsciente. Las positivas, en cambio, tienen que ser inyectadas, a través de la disciplina de la autosugestión, en los impulsos del pensamiento que el individuo desee pasar a su subconsciente. (En el capítulo sobre la autosugestión se han dado instrucciones al respecto.)

Estas emociones o impulsos sentimentales se pueden comparar con la levadura en la hogaza de pan, porque constituyen el elemento de acción que transforma los impulsos del pensamiento de un estado pasivo a otro activo. De ese modo se comprende por qué se puede actuar con más facilidad sobre los impulsos de pensamiento que han sido bien mezclados con la emoción, que sobre los impulsos de pensamiento originados en un «razonamiento frío».

Usted se está preparando para influir y controlar la «audiencia interna» de su mente subconsciente con objeto de transmitirle el deseo de obtener dinero, que quiere transmutar en su equivalente monetario. En consecuencia, es esencial que comprenda el método de aproximación a esta «audiencia interna». Usted debe hablar su mismo lenguaje, puesto que, en caso contrario, no atenderá a su llamada, ya que comprende mejor el lenguaje de la emoción o del sentimiento. En consecuencia describamos aquí las siete grandes emociones positivas y las siete grandes emociones negativas, para que usted utilice las positivas y evite las negativas cuando transmita instrucciones a su subconsciente.

LAS SIETE GRANDES EMOCIONES POSITIVAS

deseo
fe
amor
sexo
entusiasmo
romanticismo
esperanza

Hay otras emociones positivas, pero estas siete son las más poderosas, y las que se utilizan con mayor frecuencia en el esfuerzo creativo. Domine estas siete emociones (sólo podrá conseguirlo mediante el uso), y las otras emociones positivas estarán también a su disposición cuando las necesite. En relación con esto, recuerde que usted está estudiando un libro que tiene la intención de ayudarle a desarrollar una «conciencia del dinero» llenándole la mente de emociones positivas.

LAS SIETE GRANDES EMOCIONES NEGATIVAS
(que deben evitarse)

temor
celos
odio
venganza
avaricia

superstición
cólera

La mente no puede verse ocupada por emociones positivas y ne-gativas al mismo tiempo. En cada momento, unas u otras tienen que dominar. Nuestra responsabilidad consiste en asegurarnos que las emociones positivas constituyan la influencia dominan-te de nuestra mente. Para ello le será de gran ayuda la ley del hábito. *Adquiera el hábito* de aplicar y utilizar las emociones positivas. Acabarán por dominar su mente de una forma tan completa que las negativas *no podrán ya penetrar en ella.*

Sólo si sigue estas instrucciones literal y completamente podrá adquirir control sobre su subconsciente. La presencia de una sola emoción negativa en su subconsciente basta para *des-truir* todas las posibilidades de obtener ayuda constructiva de su subconsciente.

EL SECRETO DE LA PLEGARIA EFICAZ

Si usted es una persona observadora se habrá dado cuenta de que la mayoría de la gente recurre a la oración sólo después de que todo lo demás haya fracasado. O bien rezan mediante un ritual de palabras sin significado. Y, como es un hecho que la mayoría de la gente sólo reza después de que todo lo demás haya fracasado, acuden a orar con las mentes llenas de temor y de dudas, *que son las emociones que actúan sobre el subconsciente* y pasan a la Inteligencia Infinita. Del mismo modo, ésta es la emoción que la Inteligencia Infinita recibe y sobre la que actúa.

Si usted reza por algo, pero mientras lo hace experimenta el temor de no recibirlo, o teme que la oración no actúe sobre la Inteligencia Infinita, esa plegaria *habrá sido en vano.*

A veces, la oración tiene como resultado la realización de aquello por lo que se ha rezado. Si ha pasado alguna vez por la experiencia de recibir aquello por lo que rezó, retroceda en su memoria y recuerde el estado mental de aquel momento en el que estaba orando. Sabrá entonces, con toda seguridad, que la teoría aquí descrita es algo más que una simple teoría.

El método mediante el que usted puede comunicarse con la Inteligencia Infinita es muy similar a aquel por el que la vibración del sonido se comunica a través de la radio. Si usted comprende el principio de funcionamiento de la radio, sabrá, sin lugar a dudas, que el sonido no se puede comunicar hasta haber sido transformado en una serie de vibraciones que el oído humano no puede detectar. La emisora de radio capta el sonido de la voz humana y lo modifica elevando la vibración millones de veces. Sólo de este modo es posible comunicar la energía del sonido a través del espacio. Una vez efectuada la transformación, la energía (que originariamente se produjo en forma de vibraciones de sonido) se transporta hasta los receptores de radio, los cuales reconvierten esa energía a su nivel de vibración original, de tal modo que pueda reconocerse como sonido.

La mente subconsciente es el intermediario que traduce las oraciones de uno en términos que la Inteligencia Infinita pueda reconocer, presenta el mensaje y trae de nuevo la respuesta en forma de un plan, o de una idea, definido para procurar el objeto de la plegaria. Si usted comprende este principio, sabrá por qué las simples palabras leídas en un libro de oraciones no sirven, y nunca servirán, como una agencia de comunicación entre la mente del hombre y la Inteligencia Infinita.

Puntos para recordar:

Su inconsciente puede alimentarse de pensamientos aleatorios, pensamientos derrotistas o pensamientos de éxito y riquezas. La decisión es suya.

Ahora usted reconoce siete emociones negativas importantes y se asegura de que no arraiguen en su mente. Al mismo tiempo reconoce y controla sus emociones positivas.

Más allá de su propia mente existe una Inteligencia Infinita con la que puede sintonizar su mente como una radio, enviando y recibiendo señales. La energía de todo el universo puede ayudar a que sus plegarias encuentren respuesta.

Día a día cultiva usted su poder para utilizar su potente inconsciente. Pronto controla los impulsos primarios que hay detrás de todo plan y todo esfuerzo.

Un hombre vale tanto como la medida de su pensamiento.

13

Duodécimo paso hacia la riqueza: el cerebro

ENCUENTRA USTED NUEVOS Y MARAVILLOSOS
PODERES EN CADA RINCÓN DE SU MENTE.
VE CÓMO ESTIMULAR ESTOS PODERES PARA UN
PENSAMIENTO CLARO, RÁPIDO Y EFECTIVO.

Hace más de cuarenta años, el autor, que por entonces trabajaba con el ya fallecido doctor Alexander Graham Bell y con el doctor Elmer R. Gates, observó que todo cerebro humano es tanto una estación receptora como emisora para la vibración del pensamiento.

De un modo similar al empleado por el principio de la radiodifusión, todo cerebro humano es capaz de captar las vibraciones de pensamiento que están siendo emitidas por otros cerebros.

En conexión con la afirmación hecha en el párrafo anterior, comparemos y consideremos la descripción de la imaginación creativa, tal y como ha sido planteada en el capítulo sobre la imaginación. La imaginación creativa es el «aparato receptor» del cerebro que recibe los pensamientos emitidos por los cerebros de los demás. Funciona como la agencia de comunicación entre la mente consciente o razonadora de la persona y las cuatro fuentes de las que uno puede recibir estímulos de pensamiento.

Cuando se ve estimulada, o elevada a un grado más alto de vibración, la mente se hace más receptiva al pensamiento que le llega por medio de las fuentes exteriores. Este proceso de elevación se produce a través de las emociones positivas, o también de las emociones negativas. Las vibraciones del pensamiento se pueden incrementar a través de las emociones.

La emoción del sexo encabeza la lista de las emociones humanas, al menos en cuanto a su intensidad y fuerza impulsora se refiere. El cerebro que ha sido estimulado por la emoción del sexo funciona a mucha más velocidad que cuando esa emoción está inactiva o ausente.

El resultado de la transmutación del sexo es el aumento del pensamiento hasta un nivel tan elevado que la imaginación creativa es altamente receptiva a las ideas. Por otro lado, cuando el cerebro funciona a una velocidad rápida, no sólo atrae pensamientos e ideas emitidas por otros cerebros, sino que proporciona a los propios pensamientos ese mismo sentimiento, que es esencial para que el subconsciente capte los pensamientos y actúe sobre ellos.

El subconsciente es la «estación emisora» del cerebro a través del cual se emiten vibraciones de pensamiento. La imaginación creativa es el «aparato receptor» a través del cual se captan las energías del pensamiento.

Junto con los importantes factores de la mente inconsciente y la facultad de la imaginación creativa, que constituyen el aparato emisor y receptor de su maquinaria mental, considere ahora el principio de la autosugestión, que es el medio por el que puede poner en funcionamiento su «emisora».

Las instrucciones descritas en el capítulo sobre la autosugestión le han informado con claridad del método mediante el que se puede transmutar el deseo en su equivalente monetario.

El manejo de su estación «radiodifusora» mental es un procedimiento relativamente sencillo. Sólo ha de tener en cuenta tres principios, que debe aplicar cada vez que desee utilizar su estación radiodifusora: el subconsciente, la imaginación creativa y la autosugestión. Ya hemos descrito los estímulos por medio de los cuales se ponen en acción estos tres principios. Y debe recordar que el procedimiento empieza con el deseo.

LAS FUERZAS MÁS GRANDES SON INTANGIBLES

A lo largo de todo el tiempo transcurrido, el hombre ha dependido en exceso de los sentidos físicos, y ha limitado su conocimiento al de las cosas físicas que podía ver, tocar, pesar y medir.

Estamos entrando ahora en la más maravillosa de todas las épocas, que nos enseñará algo de las fuerzas intangibles del mundo que nos rodea. Quizá lleguemos a aprender, a medida que pasamos por esta época, que «el otro yo» es mucho más poderoso que el yo físico que vemos cuando nos miramos en un espejo.

A veces, los hombres hablan con ligereza de lo intangible, de las cosas que no pueden percibir a través de ninguno de sus cinco sentidos, y cuando los oímos hablar, debemos recordar que *todos nosotros nos hallamos controlados por fuerzas que son invisibles e intangibles.*

La totalidad de la humanidad no tiene el poder para enfrentarse con la fuerza intangible existente en las olas del océano, y mucho menos para controlarla. El hombre no posee la capacidad necesaria para comprender la fuerza intangible de la gravedad, que mantiene a este pequeño planeta suspendido en el espacio, e impide que el hombre se caiga de él, y mucho menos comprende el poder que esa fuerza controla. El hombre se encuentra sometido por la fuerza intangible procedente de

251

una tormenta, y también se siente igual de impotente ante la presencia de la fuerza intangible de la electricidad.

Pero en modo alguno esto representa el fin de la ignorancia del hombre en relación con las cosas que no se ven y que son intangibles. Tampoco comprende la fuerza intangible (y la inteligencia) existente en el suelo de la tierra, *la fuerza que le proporcionan los alimentos que ingiere, la ropa que se pone, el dinero que lleva en los bolsillos.*

LA SORPRENDENTE HISTORIA DEL CEREBRO

En último término, aunque no sea lo menos importante, el hombre, a pesar de su cultura y de su educación, comprende muy poco, o nada, acerca de la fuerza intangible del *pensamiento* (la mayor de todas las intangibles). Sabe muy poco acerca del cerebro físico y su vasta red de intrincada maquinaria a través de la cual se traslada el poder del pensamiento para convertirse en su equivalente material; ahora, sin embargo, entramos en una época que ofrecerá una nueva luz sobre el tema. Los hombres de ciencia han empezado a dedicar su atención al estudio de ese órgano tan maravilloso que es el cerebro, y, aunque todavía se encuentran en la fase de jardín de infancia de sus estudios, han descubierto ya conocimientos suficientes como para saber que el panel central del cerebro humano, el número de líneas que las células cerebrales conectan entre sí, es igual a una unidad seguida por quince millones de ceros.

«La cifra es tan enorme —dijo el doctor C. Judson Herrick, de la Universidad de Chicago— que las cifras astronómicas que hablan de cientos de millones de años luz, se convierten, por comparación, en insignificantes... Se ha determinado que en el córtex cerebral hay entre diez mil y catorce mil millones de células nerviosas, y sabemos que están dispuestas según una pauta definida. Tales disposiciones no son casuales, sino ordenadas. Métodos de electrofisiología desarrollados recientemente han detectado la existencia de corrientes desde células muy precisas; también fibras con microelectrodos, amplificados con tubos de radio, han registrado diferencias de potencial de una millonésima de voltio.»

Es inconcebible que una red de maquinaria tan intrincada exista con el exclusivo propósito de transmitir las funciones físicas correspondientes al crecimiento y mantenimiento del cuerpo. ¿Acaso no parece probable que ese mismo sistema, que da a miles de millones de células cerebrales los medios para comunicarse entre sí, proporcione también los medios de comunicarse con otras fuerzas intangibles?

El *New York Times* publicó un editorial para explicar que una gran universidad y un investigador inteligente en el campo de los fenómenos mentales están llevando a cabo una investigación organizada a través de la cual se ha llegado a conclusiones descritas en este capítulo y en el siguiente. El editorial hace un breve análisis del trabajo llevado a cabo por el doctor Rhine y su equipo de ayudantes de la Universidad Duke.

¿QUÉ ES LA «TELEPATÍA»?

Hace un mes, en estas páginas citamos algunos de los notables resultados alcanzados por el profesor Rhine y su equipo, en la Universidad Duke, a partir de más de cien mil pruebas destinadas a determinar la existencia de la «telepatía» y de la «clarividencia». Estos resultados fueron sintetizados en los dos primeros artículos publicados en la revista *Harper's*. En el segundo de ellos, que ha sido publicado ahora, su autor, E. H. Wright, intenta sintetizar lo que se ha aprendido, o que parece razonable inferir, en relación con la exacta naturaleza de estos modos de percepción «extrasensorial».

Como resultado de los experimentos del profesor Rhine, algunos científicos creen ahora muy probable la existencia de la telepatía y de la clarividencia. A varios perceptores se les pidió que citaran tantas cartas de un mazo como pudieran, sin mirarlas y sin tener acceso sensorial alguno a ellas. Se descubrió a un puñado de hombres y mujeres capaces de reconocer con regularidad y corrección tantas cartas que «no había una sola posibilidad entre un millón de millones de que hubiera ocurrido así por casualidad».

¿Pero cómo lo hicieron? Estos poderes, en el supuesto de que existan, no parecen ser sensoriales. No se conoce la existencia de ningún órgano que lo justifique. Los experimentos funcionaron bien no sólo en la misma habitación, sino incluso a distancias de varios centenares de kilómetros. En opinión del señor Wright, estos hechos eliminan también el intento de explicar la telepatía o la clarividencia por medio de cualquier teoría física de la radiación. Todas las formas conocidas de energía radiante disminuyen de forma inversamente proporcional al cuadrado de la distancia recorrida. Pero eso no sucede ni con la telepatía ni con la darividencia. No obstante, varían por causas físicas, del mismo modo que nuestros otros poderes mentales. En contra de una opinión muy generalizada, no mejoran cuando el perceptor se halla dormido, o adormecido, sino que, al contrario, aumentan cuanto más despierto y alerta está. Rhine descubrió que un narcótico disminuye el nivel de aciertos de un perceptor, mientras que un estimulante siempre lo aumenta. Al parecer, el perceptor más fiable no puede alcanzar una buena puntuación a menos que intente hacerlo lo mejor que pueda.

Una de las conclusiones a las que Wright llega con cierto margen de confianza es que la telepatía y la clarividencia son un mismo y único don. Es decir, la facultad que permite «ver» un naipe que está boca abajo sobre una mesa parece ser la misma que le permite «leer» el pensamiento que reside en otra mente. Hay varios motivos para creerlo así. Por el momento, por ejemplo, estos dos dones se han descubierto en toda persona que disfruta de uno de ellos. En todas esas personas, ambos dones han sido de un vigor igual y casi exacto. Las pantallas, las paredes, las distancias no tienen el menor efecto sobre ninguno de ellos. A partir de esta conclusión, Wright se atreve a exponer lo que, en su opinión, no es más que un simple «presentimiento», en el sentido de que también otras experiencias extrasensoriales pueden formar parte de la misma facultad, como los sueños proféticos, las premoniciones de desastres y otras facultades similares. Al lector no se le pide que acepte ninguna de estas conclusiones, a menos que le parezca necesario hacerlo, pero las pruebas que Rhine ha recopilado siguen siendo impresionantes.

A la vista del anuncio del doctor Rhine en relación con las condiciones bajo las que la mente responde con respecto a lo que él denomina modos de percepción «extrasensorial», tengo ahora el privilegio de añadir a su testimonio la afirmación de que yo mismo y mi grupo hemos descubierto lo que creemos son las condiciones ideales bajo las que es posible estimular a la mente para que, de una forma práctica, se pueda hacer funcionar el sexto sentido descrito en el capítulo siguiente.

Las condiciones a las que me refiero consisten en una estrecha alianza de trabajo entre dos miembros de mi equipo y yo. Gracias a la experimentación y la práctica hemos descubierto cómo estimular nuestras mentes (mediante la aplicación del principio utilizado en relación con los «consejeros invisibles» descritos en el capítulo siguiente), de tal modo que, mediante un proceso de fusión de nuestras tres mentes en una sola, podemos encontrar la solución a una gran variedad de problemas personales presentados por mis clientes.

El procedimiento es muy sencillo. Nos sentamos ante una mesa de conferencias, exponemos con claridad la naturaleza del problema que hemos de considerar y, a continuación, empezamos a hablar de él. Cada uno de nosotros contribuye con aquello que se le ocurre. Lo más extraño de este método de estimulación mental es que sitúa a cada uno de los participantes en comunicación con fuentes de conocimiento desconocidas claramente situadas al margen de nuestra propia experiencia.

Si usted comprende el principio descrito en el capítulo sobre el «equipo de trabajo», reconocerá, sin lugar a dudas, el procedimiento de mesa redonda descrito aquí como una aplicación práctica del «trabajo en equipo».

Este método de estimulación mental, a través de una discusión armoniosa de temas concretos, efectuada entre tres personas, ilustra el empleo más sencillo y práctico de lo que es el «trabajo de equipo».

Al adoptar y seguir un plan similar, cualquier estudiante de esta filosofía puede entrar en posesión de la famosa fórmula Carnegie, brevemente descrita en la introducción. Si eso no significó nada para usted en el momento de leerla, marque esta página para continuar luego la lectura, y vuelva a leer la introducción en cuanto haya terminado este capítulo.

Puntos para recordar:

Ahora tres sencillos principios coordinan sus poderes de pensamiento y logro. El hecho de que controle sus fuerzas intangibles puede darle una influencia que muchos hombres no tienen.

Los descubrimientos de la ciencia de la mente se convierten ahora en herramientas prácticas para su mejora personal.

Tres trillones de diminutos sirvientes —las células de su cerebro— forman sus patrones de pensamiento, imaginación y voluntad. Su mente puede asimilar todo el conocimiento que quiera para hacer dinero.

La mayoría de la gente desea riquezas, pero pocos aportan un plan definido y el ardiente deseo que tienden el camino a la riqueza.

14

Decimotercer paso hacia la riqueza: el sexto sentido

ABRE USTED LA PUERTA AL TEMPLO
DE LA SABIDURÍA. LAS GLORIOSAS SENDAS DE
LA AVENTURA CREATIVA LE CONDUCIRÁN
A LA RIQUEZA.

El decimotercer principio es conocido como el sexto sentido. A través de él, la Inteligencia Infinita puede comunicarse a voluntad con el individuo, sin ningún esfuerzo ni exigencia por parte de éste.

Este principio constituye la cumbre de la filosofía. Sólo puede ser asimilado, comprendido y aplicado una vez que se hayan dominado los otros doce principios.

El sexto sentido es esa porción de la mente subconsciente a la que nos hemos referido denominándola imaginación creativa. También nos hemos referido a ella como «aparato receptor», a través del cual las ideas, los planes y los pensamientos surgen en la mente. A veces, estos destellos son denominados presentimiento, intuición o inspiración.

El sexto sentido desafía toda descripción. Es imposible describírselo a una persona que no haya dominado los otros principios de esta filosofía, porque esa persona no posee conocimientos ni experiencia con los que comparar el sexto sentido. La comprensión de lo que el sexto sentido es sólo se logra por medio de la meditación y del desarrollo mental *desde dentro.*

Después de que usted haya dominado los principios descritos en este libro, estará preparado para aceptar como verdad una afirmación que, de otro modo, le resultaría increíble. Nos referimos a que, con la ayuda del sexto sentido, usted será advertido de todo peligro inminente con bastante tiempo para evitarlo, y se le notificarán las oportunidades con la suficiente antelación para que las aproveche.

El sexto sentido acude en su ayuda y, si usted sabe desarrollarlo y aprovecharlo, siempre tendrá a su lado un «ángel guardián» que le abrirá la puerta de entrada al templo de la sabiduría en todo momento.

MILAGROS DEL SEXTO SENTIDO

El autor no es ni un creyente ni un defensor de los «milagros», debido a que posee una comprensión suficiente de la naturaleza como para saber que ésta *nunca se desvía de sus leyes establecidas.* Algunas de esas leyes son tan incomprensibles que producen lo que parecen ser «milagros». El sexto sentido es lo más cercano a un milagro que yo haya experimentado nunca.

Esto es lo que el autor sabe: que existe un poder, o Primera Causa, o Inteligencia, que impregna cada átomo de la materia, y abarca toda unidad de energía perceptible para el hombre; que esa Inteligencia Infinita convierte la semilla en roble, hace que el agua fluya colina abajo en respuesta a la ley de la gravedad, que el día siga a la noche, y el invierno al verano, cada uno de ellos manteniendo su adecuado lugar y relación con el otro. A través de los principios de esta filosofía podemos inducir a esa inteligencia a que nos ayude en la transmutación de los deseos en formas concretas o materiales. El autor posee este conocimiento porque ha llevado a cabo experimentos con él, y ha sido experimentado por él mismo.

Paso a paso, a lo largo de los capítulos precedentes, se le ha conducido a usted hasta este último principio. Si ha dominado cada uno de los principios precedentes, ahora estará preparado para aceptar, sin escepticismo, las grandiosas afirmaciones que aquí se han hecho. Si no ha logrado dominar los otros principios, debe hacerlo antes de poder determinar, definitivamente, si las afirmaciones hechas en este capítulo son hechos o sólo ficción.

Cuando pasé por el período de «adoración del héroe», me encontré intentando imitar a aquellos a quienes más admiraba. Es más, descubrí que el elemento de la fe con el que me dotaba para imitar a mis ídolos me proporcionaba una gran capacidad para hacerlo con éxito.

Deje que los grandes hombres le den forma a su vida

Nunca me he despojado por completo de este hábito de adorar a los héroes. Mi experiencia me ha enseñado que lo mejor que se puede hacer para ser en verdad grande es emular a los grandes, en sentimientos y acciones.

Mucho antes de que hubiera escrito una sola línea para ser publicada, o que me hubiera dedicado a pronunciar un discurso en público, adquirí el hábito de reconfigurar mi propio carácter tratando de imitar a los nueve hombres cuyas vida y obra me parecieron más impresionantes. Esos nueve hombres fueron: Emerson, Paine, Edison, Darwin, Lincoln, Burbank, Napoleón, Ford y Carnegie. Cada noche, y durante un largo período de años, sostenía una conferencia imaginaria con ese grupo al que yo denominaba mis «consejeros invisibles».

El procedimiento que seguía era el siguiente. Por la noche, poco antes de quedarme dormido, cerraba los ojos y, en mi imaginación, veía a este grupo de hombres, sentados conmigo alrededor de mi mesa de conferencias. Allí no sólo tenía la oportunidad de sentarme entre quienes yo consideraba como los más grandes, sino que, en realidad, dominaba el grupo, y actuaba entre ellos como su presidente.

Yo tenía un propósito concreto al permitir a mi imaginación asistir a esas reuniones nocturnas. Ese propósito consistía en reconstruir mi propio carácter de tal modo que representara un compendio de los caracteres de mis consejeros imaginarios. Al darme cuenta, como me sucedió a edad muy temprana, de que debería superar el obstáculo de haber nacido en un medio ambiente de ignorancia y superstición, me asigné la deliberada tarea de renacer voluntariamente a través del método que acabo de describir.

La construcción del carácter mediante la autosugestión

Yo sabía, desde luego, que todos los hombres han llegado a ser lo que son gracias a sus pensamientos y a sus deseos dominantes. Sabía que todo deseo profundamente asentado le induce a uno a buscar una expresión exterior a través de la cual ese mismo deseo pueda transmutarse en una realidad. Sabía que la autosugestión es un factor poderoso en la formación del carácter y que es, de hecho, el único principio a través del cual se forma el carácter.

Dotado de este conocimiento acerca de los principios que rigen el funcionamiento de la mente, me sentí bastante bien armado con el equipo necesario para reconfigurar mi carácter. En esas reuniones imaginarias, yo convocaba a los miembros de mi gabinete para que me transmitieran el conocimiento que deseaba adquirir, dirigiéndome a cada uno de ellos con palabras audibles, del siguiente modo:

«Señor Emerson, deseo adquirir de usted la mararaillosa comprensión de la naturaleza que distinguió su vida. Le pido que deje una huella en mi subconsciente acerca de todas aquellas cualidades que usted haya poseído, y que le permitieron comprender las leyes de la naturaleza y adaptarse a ellas.

»Señor Burbank, le pido que me transmita el conocimiento que le permitió armonizar las leyes de la naturaleza, y que le hizo arrancarle sus espinas al cactus para transformarlo en alimento comestible. Ofrézcame acceso al conocimiento que le permitió hacer crecer dos hojas de hierba allí donde antes crecía una sola.

»Napoleón, deseo adquirir de usted, por emulación, la maravillosa habilidad que poseyó para inspirar a los hombres y para despertar el mayor y más decidido espíritu de acción en ellos. También deseo adquirir el espíritu de una fe duradera, que le permitió transformar la derrota en victoria y superar obstáculos cada vez más grandes.

»Señor Paine, deseo adquirir de usted la libertad de pensamiento y el valor y la claridad con los que expresar las convicciones que tanto le distinguieron a usted.

»Señor Darwin, deseo adquirir de usted la maravillosa paciencia y la habilidad para el estudio de la causa y el efecto, sin desviación ni prejuicio, tan ejemplificadas por usted en el campo de las ciencias naturales.

»Señor Lincoln, deseo introducir en mi propio carácter el agudo sentido de la justicia, el incansable espíritu de la paciencia, el sentido del humor, la comprensión humana y la tolerancia que fueron sus características más distinguidas.

»Señor Carnegie, deseo adquirir de usted una comprensión completa de los principios del *esfuerzo organizado,* que usted utilizó con tanta efectividad en la formación de una gran empresa industrial.

»Señor Ford, deseo adquirir su espíritu de perseverancia, la determinación, la serenidad y la confianza en sí mismo que le permitieron dominar la pobreza y organizar, unificar y simplificar el esfuerzo humano, para que así yo pueda ayudar a otros a seguir sus pasos.

»Señor Edison, deseo adquirir de usted el maravilloso espíritu de fe con el que descubrió tantos secretos de la naturaleza, y el espíritu de herramienta inconmovible con el que, tan a menudo, extrajo la victoria de la derrota.»

EL PASMOSO PODER DE LA IMAGINACIÓN

Mi método de dirigirme a los miembros de mi gabinete imaginario variaban, de acuerdo con los rasgos de carácter que yo estaba más interesado en adquirir en aquellos momentos. Estudié todo lo que se sabía de sus vidas, y lo hice con minucioso cuidado. Después de algunos meses de haber empleado este procedimiento nocturno, me sentí asombrado al descubrir que estas figuras imaginarias se convertían en aparentemente *reales*.

Cada uno de estos nueve hombres desarrolló características individuales que me sorprendían. Por ejemplo, Lincoln tenía la costumbre de llegar siempre tarde, para luego entrar de una forma solemne donde era esperado. Siempre llevaba una expresión de seriedad en el rostro. Raras veces le veían sonreír.

Eso no era cierto en lo que se refería a los demás. Burbank y Paine se enfrascaban a menudo en conversaciones burlonas que a veces parecían conmocionar a los otros miembros del gabinete. En cierta ocasión, Burbank llegó tarde. Al hacer su entrada, apareció lleno de entusiasmo y explicó que se había retrasado debido a un experimento que estaba realizando, y con el que confiaba poder hacer crecer manzanas de cualquier clase de árbol. Paine se burló de él, recordándole que fue precisamente una manzana la que dio lugar a todos los problemas existentes entre el hombre y la mujer. Darwin intervino cordial, y sugirió a Paine que se dedicara a vigilar a las serpientes pequeñas cuando acudiera al bosque en busca de manzanas, puesto que tenían la costumbre de desarrollarse hasta convertirse en serpientes grandes. Emerson observó: «Si no hay serpientes, no hay manzanas», a lo que Napoleón afirmó: «¡Sin manzanas, no hay Estado!».

Estas reuniones se hicieron tan realistas que incluso llegué a temer sus consecuencias, y, durante varios meses, dejé de convocarlas con tanta frecuencia. Las experiencias eran tan extrañas que temía que, de continuar así, pudiera perder de vista el hecho de que tales reuniones no eran más que puras *experiencias de mi imaginación*.

Ésta es la primera vez que he tenido el valor de mencionar mis reuniones. Desde entonces me he mantenido en silencio con respecto al tema, porque sabía, a partir de mi propia actitud con respecto a estas cuestiones, que sería malinterpretado si describiera mi experiencia insólita. Me he visto obligado ahora a verterla en la página impresa porque me preocupa menos el «qué dirán» de lo que me sucedía en los años que han transcurrido desde entonces.

Para no ser mal interpretado, quisiera afirmar aquí, del modo más categórico posible, que sigo considerando las reuniones de mi gabinete como puramente itnaginarias; pero que me siento con derecho a sugerir que, aun cuando los miembros de mi gabinete sean ficticios, y esas reuniones existan sólo en mi propia imaginación, me han conducido por gloriosos caminos de aventura, y han configurado en mí un aprecio por la verdadera grandeza, han estimulado mi comportamiento creativo y han sido siempre la expresión de un pensamiento honesto.

En alguna parte de la estructura celular del cerebro se halla localizado un órgano que recibe las vibraciones del pensamiento habitualmente denominadas «presentimientos». Por el momento, la ciencia no ha podido descubrir dónde se encuentra este órgano del sexto sentido, pero eso no es importante. Sigue existiendo el hecho de que los seres humanos reciben un conocimiento exacto a través de fuentes que son distintas a los sentidos físicos. En general, tal conocimiento se recibe cuando la mente se halla bajo la influencia de un estímulo extraordinario. Cualquier emergencia que despierte las emociones y haga que el corazón empiece a latir con mayor rapidez de lo normal puede poner el sexto sentido en acción, y así sucede en general. Cualquiera que haya experimentado una situación muy próxima al accidente mientras conducía, sabe que, en tales ocasiones, el sexto sentido suele acudir al rescate, y ayuda a evitar el accidente por décimas de segundo.

Todos estos hechos se mencionan con anterioridad a una afirmación que haré ahora: durante mis reuniones con mis «consejeros invisibles», siento que mi mente se muestra de lo más receptiva a ideas, pensamientos y conocimientos que me llegan a través del sexto sentido.

Ha habido un gran número de ocasiones en las que me he enfrentado a situaciones de emergencia, algunas tan graves que mi vida llegó a correr verdadero peligro, y en las que me he visto milagrosamente guiado hacia la superación de esas dificultades gracias a la influencia de mis «consejeros invisibles».

Mi propósito original al convocar estas reuniones con seres imaginarios fue el de dejar impresas en mi subconsciente, a través del principio de la autosugestión, ciertas características que yo deseaba adquirir. En años más recientes, mi experimentación ha adquirido una tendencia distinta. Ahora acudo a mis consejeros invisibles para consultarles cada problema difícil con el que debo enfrentarme, ya sea propio o de mis clientes. A menudo, los resultados han sido verdaderamente asombrosos, a pesar de que no dependo por completo de esa forma de consejos.

UNA FUERZA VIGOROSA DE CRECIMIENTO LENTO

El sexto sentido no es algo que uno pueda quitarse y ponerse a voluntad. La habilidad para usar este gran poder va creciendo con lentitud mediante la aplicación de los otros principios expuestos en este libro.

No importa quién sea usted, ni cuál pueda haber sido su propósito al leer esta obra, lo cierto es que no puede aprovecharse de ella sin llegar a comprender el principio descrito en este capítulo. Eso es cierto, sobre todo, en el caso de que su propósito principal sea el de la acumulación de dinero o de otras cosas materiales.

He incluido el capítulo sobre el sexto sentido porque este libro ha sido diseñado con el propósito de presentar una filosofía completa para que los individuos puedan alcanzar aquello que le piden a la vida. El punto de partida de todo logro es el deseo. El punto final es esa rama del conocimiento que nos conduce a la comprensión de uno mismo, de los demás y de las leyes de la naturaleza; en definitiva, el reconocimiento y la comprensión de la felicidad.

Esta clase de comprensión sólo se alcanza de forma completa a través de la familiaridad y el uso del sexto sentido.

Tras acabar este capítulo, usted habrá observado que, durante su lectura, se sentía elevado a un nivel más alto de estimulación mental. ¡Espléndido! Vuelva a leerlo dentro de un mes y observe cómo su mente alcanza un nivel de estimulación aún más elevado. Repita esta experiencia de vez en cuando, sin que le preocupe lo mucho o lo poco que aprenda en cada ocasión, y terminará por encontrarse en posesión de un poder que le permitirá desembarazarse del desánimo, dominar el temor, superar la dilación y utilizar la imaginación con plena libertad. Entonces percibirá el tacto de ese «algo» desconocido que ha sido el espíritu motivador de todo pensador, líder, artista, músico, escritor o estadista realmente grandes. Será el momento de transmutar sus deseos en su equivalente físico o financiero, y lo hará con la misma facilidad con la que antes se tumbaba y se abandonaba ante la aparición de la primera señal de oposición.

Puntos para recordar:

La inspiración y los presentimientos ya no le pasarán de largo; lo llenarán de dinamismo a través de su Imaginación Creativa…, su Sexto Sentido.

El autor eligió a Henry Ford y algunos otros hombres de éxito para que se convirtieran en sus «consejeros invisibles». Puede conseguir sus objetivos, como hizo él, con el mismo y sorprendente método.

Ahora está usted en contacto con ese «algo» desconocido que ha estado ahí para los grandes hombres de todos los tiempos. Sigue produciendo aparentes milagros en las artes, las ciencias y los negocios de todo tipo.

Si su principal objetivo es la acumulación de dinero o algún otro objeto material, este capítulo es especialmente importante para usted.

La escala que lleva al éxito nunca está abarrotada en su parte de arriba.

15

Los seis fantasmas del temor

HAGA UN INVENTARIO DE SÍ MISMO Y VEA SI
QUEDA AÚN ALGÚN RESQUICIO DE MIEDO QUE
SE INTERPONGA EN SU CAMINO. USTED PIENSA
Y SE HACE RICO PORQUE NADA,
ABSOLUTAMENTE NADA, PUEDE INTERPONERSE
EN SU CAMINO.

Antes de poder utilizar cualquier parte de esta filosofía con éxito, su mente tiene que estar preparada para recibirla. La preparación no resulta difícil. Empieza con el estudio, el análisis y la comprensión de los tres enemigos que necesita eliminar de su mente: la indecisión, la duda y el temor.

El sexto sentido nunca funcionará mientras estos tres elementos negativos continúen en su mente, ya sea en su conjunto o por separado. Los elementos de este trío infernal se hallan estrechamente relacionados; allí donde haya uno de ellos, puede estar seguro de que los otros dos también se encuentran cerca.

¡La indecisión es la semilla del temor! Recuérdelo a medida que siga con la lectura. La indecisión se cristaliza en la duda, y ambas se mezclan y se convierten en temor. El proceso de «mezcla» suele ser lento. Ésa es una de las razones por las que estos tres enemigos son tan peligrosos. Germinan y crecen *sin que su presencia sea detectada.*

El resto de este capítulo describe un fin que debe alcanzar antes de que pueda poner en práctica esta filosofía como un todo. También analiza una condición que ha reducido a gran número de personas a la pobreza, y afirma una verdad que debe ser comprendida por todos aquellos que acumulan riquezas, ya se midan éstas en términos de dinero o de un estado mental, mucho más valioso que el dinero.

El propósito de este capítulo consiste en enfocar nuestra atención sobre la causa y la cura de los seis temores básicos. Antes de poder dominar a un enemigo, debemos conocer su nombre, sus hábitos y el lugar de residencia. A medida que lea, analícese a sí mismo y determine cuál de los seis temores básicos está con usted, si es que tiene alguno.

No se deje engañar por los hábitos de esos enemigos sutiles. A veces, permanecen ocultos en el subconsciente; en él son difíciles de localizar y aún más difíciles de eliminar.

LOS SEIS MIEDOS BÁSICOS

Hay seis miedos básicos que todo ser humano sufre en una u otra ocasión, ya sea por la presencia uno de ellos o en una combinación de los mismos. Cualquier persona sería afortunada si no sufriera de los seis. Citados por el orden en que suelen aparecer, son:

Pobreza
Crítica
Enfermedad
Pérdida del amor de alguien
Vejez
Muerte

Todos los demás temores son de menor importancia; todos ellos pueden ser agrupados bajo estos seis epígrafes.

Los temores no son más que estados de la mente. El estado de la mente de cada cual se halla sometido a control y dirección.

El hombre no puede crear nada que no haya concebido previamente en forma de un impulso de pensamiento. Tras haber hecho esta afirmación, hay que hacer otra de mayor importancia aún: los impulsos del pensamiento del hombre comienzan a transformarse de inmediato en su equivalente físico, al margen de que esos pensamientos sean voluntarios o involuntarios. Los impulsos de pensamiento que son captados por simple casualidad (pensamientos emitidos por otras mentes) pueden determinar el destino financiero, empresarial, profesional o social con la misma seguridad que los impulsos de pensamiento que uno mismo crea con intención y diseño.

Estamos estableciendo aquí los fundamentos para la presentación de un hecho de gran importancia para quien no comprende por qué algunas personas parecen tener «suerte», mientras que otras, de igual o mayor habilidad, entrenamiento, experiencia y capacidad cerebral, parecen destinadas a soportar la desventura. Ese hecho se explica con la afirmación de que *todo ser humano tiene la habilidad de controlar su propia mente por completo*, y con ese control es evidente que cada persona puede abrir su mente a los impulsos de pensamiento emitidos por otros cerebros, o cerrarla a cal y canto y admitir únicamente aquellos impulsos de pensamiento de su propia elección.

La naturaleza ha dotado al hombre de un control absoluto sobre una sola cosa: el pensamiento. Esto, unido al hecho adicional de que todo lo que el hombre crea se inicia en la forma de un pensamiento, nos conduce muy cerca del principio mediante el cual podemos llegar a dominar el temor.

Si es cierto que todo pensamiento tiene una tendencia a transformarse en su equivalente físico (y eso es cierto, más allá de todo espacio razonable para la duda), también será cierto que los impulsos de pensamiento de temor y de pobreza no pueden traducirse en términos de valor y ganancia financiera.

EL TEMOR A LA POBREZA

No puede existir compromiso alguno entre la pobreza y la riqueza. Los dos caminos que conducen a ellas van en direcciones opuestas. Si lo que usted desea son riquezas, tiene que negarse a aceptar cualquier circunstancia que conduzca hacia la pobreza. (La palabra «riqueza» se utiliza aquí en su más amplio sentido, refiriéndonos con ella a los planos espiritual, mental y material.) El punto de partida del camino que conduce a la riqueza es el deseo. En el primer capítulo, usted recibió instrucciones completas para el uso adecuado del deseo. En este capítulo sobre el temor encontrará instrucciones completas para preparar a su mente con el propósito de hacer un uso práctico del deseo.

Así pues, éste es el lugar en el que se le planteará un desafío mediante el que determinará de modo definitivo cuánta de esta filosofía ha absorbido usted. Aquí está el punto en el que puede convertirse en profeta y pronosticar, con exactitud, qué le reserva el futuro. Si, después de haber leído este capítulo, usted se halla dispuesto a aceptar la pobreza, será mejor que prepare a su mente para recibir pobreza. Se trata de una decisión que usted no puede evitar.

Si lo que exige son riquezas, determine en qué forma las recibirá, y cuánto necesitará para sentirse satisfecho. Ya conoce el camino que conduce a la riqueza. Se le ha proporcionado una especie de mapa de carreteras que, si lo sigue, lo mantendrá en la vía adecuada. Si se descuida y no inicia el recorrido del camino, o si se detiene antes de haber llegado, no podrá echarle la culpa a nadie, excepto a usted mismo. Esa responsabilidad es exclusivamente suya. Ninguna justificación le salvará de aceptar la responsabilidad si ahora fracasa o si se niega a exigirle riquezas a la vida, porque la aceptación le exige una sola cosa —la única que usted puede controlar—, un estado de la mente. Un estado mental es algo que uno asume. No se puede comprar, sino que ha de ser creado.

EL TEMOR MÁS DESTRUCTIVO

El temor a la pobreza es un estado mental. Sólo eso. Pero es suficiente para destruir las posibilidades de alcanzar los logros deseados en cualquier empresa.

Este temor paraliza la facultad de razonamiento, destruye la facultad de la imaginación, elimina la confianza en sí mismo, socava el entusiasmo, desanima la iniciativa, conduce a la incertidumbre de propósito, estimula la dilación, elimina el entusiasmo y convierte el autocontrol en una imposibilidad. Le arrebata a uno el encanto de la personalidad, destruye la posibilidad de pensar con exactitud, distrae la concentración del esfuerzo, domina la perseverancia, reduce la fuerza de voluntad a la nada, destruye la ambición, ensombrece la memoria e invita al fracaso en toda forma concebible. Mata el amor y asesina las emociones más exquisitas del corazón, desanima la amistad e invita al desastre en cien formas diferentes, conduce al insomnio, la miseria y la infelicidad, y todo ello a pesar de la evidente verdad de que vivimos en un mundo de abundancia de todo aquello que podamos desear, sin nada que se interponga entre nosotros y nuestros deseos, excepto la falta de un propósito definido.

El temor a la pobreza es, sin el menor género de dudas, el más destructivo de los seis temores básicos. Ha sido situado a la cabecera de la lista porque resulta el más difícil de dominar. El temor a la pobreza surge de la tendencia heredada del hombre a devorar a sus semejantes en el plano económico. Casi todos los animales inferiores se ven motivados por el instinto, pero su capacidad para «pensar» es limitada y, en consecuencia, se devoran físicamente los unos a los otros. El hombre, con su sentido superior de la intuición, y capacidad para pensar y razonar, no se come físicamente a su semejante, obtiene mayor satisfacción cuando lo devora financieramente. El hombre es tan avaricioso que se ha necesitado aprobar toda clase de leyes concebibles para salvaguardarlo de sus semejantes.

Nada produce tanto sufrimiento y humillación al hombre como la pobreza. Sólo aquellos que la han experimentado comprenden todo el significado de esta afirmación.

Así pues, no es de extrañar que el hombre tema a la pobreza. A lo largo de una abundante serie de experiencias heredadas, el hombre ha aprendido que no puede confiar en algunos de su especie cuando se trata de cuestiones relacionadas con el dinero y con las posesiones terrenales.

El hombre experimenta tal avidez por poseer riqueza que está dispuesto a adquirirla de todas las maneras posibles —por medios legales si es posible o por otros si es necesario.

El autoanálisis puede poner al descubierto debilidades que a uno no le gustaría reconocer. Esta forma de examen es esencial para todos aquellos que exigen de la vida algo más que mediocridad y pobreza. Al analizarse a sí mismo punto por punto, recuerde que, en este caso, usted es juez y parte, fiscal y defensor, acusador y acusado; y recuerde también que está afrontando un juicio. Así pues, enfréntese a los hechos directamente. Hágase preguntas concretas a sí mismo y exíjase respuestas directas. Una vez que haya terminado el examen, sabrá más sobre sí mismo. Si tiene la sensación de no poder ser un juez imparcial en este autoexamen, confíe en alguien que le conozca bien y que pueda actuar como tal, hasta que usted sea capaz de examinarse a sí mismo. Lo que usted anda buscando es la verdad. *Consígala, sin que le importe a qué precio, aun cuando pueda sentirse temporalmente abochornado por ella.*

Cuando se le pregunta a la gente qué es lo que más teme, la mayoría contesta: «No temo a nada». La contestación es inexacta porque pocas personas se dan cuenta de que se encuentran atenazadas, obstaculizadas, fustigadas en lo espiritual y en lo físico por alguna forma de temor. La emoción del temor se halla tan sutil y profundamente enraizada que uno puede pasar por la vida sobrellevándola sin llegar a reconocer jamás su presencia. Sólo un análisis valeroso pondrá al descubierto la presencia de este enemigo universal. Cuando usted inicie este análisis, busque a fondo en su carácter. A continuación le ofrecemos una lista de los síntomas que debería buscar en sí mismo.

SÍNTOMAS DEL TEMOR A LA POBREZA

Indiferencia. Suele expresarse a través de una falta de ambición; de una predisposición a tolerar la pobreza; de una aceptación, sin protestar, de toda aquella compensación que la vida pueda ofrecer; de una pereza mental y física; de una falta de iniciativa, imaginación, entusiasmo y autocontrol.

Indecisión. El hábito de permitir que los demás piensen por uno. El de mantenerse «al margen».

Duda. Expresada generalmente por medio de justificaciones y excusas diseñadas para encubrirse, rechazar con explicaciones o disculpar los propios errores, lo que a veces se expresa en forma de envidia hacia aquellos que han alcanzado el éxito, o bien se los critica.

Preocupación. Suele expresarse por el descubrimiento de faltas en los otros, una tendencia a gastar más de los ingresos propios, un descuido del aspecto personal, la burla y el fruncimiento de cejas; la intemperancia en el uso de las bebidas alcohólicas y, a veces, en el uso de narcóticos; nerviosismo, falta de severidad y de autoconciencia.

Precaución excesiva. La costumbre de mirar el lado negativo de toda circunstancia, de pensar y hablar de posible fracaso, en lugar de concentrarse en los medios para alcanzar el éxito. Se conocen todos los caminos que conducen al desastre, pero nunca se buscan los planes precisos para evitarlo. Se espera «el momento adecuado» para empezar a poner en acción ideas y planes, hasta que la espera se transforma en un hábito permanente. Se recuerda a aquellos que han fracasado, y se olvida a los que han tenido éxito. Se ve el agujero del donut, pero no se ve el donut. Es el pesimismo, que conduce a la indigestión, al estreñimiento, a la autointoxicación, a la mala respiración y a una mala disposición.

Dilación. La costumbre de dejar para mañana aquello que se debería haber hecho el año anterior. Pasarse mucho tiempo buscando justificaciones y excusas para no realizar el trabajo. Este síntoma se halla estrechamente relacionado con el de la precaución excesiva, la duda y la preocupación. La negativa a aceptar la responsabilidad siempre que ésta se pueda evitar. La voluntad de encontrar un compromiso, en lugar de levantarse y luchar a pie firme. El comprometerse con las dificultades, en lugar de dominarlas y utilizarlas como peldaños para seguir subiendo. El intentar conseguir gangas de la vida, en lugar de exigir prosperidad, opulencia, riquezas, satisfacción y felicidad. Planificar lo que se ha de hacer sólo cuando se ha producido el fracaso, en lugar de quemar todas las naves y hacer que la retirada sea imposible. La debilidad de la confianza en uno mismo, y, a menudo, la total ausencia de la misma, así como de la definición del propósito, autocontrol, iniciativa, entusiasmo, ambición, frugalidad y una sana habilidad para el razonamiento. El esperar la pobreza, en lugar de exigir la riqueza. El asociarse con aquellos que aceptan la pobreza, y no buscar la compañía de quienes exigen y reciben la riqueza.

Algunos preguntarán: «¿Por qué ha escrito un libro sobre el dinero? ¿Por qué medir las riquezas en dólares?». Algunos pensarán que hay otras formas de riqueza mucho más deseables que el dinero, y tendrán razón. Sí, hay riquezas que no pueden medirse en términos monetarios, pero millones de personas dirán: «Dame todo el dinero que necesito, y yo me encargaré de encontrar aquello que deseo». La razón principal por la que he escrito este libro es porque millones de hombres y mujeres se encuentran paralizados por el temor a la pobreza. Lo que esa clase de temor es capaz de hacerle a uno fue muy bien descrito por Westbrook Pegler:

El dinero no es más que conchas de almejas, o discos de metal o trozos de papel, y hay tesoros del corazón y del alma que el dinero no puede comprar, pero la mayoría de la gente sin dinero es incapaz de tenerlo en cuenta y sostener su espíritu. Cuando un hombre se encuentra en lo más bajo, está en la calle y es incapaz de conseguir trabajo, a su espíritu le sucede algo que se refleja en la caída de sus hombros la forma de llevar el sombrero, su modo de caminar y su mirada. No puede escapar a una sensación de inferioridad con respecto a la gente que tiene un empleo seguro, aun cuando sepa que esas personas no son sus iguales en carácter, inteligencia o habilidad.

Por su parte, los demás, incluso sus amigos, experimentan una sensación de superioridad y lo consideran una víctima, quizá de una manera inconsciente. Tal vez ese hombre pida prestado durante un tiempo, pero no el suficiente como para continuar con la vida a la que está acostumbrado, y tampoco podrá continuar pidiendo durante mucho tiempo. Pero pedir, aun cuando sea para vivir, es una experiencia deprimente y al dinero así obtenido le falta el poder que tiene el dinero ganado con su propio esfuerzo. Evidentemente, nada de esto se aplica a los zánganos y los pordioseros, sino sólo a los hombres con ambiciones normales y que se respetan a sí mismos.

Las mujeres que se encuentran en la misma situación son algo diferentes. De algún modo, no las consideramos como personas marginadas. Raras veces viven en la miseria o piden por las calles, y cuando se encuentran entre la gente, no se las reconoce por las mismas señales que identifican a los hombres mendigos. Desde luego, no me refiero a las harapientas de la gran ciudad, que son la parte opuesta de los vagabundos masculinos confirmados. Me refiero a mujeres bastante jóvenes, decentes y con inteligencia. Tiene que haber muchas mujeres así, pero su desesperación no resulta tan evidente. Quizá se suiciden.

Cuando un hombre se encuentra sin dinero y desempleado, dispone de tiempo para lamentarse. Es posible que viaje muchos kilómetros para buscar un trabajo y descubra que el puesto ha sido ocupado ya, o que sólo se trata de uno de esos puestos sin salario fijo, con sólo una comisión sobre las ventas de algún cachivache inútil que nadie compraría, excepto por piedad. El hombre vuelve a encontrarse en la calle, sin un sitio al que ir, excepto a cualquier parte. Así que camina, y camina. Contempla los escaparates de las tiendas, observa lujos que no son para él; se siente inferior y deja paso a otras personas que se detienen a mirar con un interés activo. Deambula por la estación, y entra en la biblioteca para descansar los pies y calentarse un poco, pero eso no es lo mismo que buscar un trabajo, de modo que no tarda en reanudar la marcha. Es posible que no lo sepa, pero su falta de objetivo le delatará aunque las líneas de su figura no lo hagan. Es posible que vaya bien vestido, con las ropas que le quedaron de cuando tenía un trabajo estable, pero esas ropas no sirven para ocultar su caída.

Ve a miles de otras personas a su alrededor, todas ellas ocupadas con sus trabajos, y las envidia desde lo más profundo de su alma. Todas tienen su independencia, su autorrespeto y su orgullo, y él no puede convencerse a sí mismo de que también es un buen hombre, por mucho que reflexione y llegue a un veredicto favorable hora tras hora.

Precisamente el dinero es lo que establece esta diferencia en él. Con un poco de dinero, volvería a ser él mismo.

EL TEMOR A LA CRÍTICA

Nadie puede afirmar con exactitud cómo llegó el hombre a experimentar este temor, pero lo cierto es que lo experimenta, y de una forma muy desarrollada. Este autor atribuye el temor básico a la crítica a esa parte de la naturaleza heredada del hombre que lo induce no sólo a arrebatar los bienes y mercancías de sus semejantes, sino también a justificar su acción mediante la crítica del carácter de los demás. Es un hecho bien conocido que un ladrón critica al hombre al que ha robado, que los políticos que buscan un puesto no despliegan sus propias virtudes y sus calificaciones, sino que intentan desmerecer a sus oponentes.

Los astutos fabricantes de ropa no han sido lentos a la hora de capitalizar este temor básico por la crítica, con el que toda la humanidad ha sido maldecida. Cada temporada cambian los estilos de numerosos artículos. ¿Quién establece los estilos? Desde luego no es la persona que compra la ropa, sino el fabricante. ¿Por qué éste cambia los estilos con tanta frecuencia? La respuesta es evidente: para vender más ropa.

Por la misma razón, el fabricante de automóviles cambia todas las temporadas los modelos de sus vehículos. Nadie quiere conducir un automóvil que no sea de los últimos salidos de fábrica.

Hemos descrito la forma en que la gente se comporta bajo la influencia del temor a la crítica, tal y como se aplica a las pequeñas y mezquinas cosas de la vida. Examinemos ahora el comportamiento humano cuando ese temor afecta a las personas en relación con acontecimientos más importantes de las relaciones humanas. Tomemos, por ejemplo, a cualquier persona que haya alcanzado la edad de la madurez mental (de los 35 a los 40 años de edad como término medio). Si pudiéramos leer sus pensamientos secretos, encontraríamos una decidida incredulidad hacia las fábulas enseñadas por la mayoría de los dogmáticos de hace unas pocas décadas.

¿Por qué la persona media, incluso en una época de tantos conocimientos como la actual, no se atreve a negar su creencia en las fábulas? La respuesta es: «por el temor a la crítica». Los hombres han sido criticados por atreverse a expresar su incredulidad acerca de los fantasmas. No resulta nada extraño que hayamos heredado una conciencia que nos hace temer la crítica. No hace mucho tiempo, en el pasado, la crítica comportaba severos castigos, y aún los acarrea en algunos países.

El temor a la crítica priva al hombre de su iniciativa, destruye su poder de imaginación, limita su individualidad, le quita la confianza en sí mismo, y daña de cien formas diferentes. Los padres, a menudo, hacen un daño irreparable a sus hijos cuando los critican. La madre de uno de mis compañeros de infancia solía castigarlo casi a diario con un palmetazo, completando la acción con la siguiente afirmación: «Terminarás en la cárcel antes de que cumplas los veinte años». A la edad de diecisiete años fue enviado a un reformatorio.

La crítica es la clase de servicio que le sobra a todo el mundo. Todos tenemos una buena reserva de crítica gratuita que entregar, tanto si se nos pide como si no. A menudo, los parientes más cercanos son los que peor ofenden. Debería ser considerado un crimen (en realidad, es un crimen de la peor naturaleza) el que cualquier padre produzca en su hijo complejos de inferioridad por medio de la crítica innecesaria. Los patronos que comprenden la naturaleza humana obtienen lo mejor de sus empleados no mediante la crítica, sino por medio de la sugerencia constructiva. Los padres pueden conseguir los mismos resultados con sus hijos. La crítica implanta el temor en el corazón humano, o el resentimiento, pero no construye ni el amor ni el afecto.

SÍNTOMAS DEL TEMOR A LA CRÍTICA

Este temor es casi tan universal como el temor a la pobreza, y sus efectos, igual de fatales para el logro personal, sobre todo porque destruye la iniciativa y desanima el uso de la imaginación. Los principales síntomas del temor a la crítica son:

Timidez. Suele ser expresada por medio del nerviosismo, la timidez en la conversación y en el encuentro con personas extrañas, el movimiento extraño de las manos y de los pies, el desplazamiento de la mirada.

Falta de serenidad. Ausencia de control en la voz, nerviosismo en presencia de otros, postura incorrecta del cuerpo, memoria pobre.

Debilidad de carácter. Escasa firmeza en las decisiones, falta de encanto personal y de habilidad para expresar opiniones definidas. Costumbre de soslayar los temas, en lugar de afrontarlos de manera directa. Estar de acuerdo con otros sin haber examinado sus opiniones con cuidado.

Complejo de inferioridad. Costumbre de expresar autoprobación por medio de la palabra y las acciones, como un medio de ocultar una sensación de inferioridad. Utilizar palabras grandilocuentes para impresionar a los demás (a menudo sin conocer siquiera el significado de lo que se dice). Imitar a otros en la ropa, el discurso y las actitudes. Fanfarronear sobre logros imaginarios. Esto produce a veces una imagen superficial de sentimiento de superioridad.

Extravagancia. Costumbre de intentar mantenerse a la altura de los demás gastando mucho más de lo que se ingresa.

Falta de iniciativa. Fracaso para aprovechar las oportunidades para el progreso propio, temor a expresar opiniones, falta de confianza en las propias ideas, responder de forma evasiva a los superiores, vacilar en la actitud y en el discurso, engañar en las palabras y en los hechos.

Falta de ambición. Pereza mental y física, falta de autoafirmación, lentitud para tomar decisiones, dejarse influir con excesiva facilidad; criticar a los demás a sus espaldas y halagarlos cuando están delante; aceptar la derrota sin protesta, o abandonar una empresa cuando se encuentra con la oposición de otros; sospechar de otras personas sin causa alguna, falta de tacto en la actitud y el discurso, no estar dispuesto a aceptar la responsabilidad de los propios errores.

Este temor tiene sus orígenes en la herencia, tanto física como social. Sus orígenes están estrechamente asociados con las causas del temor a la vejez y a la muerte, porque le conduce a uno al borde de «mundos terribles» de los que el hombre no sabe nada, pero acerca de los cuales se le han contado historias inquietantes. También existe la opinión generalizada de que ciertas personas poco éticas se han embarcado en el negocio de «vender salud» por el método de hacer temer a la enfermedad.

El temor del hombre a la enfermedad procede de las terribles imágenes que se han implantado en su mente acerca de lo que puede suceder si la muerte le llega. También la teme por la carga económica que puede representar.

Un destacado médico estimó que el 75% de los pacientes sufre de hipocondría (enfermedad imaginaria). Se ha demostrado, del modo más convincente posible, que el temor a la enfermedad, aun cuando no exista la menor causa, suele producir los síntomas físicos de la enfermedad temida.

¡La mente humana es muy poderosa! Construye o destruye.

Los fabricantes de medicamentos han hecho enormes fortunas jugando con esa debilidad del temor a la enfermedad. Esta forma de imposición sobre una humanidad crédula llegó a ser tan predominante hace una década que la revista *Collier's* emprendió una campaña contra los peores ofensores en el negocio de los medicamentos patentados.

A través de una serie de experimentos llevados a cabo hace algunos años, se demostró que la gente puede enfermar por sugestión. Nosotros llevamos a cabo este experimento haciendo que tres conocidos visitaran a las «víctimas», haciéndole a cada una de ellas la siguiente pregunta: «¿Qué te aflige? Pareces terriblemente enfermo». El primero en hacer la pregunta no solía provocar en la víctima más que una mueca de disgusto y un casual: «Oh, nada, estoy muy bien». El segundo solía encontrarse con la siguiente respuesta: «No lo sé con exactitud, pero me encuentro mal». La víctima admitía ante el tercero que se encontraba enferma.

Si lo duda, intente hacer lo mismo con un conocido, pero no lleve el experimento demasiado lejos. Existe cierta secta religiosa cuyos miembros se vengan de sus enemigos mediante el método del «embrujamiento». Dicen que «hechizan» a la víctima.

Hay pruebas abrumadoras de que la enfermedad suele comenzar en forma de un impulso de pensamiento negativo. Tal impulso puede pasar de una mente a otra, por sugestión, o ser creado por un individuo en su propia mente.

Un hombre bendecido con mucha más sabiduría de lo que el siguiente incidente pudiera indicar, dijo en cierta ocasión: «Cuando alguien me pregunta cómo me siento, mi respuesta sería darle un puñetazo».

Los médicos aconsejan un cambio de clima a sus pacientes en beneficio de su salud, cuando lo realmente necesario sería un cambio de «actitud mental».

La semilla del temor a las enfermedades anida en cada mente humana. La preocupación, el temor, el desánimo, la desilusión en el amor y el fracaso en los negocios permiten que esta semilla germine y crezca.

Las desilusiones en los negocios y en el amor se encuentran a la cabeza de la lista de causas de temor a la enfermedad. Un hombre joven sufrió una desilusión amorosa que lo envió al hospital. Estuvo luchando durante meses entre la vida y la muerte. Se llamó a un especialista en psicoterapia. Este ordenó cambiar las enfermeras, dejando al paciente a cargo de una joven encantadora que (con el preacuerdo del médico) empezó a hacer el amor con el joven desde el primer día de su llegada al trabajo. Al cabo de tres semanas, el paciente salió del hospital, todavía sufriendo, pero de una enfermedad por completo diferente. Se había enamorado de nuevo. El remedio fue un hechizo, pero el paciente y la enfermera terminaron casándose más tarde.

Los síntomas de este temor casi universal son:

Autosugestión negativa. El hábito del uso negativo de la autosugestión que se dedica a buscar y espera encontrar los síntomas de toda clase de enfermedades. «Disfrutar» de enfermedades imaginarias y hablar de ellas como si fueran reales. El hábito de probar todas las «manías» y «modas» recomendadas por los demás, considerándolas como algo que tiene valor terapéutico. Hablar a otros de operaciones, accidentes y otras formas de enfermedad. Experimentar con dietas y ejercicios físicos sistemas de reducción de peso sin guía profesional. Probar remedios caseros, medicamentos patentados y remedios de «charlatanes».

Hipocondría. El hábito de hablar de la enfermedad, concentrando la mente en ella y esperando su aparición hasta que se produce un colapso nervioso. Nada que se venda en botellas puede curar este estado. Se produce como consecuencia de un pensamiento negativo y la curación se logra sólo mediante un pensamiento positivo. Se dice que la hipocondría (un término médico para referirse a la enfermedad imaginaria) produce tanto daño como la enfermedad que se teme tener. La mayoría de los casos denominados «nerviosos» no son sino enfermedades imaginarias.

Falta de ejercicio. El temor a la enfermedad interfiere a menudo en un ejercicio físico adecuado, y tiene como resultado el exceso de peso, haciendo que uno evite la vida al aire libre.

Susceptibilidad. El temor a la enfermedad quiebra la resistencia natural del cuerpo y crea en él un estado favorable para cualquier forma de enfermedad con la que uno pueda ponerse en contacto.

Autoconsentimiento. Hábito de buscar un poco de simpatía con el señuelo de una enfermedad imaginaria. (La gente recurre a menudo a este truco para evitar acudir al trabajo.) Hábito de fingir una enfermedad para justificar lo que no es más que pereza, o de hacerla servir como una justificación de lo que sólo es falta de ambición.

Falta de moderación. Hábito de usar alcohol o narcóticos para eliminar dolores como los de cabeza, las neuralgias, etc., en lugar de buscar y eliminar la causa.

Preocupación. El hábito de leer sobre enfermedades y preocuparse por la posibilidad de caer enfermo. También el hábito de leer anuncios de medicamentos.

EL TEMOR A LA PÉRDIDA DEL AMOR

La fuente original de este temor surgió, evidentemente, del hábito del hombre polígamo de robarle la compañera a su semejante, o de tomarse libertades con ella cada vez que podía.

Los celos y otras formas similares de neurosis surgen del temor heredado del hombre a la pérdida del amor de alguien. Este temor es el más doloroso de los seis temores básicos. Tal vez causa más daño al cuerpo y a la mente que cualquiera de los otros temores básicos.

Es probable que el temor a la pérdida del amor se remonte a la Edad de Piedra, cuando los hombres robaban las mujeres por la fuerza bruta. Ahora continúan robándolas, pero su técnica ha cambiado. En lugar de la fuerza, utilizan la persuasión, la promesa de vestidos bonitos, de coches estupendos y de otros «señuelos» mucho más efectivos que la fuerza física. Los hábitos del hombre son los mismos que eran en los albores de la civilización, pero ahora los expresa de formas muy diferentes.

Un cuidadoso análisis ha demostrado que las mujeres son mucho más propensas a ese temor que los hombres. Este hecho se explica con facilidad. La experiencia ha enseñado a las mujeres que los hombres son polígamos por naturaleza, y que no se debe confiar en ellos cuando se encuentran en manos de rivales.

Síntomas del temor a la pérdida del amor

Los síntomas más característicos de este temor son:

Celos. El hábito de sospechar de los amigos y de las personas queridas sin ninguna evidencia razonable. El hábito de acusar de infidelidad a la pareja sin motivo alguno. La sospecha de todo el mundo en general, sin tener fe en nadie.

Descubrir imperfecciones. El hábito de descubrir imperfecciones en amigos, parientes, asociados en los negocios y personas amadas, a la menor provocación, o sin causa que lo justifique.

Juego. El hábito de jugar, robar, engañar y aceptar cualquier otra oportunidad de riesgo con el propósito de conseguir dinero para la persona amada, en la creencia de que el amor se puede comprar. El hábito de gastar mucho más de lo que se ingresa, o de incurrir en deudas para proporcionar regalos a la persona amada, con objeto de brindarle una imagen favorable. Insomnio, nerviosismo, falta de perseverancia, falta de voluntad, falta de autocontrol, falta de confianza en sí mismo, mal carácter.

El temor a la vejez

En conjunto, este temor surge de dos fuentes. En primer lugar, del pensamiento de que la vejez puede traer consigo la pobreza. En segundo término, siendo ésta la fuente más común, a partir de enseñanzas falsas y crueles del pasado que se han mezclado demasiado bien con «fuego y azufre» y otras ideas diseñadas con gran astucia para esclavizar al hombre a través del temor.

En el caso del temor básico a la vejez, el hombre tiene dos razones muy sanas para su aprensión: una surge de la desconfianza hacia sus semejantes, que pueden arrebatarle todas sus posesiones mundanas, y la otra surge de las terribles imágenes que hay en su mente acerca del «más allá».

La posibilidad de la mala salud, que se incrementa a medida que la gente envejece, contribuye asimismo a este temor tan común a la vejez. El erotismo también entra a formar parte del temor a la vejez, ya que a ningún hombre le agrada la idea de ver disminuida su atracción sexual.

La causa más común de temor a la vejez va asociada con la posibilidad de la pobreza. «Asilo» no es una palabra muy agradable. Produce un escalofrío en la mente de toda persona que afronta la posibilidad de tener que pasar los últimos años de su vida en una casa de beneficencia.

Otra causa que contribuye al temor a la vejez es la posibilidad de perder la libertad y la independencia, ya que la vejez puede traer consigo la pérdida de la libertad, tanto física como económica.

SÍNTOMAS DEL TEMOR A LA VEJEZ

Los síntomas más comunes de este temor son:

Decaimiento prematuro. La tendencia a reducir la actividad y a desarrollar un complejo de inferioridad en la edad de la madurez mental, hacia los cuarenta años, con la falsa creencia de que uno se descuida a causa de la edad. (La verdad es que los años más útiles del hombre, tanto en lo mental como en lo físico, son los comprendidos entre los cuarenta y los sesenta.)

Actitud de disculpa. El hábito de hablar de uno mismo como pidiendo disculpas por «ser viejo», sólo porque se han alcanzado los cuarenta o cincuenta años, en lugar de darle la vuelta a esa regla y expresar gratitud por haber alcanzado la edad de la sabiduría y la comprensión.

Pérdida de la iniciativa. El hábito de matar la iniciativa, la imaginación y la confianza en sí mismo al creer falsamente que se es demasiado viejo para ejercer esas cualidades.

Actuar como una persona más joven. La costumbre de la persona de cuarenta años que se viste con el propósito de intentar aparecer más joven, y que actúa con las formas afectadas de los jóvenes, inspirando con ello el ridículo, tanto en los amigos como en los extraños.

EL TEMOR A LA MUERTE

Para algunos, éste es el más cruel de todos los temores básicos. La razón resulta evidente. En la mayoría de los casos, es posible achacar al fanatismo religioso los terribles dolores del miedo asociado con el pensamiento de la muerte. Los llamados «paganos» temen menos a la muerte que los más «civilizados». El hombre se ha planteado durante miles de años las mismas preguntas que aún no ha podido contestar acerca del «¿de dónde?» y «¿hacia dónde?». ¿De dónde procedo y hacia dónde voy?

Durante los períodos más oscuros del pasado, los más astutos y los más fuertes no fueron precisamente lentos a la hora de ofrecer respuesta a estas preguntas, a cambio de un precio.

«Acude a mi tienda, abraza mi fe, acepta mis dogmas, y te daré el pasaje que te admitirá en el cielo cuando mueras —grita un líder sectario—. Permanece fuera de mi tienda y puede que el diablo se apodere de ti y te queme durante toda la eternidad.»

El pensamiento del castigo eterno destruye el interés por la vida y hace imposible la felicidad.

Aunque el líder religioso no sea capaz de proporcionar un salvoconducto hacia el cielo, ni la falta de él permita al desgraciado descender al infierno, la posibilidad de esto último parece tan terrible que el simple pensamiento se apodera de la imaginación de una forma tan realista que paraliza la razón, e instala el temor a la muerte en nuestra mente.

El temor a la muerte no es ahora tan común como lo fue en la época en que no existían grandes universidades. Los hombres de ciencia han derramado el foco de la verdad sobre el mundo, y esa verdad está liberando rápidamente a los hombres de este terrible temor a la muerte. Aquellos que asisten a las universidades no se dejan impresionar ya fácilmente por el fuego y el azufre. Con la ayuda de la biología, la astronomía, la geología y otras ciencias afines, se han ido disipando los temores que se apoderaron de las mentes de los hombres en otras épocas más oscuras.

El mundo entero está compuesto de sólo dos cosas: energía y materia. En la física elemental aprendemos que ni la materia ni la energía (las únicas dos realidades conocidas por el hombre) pueden ser creadas ni destruidas. Tanto la materia como la energía pueden ser transformadas, pero ninguna de ellas destruida.

Si la vida es alguna cosa, es energía. Si es imposible destruir la energía y la materia, resulta evidente que tampoco se puede destruir la vida. Ésta, como cualquier otra forma de energía, puede pasar por distintos procesos de transición o de cambio, pero nunca se puede destruir. La muerte no es más que una transición.

Si la muerte no es simple cambio, o una transición, nada existe después de ella, excepto un largo y eterno sueño pacífico, y el sueño no es algo a lo que haya que temer. Así pues, usted puede eliminar para siempre el temor a la muerte.

Síntomas del temor a la muerte

Los síntomas generales de este temor son:

Pensar en la muerte. Este temor predomina más entre las personas de edad avanzada; pero, a veces, las personas más jóvenes son víctimas del mismo. Ello se debe, en general, a la falta de propósito, o a la falta de una ocupación adecuada. El mayor de todos los remedios contra el temor a la muerte es el ardiente deseo de alcanzar logros, apoyado por la realización de un servicio útil a los demás. Una persona ocupada en muy raras ocasiones dispone de tiempo para pensar en la muerte.

Vinculado al temor a la pobreza. Es posible que la persona tema que la pobreza haga acto de aparición en su vida, o que su muerte deje en una situación delicada a sus seres queridos.

Vinculado a la enfermedad o el desequilibrio. El declive físico provocado por la enfermedad puede llevar a la depresión. Otras causas del temor a la muerte las encontramos en los desengaños amorosos, el fanatismo religioso, un alto grado de neurosis o la locura.

La preocupación

La preocupación es un estado mental basado en el temor. Funciona con lentitud, pero es persistente, insidiosa y sutil. Paso a paso, «se abre camino» hasta que paraliza la propia facultad de razonamiento, destruye la confianza en sí mismo y la iniciativa. La preocupación es una forma de temor sostenido, causado por la indecisión; en consecuencia, se trata de un estado mental que es posible controlar.

Una mente desequilibrada es impotente. La indecisión hace que la mente sea desequilibrada. A la mayoría de los individuos le falta fuerza de voluntad para tomar decisiones con prontitud, y para mantenerlas con firmeza una vez que las han tomado.

No nos preocupamos por las condiciones cuando hemos tomado una decisión para seguir una determinada línea de acción. En cierta ocasión entrevisté a un hombre que iba a ser electrocutado dos horas más tarde. El condenado era el más tranquilo de las ocho personas que estaban con él en la celda de la muerte. Su tranquilidad me indujo a preguntarle cómo se sentía al saber que iba a pasar a la eternidad en tan breve espacio de tiempo. Me dirigió una sonrisa de confianza, y contestó: «Me siento muy bien. Sólo tienes que pensar, hermano, que todos mis problemas habrán terminado dentro de poco. Durante toda mi vida, sólo he tenido problemas. Siempre me ha resultado muy difícil conseguir alimento y ropa. Dentro de poco, ya no necesitaré nada de eso. Me he sentido muy bien desde que supe con seguridad que iba a morir. Entonces, me preparé mentalmente para aceptar mi destino con buen espíritu».

Al tiempo que hablaba, devoraba una cena de unas proporciones suficientes para tres hombres, comiendo cada bocado de alimento que se le traía y, al parecer, disfrutándolo tanto como si no le esperara ningún desastre. La decisión daba una resignación a ese hombre ante su destino. La decisión también puede prevenir la aceptación de circunstancias no deseadas.

A través de la indecisión, los seis temores básicos se transforman en un estado de preocupación. Suprima para siempre el temor a la muerte, tomando la decisión de aceptarla como un acontecimiento inevitable. Elimine el temor a la pobreza adoptando la decisión de conseguir todas aquellas riquezas que pueda acumular sin preocupación. Aplaste el cuello del temor a la crítica decidiendo no preocuparse por lo que la gente piense, haga o diga. Elimine el temor a la vejez tomando la decisión de aceptarla, no como un obstáculo, sino como una gran bendición que lleva consigo la sabiduría, el autocontrol y la comprensión que no se conocen en la juventud. Libérese del temor a la enfermedad adoptando la decisión de olvidarse de los síntomas. Domine el temor a la pérdida del amor decidiendo salir adelante sin amor, si eso llegara a ser necesario.

Mate la costumbre de la preocupación, en todas sus formas, tomando la decisión general de que no hay nada en la vida por lo que valga la pena preocuparse. Con esta decisión alcanzará serenidad, paz mental y claridad de pensamiento, todo lo cual le producirá felicidad.

Un hombre cuya mente está llena de temor no sólo destruye sus propias posibilidades de acción inteligente, sino que transmite estas vibraciones destructivas a las mentes de todos aquellos que entran en contacto con él, y con eso también destruye sus posibilidades.

Incluso un perro o un caballo sabe cuándo le falta valor a su amo; es más, un perro o un caballo captará las vibraciones de temor que su amo emite, y se comportará de acuerdo con ellas. Mucho más abajo en la línea de inteligencia del reino animal, uno se encuentra con esa misma capacidad para captar las vibraciones del temor.

EL DESASTRE DEL PENSAMIENTO NEGATIVO

Las vibraciones del temor pasan de una mente a otra con la misma rapidez y seguridad con que el sonido de la voz humana pasa de la emisora de radio al receptor.

La persona que expresa los pensamientos negativos o los destructivos mediante las palabras puede estar casi segura de experimentar los resultados de esas mismas palabras en forma de «retrocesos» destructivos. La emisión de impulsos de pensamiento destructivo también produce, por sí sola, sin ayuda de las palabras, un «retroceso» que se pone de manifiesto en muchas formas. En primer lugar, y quizás esto sea lo más importante a recordar, la persona que emite pensamientos de naturaleza destructiva tiene que sufrir un grave daño como consecuencia del desmoronamiento de la facultad de la imaginación creativa. En segundo término, la presencia de cualquier emoción destructiva en la mente desarrolla una personalidad negativa que repele a los demás, y que, a menudo, los convierte en antagonistas. La tercera fuente de daño para la persona que tiene pensamientos negativos o que los emite radica en el hecho significativo de que esos impulsos de pensamiento no sólo son nocivos para los demás, sino que impregnan el subconsciente de la misma persona que los emite, y terminan por llegar a formar parte de su propio carácter.

Su empresa en la vida es, presumiblemente, alcanzar el éxito. Para conseguirlo, debe encontrar la paz mental, adquirir los materiales necesarios para la vida y, por encima de todo, alcanzar la felicidad. Todas estas evidencias de éxito empiezan en forma de impulsos de pensamiento.

Usted puede controlar su propia mente, dispone usted del poder para alimentarla con aquellos impulsos de pensamiento que prefiera. Con este privilegio también va la responsabilidad de utilizarlos de forma constructiva. Usted es el dueño de su propio destino terrenal, de la misma forma que tiene el poder para controlar sus propios pensamientos. Usted es capaz de influir, dirigir y controlar su propio ambiente, haciendo que su vida sea aquello que usted desea; o bien puede descuidar el ejercicio de ese privilegio, que es exclusivamente suyo, para que su vida se encuentre sometida y, por lo tanto, a merced de las «circunstancias», que le arrojarán de un lado a otro, como si fuera una tabla a merced de las olas del océano.

EL TALLER DEL DIABLO

Además de los seis temores básicos, hay otro mal del que la gente suele sufrir. Constituye un terreno abonado en el que las semillas del fracaso crecen en abundancia. Es algo tan sutil que, con frecuencia, ni siquiera se detecta su presencia. Esta aflicción no puede clasificarse como un temor. Es algo que se halla enraizado más profundamente y que, a menudo, resulta más funesto que los seis temores básicos. A falta de un nombre mejor, denominemos a este mal *susceptibilidad a las influencias negativas*.

Los hombres que acumulan grandes riquezas se protegen siempre contra él. Aquel que se ve afectado por la pobreza nunca lo hace. Los que tienen éxito en cualquier actividad han de preparar sus mentes para resistirse a este mal. Si usted está leyendo esta filosofía con el propósito de acumular riquezas, debe examinarse a sí mismo con sumo cuidado, para determinar si es usted vulnerable a las influencias negativas. Si descuida este autoanálisis, habrá renunciado a su derecho a alcanzar el objeto de sus deseos.

Haga que su autoanálisis sea investigador. Después de haber leído las preguntas preparadas para llevarlo a cabo, aténgase a un estricto recuento de sus respuestas. Ponga manos a la obra con toda la atención posible, como si emprendiera la búsqueda de cualquier otro enemigo del que supiera que está esperándole para tenderle una emboscada, y enfréntese a sus propias faltas, tal y como haría con un enemigo más tangible.

Puede protegerse con facilidad contra los salteadores de caminos, ya que la ley ofrece cooperación organizada en beneficio de usted, pero tenga en cuenta que este «séptimo mal básico» es mucho más difícil de dominar, porque suele golpear cuando usted no es consciente de su presencia, tanto si usted duerme como si está despierto. Además, su arma es intangible, pues consiste simplemente en un estado mental. Este mal también resulta peligroso debido a que golpea de muchas formas diferentes, tantas como experiencias humanas existen. En ocasiones, entra en la mente a través de palabras bienintencionadas pronunciadas por un pariente cercano. Otras veces, le perturba a uno desde dentro, por medio de la propia actitud mental. Siempre es tan mortal como un veneno, aun cuando no pueda matar con la misma rapidez.

CÓMO PROTEGERSE DE LAS INFLUENCIAS NEGATIVAS

Para protegerse a sí mismo contra las influencias negativas, tanto si son de su propia producción como si son el resultado de las actividades de ciertas personas negativas que le rodean, debe reconocer que usted tiene un poder de voluntad y utilizarlo constantemente hasta que logre construir un muro de inmunidad en su propia mente contra esas influencias negativas.

Reconozca el hecho de que usted, al igual que todo ser humano, es, por naturaleza, perezoso, indiferente y permeable a todas las sugerencias que armonicen con sus debilidades.

Reconozca que usted es, por naturaleza, vulnerable a todos y cada uno de los seis temores básicos, e instituya en su actitud hábitos que le permitan contrarrestar todos esos temores.

Reconozca que las influencias negativas actúan a menudo sobre usted a través de su propia mente subconsciente y que, en consecuencia, resultan difíciles de detectar, por lo que debe mantener la mente cerrada contra todas aquellas personas que lo depriman o lo desanimen de cualquier forma.

Limpie su armario de medicamentos, arroje todos los frascos con píldoras, y deje de ser indulgente con los resfriados, los dolores y las enfermedades imaginarias.

Busque deliberadamente la compañía de personas que influyan para que piense y actúe por sí mismo.

No espere problemas, ya que éstos tienen tendencia a no desilusionarle.

Sin duda, la debilidad más común de todos los seres humanos es la costumbre de abrir sus mentes a la influencia negativa de otras personas. Esta debilidad es tanto más nociva en cuanto que la mayoría de la gente no se da cuenta de que han sido maldecidos con ella, y muchos de aquellos que la reconocen descuidan el mal, o se niegan a corregirlo hasta que se convierte en una parte incontrolable de sus hábitos cotidianos.

Para ayudar a quienes desean verse a sí mismos tal y como son en realidad, se ha preparado la siguiente lista de preguntas. Léalas y exprese sus respuestas en voz alta, de tal modo que pueda oír su propia voz. Eso le facilitará el ser honesto consigo mismo.

CUESTIONARIO DE AUTOANÁLISIS

¿Suele quejarse de «sentirse mal»? En tal caso, ¿cuál es la causa?

¿Encuentra defectos en las otras personas a la menor provocación?

¿Comete con frecuencia errores en su trabajo? De ser así, ¿por qué?

¿Se muestra usted sarcástico y ofensivo en su conversación?

¿Evita deliberadamente la asociación con cualquier persona? Y, si lo hace, ¿cuál es la causa?

¿Sufre con frecuencia de indigestión? En tal caso, ¿cuál es la causa?

¿Le parece que su vida es inútil y que no tiene esperanza de futuro?

¿Le gusta el trabajo que hace? Si no es así, ¿por qué?

¿Suele compadecerse de sí mismo? En tal caso, ¿por qué?

¿Siente envidia de aquellos que sobresalen por encima de usted?

¿A qué dedica más tiempo, a pensar en el éxito o a pensar en el fracaso?

A medida que los años transcurren, ¿aumenta la confianza en sí mismo o se debilita?

¿Aprende algo valioso de los errores que comete?

¿Permite que algún pariente o conocido le preocupe? En tal caso, ¿por qué?

¿Se encuentra a veces «en las nubes», y en otras ocasiones parece que está completamente hundido en la desesperación?

¿Quién tiene la influencia más inspiradora sobre usted? ¿Cuál es la causa?

¿Tolera influencias negativas o descorazonadoras que podría evitar?

¿Es descuidado con su aspecto personal? En tal caso, ¿cuándo y por qué?

¿Ha aprendido a «ahogar sus problemas» estando demasiado ocupado como para que éstos le perturben?

¿Se consideraría a sí mismo un «débil falto de voluntad» si permitiera que los demás pensasen por usted?

¿Descuida la limpieza interna de sí mismo, hasta que la autointoxicación le convierte en una persona de mal carácter e irritable?

¿Cuántas perturbaciones previsibles le molestan, y por qué las tolera?

¿Recurre al licor, a los narcóticos o a los cigarrillos para «tranquilizar sus nervios»? En tal caso ¿por qué no intenta utilizar la fuerza de voluntad en su lugar?

¿Hay alguien que le «fastidie»? En tal caso, ¿por qué razón?

¿Tiene un gran propósito definido? ¿Cuál es y qué planes tiene para alcanzarlo?

¿Sufre usted alguno de los seis temores básicos? En tal caso, ¿cuál o cuáles?

¿Dispone de un método para protegerse contra la influencia negativa de los demás?

¿Hace uso deliberado de la autosugestión para conseguir que su mente sea positiva?

¿Qué es lo que valora más, sus posesiones materiales o el privilegio de controlar sus propios pensamientos?

¿Se ve influido con facilidad por los demás, aun en contra de su propio juicio?

¿Ha añadido el día de hoy algo de valor a su reserva de conocimientos o a su estado mental?

¿Afronta directamente las circunstancias que le hacen desgraciado, o evita la responsabilidad?

¿Analiza todos los errores y los fracasos y trata de aprovecharlos, o quizás adopta la actitud del que piensa que eso no es responsabilidad suya?

¿Puede citar tres de sus debilidades más nocivas? ¿Qué hace para corregirlas?

¿Anima a otras personas a que le expongan sus preocupaciones por simpatía?

Durante sus experiencias cotidianas, ¿elige lecciones o influencias capaces de ayudarle en su progreso personal?

Por regla general, ¿tiene su presencia una influencia negativa sobre los demás?

¿Qué hábitos de las demás personas son los que más le molestan?

¿Se forma sus propias opiniones o se deja influir por otras personas?

¿Ha aprendido a crear un estado mental con el que protegerse contra todas las influencias descorazonadoras?

La ocupación a la que se dedica, ¿le inspira fe y esperanza?

¿Es usted consciente de tener fuerzas espirituales de un poder suficiente como para permitirle mantener la mente libre de toda forma de temor?

¿Le ayuda su religión a mantener una mentalidad positiva?

¿Cree que es su deber compartir las preocupaciones de los demás? En tal caso, ¿por qué?

Si usted cree que «los pájaros de un mismo género vuelan juntos», ¿qué ha aprendido de sí mismo mediante el estudio de aquellos amigos a los que atrae?

¿Qué conexión, si hay alguna, ve usted entre la gente con la que se asocia más estrechamente y cualquier infelicidad que pueda experimentar?

¿Sería posible que alguna persona a la que considera su mejor amigo sea, en realidad, su peor enemigo, debido a la influencia negativa que ejerce sobre la mente de usted?

¿Según qué reglas juzga quién es valioso para usted y quién es nocivo?

Sus asociados íntimos, ¿son mentalmente superiores a usted o inferiores?

¿Cuánto tiempo de cada 24 horas dedica usted a:

a) su ocupación
b) dormir
c) jugar y relajarse
d) adquirir conocimientos útiles
e) desaprovechar el tiempo?

Entre sus conocidos, ¿quién de ellos

a) le estimula más
b) le previene más
c) le desanima más?

¿Cuál es su mayor preocupación? ¿Por qué la tolera?

Cuando otros le ofrecen un consejo no solicitado, ¿lo acepta sin cuestionarlo, o analiza sus motivaciones?

¿Qué es lo que más desea, por encima de todo lo demás? ¿Tiene intención de conseguirlo? ¿Está dispuesto a subordinar el resto de sus deseos a ése? ¿Cuánto tiempo dedica al día a conseguirlo?

¿Cambia de opinión con frecuencia? En tal caso, ¿por qué?

¿Suele terminar todo aquello que empieza?

¿Se siente fácilmente impresionado por los negocios o por los títulos personales, grados académicos o riqueza de otras personas?

¿Se siente influido fácilmente por lo que otras personas piensan o dicen de usted?

¿Valora a las personas por su estatus social o financiero?

¿Quién cree que es la persona más grande que vive en la actualidad? ¿En qué aspecto considera que esa persona es superior a usted?

¿Cuánto tiempo ha dedicado a estudiar y contestar a todas estas preguntas? (Al menos se necesita un día para llevar a cabo el análisis y dar contestación a todas las preguntas de la lista.)

Si ha contestado a todas estas preguntas con sinceridad, sabe más acerca de sí mismo que la mayoría de las personas. Estudie las preguntas con sumo cuidado, vuelva a revisarlas una vez a la semana durante varios meses, y asómbrese ante la cantidad de conocimiento adicional de gran valor que habrá adquirido sobre sí mismo por el simple método de contestar con honradez a estas preguntas. Si no se siente seguro en lo que se refiere a las respuestas a algunas preguntas, busque el consejo de quienes le conozcan bien, en especial de aquellos que no tienen motivo alguno para halagarlo, y véase a sí mismo a través de sus ojos. La experiencia le resultará asombrosa.

LA ÚNICA COSA SOBRE LA QUE USTED TIENE CONTROL ABSOLUTO

Usted dispone de un control absoluto sobre una única cosa: sus pensamientos. Se trata del hecho más significativo e inspirador de todos los conocidos por el hombre. ¡Refleja la naturaleza divina del hombre! Esta prerrogativa divina es el único medio de que usted dispone para controlar su destino. Si no logra controlar su mente, puede estar seguro de que no logrará controlar nada más. Si tiene que ser descuidado en lo que se refiere a sus posesiones, deje que sea en relación con las cosas materiales. ¡Su mente es su posesión espiritual! Protéjala y utilícela con todo el cuidado al que tendría derecho la realeza divina. Para ese propósito se le dio la fuerza de voluntad.

Por desgracia, no existe protección legal contra aquellos que, ya sea a propósito o por ignorancia, envenenan las mentes de los demás mediante la sugestión negativa. Esta forma de destrucción debería ser punible, y con duros castigos legales, porque puede destruir, como sucede a menudo, las oportunidades de la persona para adquirir cosas materiales que están protegidas por la ley.

Hombres con mentes negativas trataron de convencer a Thomas A. Edison de que no podría construir una máquina que registrara y reprodujera la voz humana, «porque —dijeron— nunca antes nadie ha producido una máquina igual». Edison no les creyó. Sabía que la mente era capaz de producir cualquier cosa que la propia mente pudiera concebir y creer, y ese conocimiento fue lo que elevó al gran Edison por encima del rebaño común.

Hombres con mentes negativas le dijeron a F. W. Woolworth que se arruinaría si trataba de dirigir una tienda sobre la base de ventas de artículos a cinco y diez centavos. Woolworth se negó a creerles. Sabía que podía hacer cualquier cosa, dentro de lo razonable, si apoyaba sus planes con la fe. Ejerció su derecho a descartar de su mente las sugerencias negativas de los demás, y acumuló una fortuna de más de cien millones de dólares.

Personas de mentalidad dubitativa se burlaron cuando Henry Ford probó su primer automóvil, toscamente fabricado, en las calles de Detroit. Algunos afirmaron que aquel artefacto jamás sería práctico. Otros dijeron que nadie pagaría un céntimo por aquel cacharro. Ford replicó: «Llenaré la tierra con vehículos que dependerán del motor». ¡Y lo hizo! En beneficio de aquellos que buscan grandes riquezas, recordemos que, prácticamente, la única diferencia existente entre Henry Ford y una gran mayoría de trabajadores es la siguiente: Ford tenía una mente y la controlaba. Los demás tienen mentes que ni siquiera intentan controlar.

El control mental es el resultado de la autodisciplina y el hábito. O usted controla su mente o ésta le controla a usted. No hay compromisos ni términos medios. El método más práctico de todos para controlar la propia mente es el hábito de mantenerla ocupada con un propósito definido, apoyado por un plan concreto. Estudie todo aquello que se sepa sobre cualquier hombre que haya alcanzado un éxito notable, y observará que ese hombre tiene control sobre su propia mente, que ejercita ese control y que lo dirige hacia la obtención de objetivos definidos. Sin la existencia de ese control, el éxito no es posible.

CINCUENTA Y CINCO EXCUSAS FAMOSAS DEL VIEJO «SI...»

Las personas que no alcanzan el éxito tienen un rasgo característico común. *Conocen todas las razones que explican el fracaso,* y disponen de lo que consideran que son toda clase de justificaciones para explicar su propia falta de logros.

Algunas de esas justificaciones son inteligentes, y unas pocas de ellas se hallan incluso confirmadas por los hechos. Pero no se pueden utilizar excusas para no tener dinero. El mundo que nos rodea sólo quiere saber una cosa: ¿ha alcanzado usted el éxito?

Un analista del carácter compiló una lista de las excusas que suelen utilizarse con mayor frecuencia. A medida que lea la lista, examínese a sí mismo con cuidado, y determine cuántas de estas excusas ha hecho suyas, si es que hay alguna. Recuerde también que la filosofía presentada en este libro hace que cada una de estas excusas haya quedado obsoleta.

SI no tuviera una esposa y una familia...
SI tuviera suficiente «empuje»...

SI tuviera dinero...

SI tuviera una buena educación...

SI pudiera conseguir un trabajo...

SI gozara de buena salud...

SI dispusiera de tiempo...

SI los tiempos fueran mejores...

SI otras personas me comprendieran...

SI las condiciones que me rodean fueran diferentes...

SI pudiera volver a vivir mi vida...

SI no tuviera miedo de lo que «ellos» dicen...

SI me hubieran dado una oportunidad...

SI ahora tuviera una oportunidad...

SI otras personas no lo hubieran conseguido ya...

SI no sucediera nada que me detuviera...

SI fuera más joven...

SI pudiera hacer lo que quisiera...

SI hubiera nacido rico...

SI pudiera conocer a la «gente adecuada»...

SI tuviera el talento que algunas personas tienen...

SI me atreviera a imponerme...

SI sólo hubiera aprovechado las oportunidades del pasado...

SI la gente no me pusiera nervioso...

SI no tuviera que mantener la casa y cuidar de los hijos...

SI pudiera ahorrar algún dinero...

SI el jefe me apreciara...

SI contara con alguien que me ayudara...

SI mi familia me comprendiera...

SI viviera en una gran ciudad...

SI sólo pudiera empezar...

SI fuera libre...

SI tuviera la personalidad de algunas personas...

SI no fuera tan gordo...

SI mi talento fuera conocido...

SI pudiera abrirme «paso»...

SI pudiera librarme de deudas...

SI no hubiera fracasado...

SI supiera cómo...

SI nadie se me opusiera...

SI no tuviera tantas preocupaciones...

SI pudiera casarme con la persona adecuada...

SI la gente no fuera tan insensible...

SI mi familia no fuera tan extravagante...

SI estuviera seguro de mí mismo...

SI no tuviera la suerte en contra...

SI hubiera nacido bajo otro signo...

SI no fuera cierto que «lo que tiene que ser, será»...

SI no tuviera que trabajar tanto...

SI no hubiera perdido mi dinero...

SI viviera en un barrio diferente...

SI no tuviera un «pasado»...

SI tuviera una empresa propia...

SI los demás me escucharan...

SI..., y éste es el mayor de todos ellos, si yo tuviera el valor de verme tal y como soy en realidad, *descubriría qué es lo que pasa conmigo, y lo corregiría.* Entonces tendría la oportunidad de aprovechar mis propios errores y aprender algo de la experiencia de los demás, pues sé que me ocurre algo que no está del todo bien, porque estaría donde debería estar si me hubiese pasado más tiempo analizando mis debilidades, y menos buscando excusas que las justificaran.

Encontrar excusas con las que explicar el fracaso es un pasatiempo nacional. El hábito es tan viejo como el ser humano, ¡y fatal para el éxito! ¿Por qué la gente se aferra a sus mezquinas excusas? La respuesta es evidente. Defienden sus excusas porque ellos mismos las crean. Toda excusa es hija de la propia imaginación. Y está en la naturaleza del hombre defender lo que es producto del propio cerebro.

Encontrar excusas es un hábito profundamente arraigado. Los hábitos son difíciles de romper, sobre todo cuando ofrecen una justificación para algo que hemos hecho. Platón pensaba en esta verdad cuando afirmó: «La primera y mejor victoria es conquistar el yo. Ser conquistado por el yo es, de todas las cosas, la más vergonzosa y vil».

Otro filósofo pensaba en lo mismo cuando dijo: «Me llevé una gran sorpresa al descubrir que la mayor parte de la fealdad que veía en los demás no era más que un reflejo de mi propia naturaleza».

Elbert Hubbard dijo: «Siempre ha sido un misterio para mí saber por qué la gente se pasa tanto tiempo engañándose a sí misma, creando excusas para justificar sus debilidades. Si ese tiempo se utilizara de un modo diferente, bastaría para curar la debilidad, y entonces no necesitaríamos de ninguna excusa».

Antes de terminar, quisiera recordarle que «la vida es un tablero de ajedrez y el contrincante es el tiempo. Si vaciláis antes de mover, o descuidáis hacer el movimiento con prontitud, el tiempo os vencerá, hombres, jugáis contra un contrincante que no tolera la indecisión».

Es posible que hasta ahora usted haya tenido una excusa lógica para no verse obligado a exigirle a la vida aquello que usted mismo le ha pedido, pero esa excusa ha quedado obsoleta, porque ahora usted está en posesión de la llave maestra que abre la puerta de las cuantiosas riquezas de la vida.

La llave maestra es intangible, pero muy poderosa. Otorga el privilegio de crear, en la propia mente, un ardiente deseo de alcanzar una forma definida de riqueza. No hay ningún castigo por utilizarla, pero se ha de pagar un precio por no hacerlo. Ese precio es el fracaso. Si se la utiliza, en cambio, le espera una recompensa de enormes proporciones. Se trata de la satisfacción que nos produce conquistar el yo y obligar a la vida a entregarnos aquello que se le pide.

La recompensa es digna de su esfuerzo. ¿Está dispuesto a empezar y convencerse?

«Si todos estamos relacionados —dijo el inmortal Emerson—, debemos conocernos.» Para terminar, permítaseme decir: «Si todos estamos relacionados, nos hemos conocido a través de estas páginas».

Puntos para recordar:

Los miedos son algo corriente y en algunos casos están justificados. Pero otros pueden arraigar en su interior y crecer sin que usted lo sepa... a menos que se deshaga de la indecisión y la duda, que llevan la semilla del miedo.

Las excusas que utiliza dicen mucho de usted. No necesita escudarse con ninguna excusa para pensar y hacerse rico.

Acumulará riquezas en forma de dinero y riquezas que no se pueden cuantificar económicamente... aunque el dinero le ayudará a encontrar la felicidad, una larga vida, disfrute y paz de espíritu.

El tesoro más valioso, la buena salud, puede ser suyo si conquista sus miedos y se olvida de todas las enfermedades que puede traer consigo. Los tesoros más poderosos están ahí, sólo tiene que alargar el brazo y recogerlos.

Un hombre sin miedos puede alcanzar horizontes muy lejanos.

Manual para pasar a la acción

¡Bienvenido a un mundo nuevo y maravilloso de logros, riqueza y felicidad! Va a pasar usted a la acción... una acción que le
dará mucho dinero, que le llevará de un éxito a otro, siempre
hacia delante, hacia el objetivo dorado de sus sueños más preciados.

Y, sobre todo, va a leer usted *Piense y hágase rico,* uno de
los libros más vendidos de todos los tiempos, y comprobará
por qué más de siete millones de hombres y mujeres lo han leído ya. Verá por qué W. Clement Stone, presidente de la Com-
bined Insurance Company de Estados Unidos, dice lo siguiente sobre *Piense y hágase rico:* «Hay más hombres y mujeres que
han encontrado la motivación para lograr el éxito gracias a *Piense y hágase rico* que a ningún otro libro escrito por un autor
vivo». Y verá por qué no han dejado de llover cartas de agrade-
cimiento procedentes de todos los rincones del mundo para el
autor, el doctor Napoleon Hill, por revelar un secreto que puede llevar la riqueza a la vida de cualquier persona.

Si usted ya ha leído *Piense y hágase rico,* lo volverá a leer siguiendo una nueva técnica que pondrá ante usted riquezas
que no había visto antes.

Además, mientras explora este sencillo método para hacerse rico mediante la aplicación de los poderes de su mente, convertirá este método en algo suyo. Porque, como usted ya sabe,
el libro en sí es una guía segura para que cualquier persona que

confíe en sus capacidades se haga rica. Pero el *Manual para pasar a la acción* que empieza ahora a leer convertirá el libro en una guía personal para usted y sólo usted. A cada paso, este manual adapta el gran método de Napoleon Hill a sus esperanzas, sus sueños, su fortuna, sus ambiciones.

El *Manual para pasar a la acción* complementa página a página *Piense y hágase rico*.

UN RECORDATORIO ANTES DE EMPEZAR

Su éxito depende de su «motivación para el éxito».

Ni todas las lecturas del mundo podrían proporcionarle el éxito a menos que usted «quiera» el éxito y «piense» el éxito. Ante todo, es necesario «pensar». Nadie puede pensar en su éxito mejor que usted mismo. *¡Nadie puede pensar por usted!*

Más concretamente, se trata de que se pregunte, medite y reflexione sobre lo que lea, de que haga inferencias y utilice su capacidad de juicio, de que utilice su imaginación y su capacidad de visualizar y se vea *a usted mismo* cuando lea sobre el éxito de otra persona.

Usted y sólo usted debe concebir ideas y hacer planes conforme avance en la lectura, debe buscar la forma de encontrar medios concretos, y no olvide nunca que lo improbable siempre es posible, ¡sobre todo si usted desea que lo sea!

Recuerde también otra cosa: no sólo actúa en base a la razón, también tiene sentimientos, emociones, instintos, hábitos y otras fuerzas personales que debe controlar a fin de que sus motivaciones trabajen siempre en su favor.

Como dice Napoleon Hill: «La riqueza empieza como un estado mental». ¿Está usted preparado para ser rico? Entonces podemos empezar. Su avance firme, hacia una vida de mayor riqueza, mayor felicidad y mayor éxito empieza ahora.

En primer lugar, debe equiparse para esta gran aventura en el interior de su mente y el despliegue impresionante de las fuerzas ocultas de éxito que tiene dentro de usted. Además del libro en sí, *Piense y hágase rico,* y del manual para pasar a la acción, asegúrese de tener siempre a mano un bolígrafo y un paquete de tarjetas.

Procure buscar un sitio tranquilo donde pueda sentarse a solas con el libro y el manual *cada día a la misma hora.* Media hora al día será suficiente, cuatro o cinco días a la semana, pero procure que sea siempre a la misma hora. Haga saber a su familia que va a dedicar ese tiempo a poner una sólida base para su éxito, por el bien de usted y del de ellos. Y no se limite a decirlo; procure que comprendan que lo dice en serio. Toda persona que forme parte de su vida debe comprender que es algo serio, que su impulso para lograr el éxito no es ninguna broma.

Cada día, antes de ponerse a trabajar en un nuevo principio para el éxito, tómese unos minutos para repasar los puntos que ya ha tocado, a fin de asegurarse de que los ha asimilado y comprendido plenamente. En otras palabras, no sólo debe avanzar en dirección a los resultados deseados, también debe pararse a comprobar que va por el buen camino.

Como ha dicho W. Clement Stone, utilizando este método usted puede «... llevarse a un estado de rojo blanco de deseo por la consecución de sus metas que le ayudará a lograr el dinero y las auténticas riquezas de esta vida». Cuando esto le suceda, verá que sus sueños y sus deseos se transforman rápidamente en una sólida realidad.

SU PRIMERA ACCIÓN

Debe crear una especie de mapa en su mente, una imagen que le permite tener una vista previa del lugar a donde quiere ir, junto con sólidas indicaciones de las etapas de su viaje.

Vuelva al índice que aparece al comienzo de este libro. Coja lápiz o bolígrafo y repáselo. Subraye cualquier palabra o frase que parezca afectarle personalmente. Esto no sólo le ayudará a formarse una imagen mental del libro, sino que le proporcionará una perspectiva de incalculable valor sobre usted mismo. No existen dos hombres que puedan verse atraídos o desafiados de la misma forma por las mismas frases o palabras.

Aquí tiene un ejemplo de cómo subrayó un hombre la primera sección del índice: «Los pensamientos son cosas»:

El inventor y el vagabundo, *Los inesperados disfraces de la oportunidad* , A un metro del oro, *Nunca me detendré porque me digan «No»*, Una lección de perseverancia de cincuenta centavos, *El extraño poder de una niña*, Todo lo que usted necesita es una idea, *El «imposible» motor V8 de Ford*, Por qué es usted «el dueño de su destino», Principios que pueden cambiar su destino.

Aquí tiene lo que otro hombre subrayó en la misma sección:

El inventor y el vagabundo, Los inesperados disfraces de la oportunidad, *A un metro del oro*, Nunca me detendré porque me digan «No», *Una lección de perseverancia de cincuenta centavos, El extraño poder de una niña*, Todo lo que usted necesita es una buena idea, El «imposible» motor V8 de Ford, *Por qué es usted «el dueño de su destino»*, Principios que pueden cambiar su destino.

Cuando haya hecho esto, hojee el libro, limitándose a pasar las páginas. Lea los títulos y los subtítulos de cada capítulo. Y si siente el impulso de marcar o subrayar alguno, hágalo sin vacilar. A muchos nos han educado con la idea de que no debemos marcar los libros, ¡pero éste no es un libro corriente! Es SU libro, una guía personal para toda la vida, y cuantas más marcas haga, cuantas más anotaciones incluya en los márgenes, mayor será el poder que ejercerá en su vida.

Su segunda acción

Lea «Unas palabras del editor» y el prefacio del libro. Recuerde tener siempre un lápiz a mano y marque y subraye lo que quiera.

Ahora una pausa para pensar

Ya sabe usted bastante cosas sobre *Piense y hágase rico*. Sabe ya por qué el título es tan apropiado. Comprende que el libro se asienta sobre una magnífica idea, un secreto que saltará de las páginas y se plantará ante usted cuando esté listo para recibirlo.

Ha visto también que Napoleon Hill presenta trece pasos para alcanzar la riqueza y que cada uno de ellos está relacionado con los otros, de la misma forma que cada parte del cuerpo de un hombre está conectada con las demás.

Y se ha dado cuenta de que el precio de este libro y el manual no llegará ni a la milésima parte o la milésima parte de la milésima parte de las riquezas que pueden reportarle en el plazo de un año.

Su tercera acción

Lea *Piense y hágase rico*. Pero ésta será una lectura muy especial.

Este manual le guiará capítulo a capítulo, y le proporcionará unas instrucciones que han demostrado una y otra vez su gran eficacia.

Así pues, lea cada capítulo siguiendo las instrucciones del manual. Y realice acciones específicas cuando éste así lo indique.

Subrayado

A lo largo del libro, debe subrayar (o marcar) cualquier palabra, frase o párrafo que le parezca especialmente significativo.

Muchas personas añaden hojas con sus anotaciones en aquellas partes del libro a las que corresponden. Es una buena forma de añadir sus propios comentarios, sus propias historias para validar cada punto, cualquier cosa que crea que puede ser de utilidad.

Mientras lea hará también anotaciones en el manual. Se ha dejado espacio en la última parte del manual para estas anotaciones, y encontrará propuestas sobre el tipo de anotaciones personalizadas y confidenciales que puede realizar.

Ahora está usted preparado para empezar. Tómese el tiempo que sea necesario. Piense mientras lea. Lea mientras piensa.

Lea «Los pensamientos son cosas»

Lea el capítulo, pero sáltese la sección «Puntos para recordar» que lo cierra, más adelante volveremos sobre ellos. Subraye, marque, anote mientras lee, y añada hojas con comentarios si lo desea. No deje que sea el libro el único que hable. Puede y debe escribir en el mismo libro lo que usted piensa, cómo reacciona al material.

Mientras lea, se fijará en los subtítulos que subrayó anteriormente. Con esta segunda lectura, tal vez cambie de opinión sobre lo que desea destacar y lo que no. Puede cambiar lo que quiera. Lo que realmente está cambiando es su punto de vista. Tal vez le sea útil utilizar un bolígrafo rojo para estos segundos subrayados. También puede subrayar cualquier parte del texto que le llame la atención, palabras, frases, secciones enteras.

Ahora sabe que «los pensamientos son cosas» en el sentido de que están estrechamente ligados a una acción definida y constructiva; y el pensamiento debe preceder a la acción. Ha visto que el pensamiento del éxito, en un área que le interesaba particularmente, se apoderó de Edwin C. Barnes de tal manera que ni la falta de dinero ni su aspecto de vagabundo lo disuadieron. Ha visto que el tipo opuesto de pensamiento —pensamientos de fracaso— hizo que un hombre llamado Darby perdiera una cantidad increíble de riquezas en oro sólido. Y entiende y aprecia también la sencilla historia sobre la niña que doblegó a un hombre y consiguió sus cincuenta centavos. Está empezando a comprender lo que significa concentrarse en una única meta.

Ha dejado usted de leer antes de la sección de «Puntos para recordar». Antes de leerla, utilice una de las páginas para anotaciones del manual y escriba un breve sumario con aquellos puntos del capítulo que le parezcan más importantes. No intente establecer qué pensaría el autor. Se trata de escribir lo que usted considera importante, pero sea breve. No se alargue más de unas cien palabras. Hágalo pulcramente y ponga un título claro: «Mis puntos para recordar».

Tenga en cuenta que no hay cosas que estén bien o mal cuando usted subraya partes del libro, cuando añade sus propias anotaciones, cuando escribe sus propios puntos para recordar. Por ejemplo, en relación con la historia de Darby, un hombre escribió: «La minería es una aventura arriesgada». Otro escribió: «Cuando necesites el consejo de un experto, debes buscarlo, para que cualquier decisión que tomes esté basada en conocimientos exactos». Ambos tienen razón. Sin embargo, comparar sus diferentes puntos de vista es muy interesante. También sería interesante comparar su interpretación personal de la historia de Darby (si la ha señalado como punto principal) con estas otras interpretaciones.

Cuando haya escrito sus puntos para recordar, y sólo entonces, lea los puntos que ha destacado Hill al final del capítulo. Fíjese en qué cosas han estado de acuerdo y en cuáles no. Fíjese en las cosas que usted ha incluido y él no y viceversa. Si está claramente en desacuerdo con alguna de sus indicaciones, piense por qué. No piense que está usted equivocado, pero medite sobre este tema.

Ahora deje a un lado sus puntos para recordar y concéntrese en los del doctor Hill. Con estos puntos en mente, debe realizar un proceso interesante y gratificante: convierta cada uno ellos en una pregunta dirigida a usted mismo.

Para hacer esto, utilice estos antiguos aliados de la mente inquisitiva, los interrogantes «quién, qué, cuándo, dónde, por qué y cómo». Por ejemplo, puede preguntarse:

¿Cuándo y dónde he superado yo un gran obstáculo porque tenía el ardiente deseo de lograr un objetivo?

¿Cómo salió todo? ¿Cuál fue el resultado?

O:

¿Quién se ha beneficiado de mi capacidad de comunicar mi fe a los demás?

Tal vez éstas no sean las preguntas apropiadas en su caso. Busque las que lo sean. Cuando busca preguntas que hacerse, preguntas vinculadas a aspectos determinados del éxito, está buscando en su interior, y removiendo viejos recuerdos de éxito, recompensa y esfuerzo coordinado.

La mayoría de las personas conseguimos más victorias en la vida de las que recordamos. Y esto es así porque están diseminadas y tal vez no haya efectos a largo plazo que nos ayuden a recordarlas. Pero cuando busca en su pasado, empieza a remover todo tipo de recuerdos relacionados con el éxito. Se da cuenta de que ha habido muchos momentos en los que ha ejercido su poder sobre usted mismo, sobre su carrera, sobre otros sucesos, sobre las mentes y los corazones de otras personas. ¡Bueno, pues sigue siendo usted la misma persona! Y está concentrando en su interior las fuerzas que hacen ricos a los hombres.

Ahora fíjese bien en el pensamiento clave de Napoleon Hill: «Cuando empiece usted a pensar y a hacerse rico, notará que las riquezas empiezan con la sensación de que las barreras han desaparecido, y con la seguridad interior de que está en el camino correcto para hacerse rico.»

Cuando esté listo para volver al libro...

Lea el paso 1 hacia la riqueza: El deseo

Lea todo el capítulo pero por el momento sáltese los puntos para recordar del final. Vaya subrayando y haciendo anotaciones en los márgenes o en hojas separadas que pegará al libro.

De nuevo, fíjese mientras lee los subtítulos que subrayó en la lectura previa y cambie alguno si así lo desea.

Ha visto que Edwin C. Barnes no se permitió rendirse y siguió siempre adelante. Ha leído seis pasos para convertir los deseos en oro, y ha leído sobre hombres que pusieron sus deseos detrás de sus sueños y convirtieron esos sueños en espléndidas realidades. Se ha dado cuenta de que muchas de las personas que triunfan tienen un mal comienzo, pero siguen adelante.

Ha leído un poema de doce versos que sería bueno que leyera otra vez, y otra vez, y luego que pensara en él. Y ha leído la historia del hijo de Napoleon Hill, «que no oía», hasta que el deseo y la perseverancia rompieron la barreras.

Ahora, sin volver a repasar el texto, haga esta pequeña prueba sobre los seis famosos pasos para convertir el deseo en oro del doctor Napoleon Hill. Sólo debe poner las letras que faltan en cada palabra. Puede hacerlo en el mismo libro:

Seis pasos para convertir el deseo en oro:

1. Determine la c _ _ _ _ _ _ d e _ _ _ _ a de dinero que desea.

2. Determine exactamente lo que tiene intención de d _ r en compensación por el d _ _ _ _ o que desea.

3. Establezca un p _ _ _ o determinado para hacerse con esa cantidad de d _ _ _ _ o.

4. Cree un p _ _ _ preciso para llevar a cabo su deseo y empiece d _ i _ _ _ _ _ _ _o.

5. Escriba un e _ _ _ _ _ _ _ o claro con la cantidad de d _ _ _ _ o que desea conseguir, el t _ _ _ _ o l _ _ _ _ e en que se propone conseguirlo, lo que pretenda d _ r en compensación por ese dinero y el p _ _ n mediante el que se propone hacerse con el d _ _ _ _ o.

6. Lea su enunciado en voz alta d _ s v _ _ _ _ s al d _ a, antes de acostarse por la noche y antes de levantarse por la mañana. Mientras lee, v _ _ _ e y s _ _ _ _ _ _ e ya en posesión del d _ _ _ _ o.

El sexto punto plantea una pregunta: ¿qué debe hacer cuando además de las instrucciones del manual, encuentra también las instrucciones del libro?

En tales casos, siga las instrucciones del doctor Hill a menos que el manual especifique lo contrario. Así que debe seguir las instrucciones que se dan en el sexto paso de la página 49 de *Piense y hágase rico*. Las instrucciones del paso 6 le llevarán a realizar una de las acciones más importantes de su vida.

Una vez más, aquí tiene el poema que ha leído en la página 53.

> *Le discutí un penique a la Vida,*
> *y la Vida no me dio más,*
> *por mucho que le imploré a la noche*
> *cuando contaba mis escasos bienes.*
>
> *Porque la Vida es un amo justo*
> *que te da lo que le pides,*
> *pero cuando has fijado el precio*
> *debes aguantar la faena.*

Trabajé por un salario de jornalero
sólo para descubrir, perplejo,
que cualquier paga que hubiera pedido a la Vida,
me la hubiese concedido de buen grado.

El siguiente paso consiste en preparar sus propios puntos para recordar como hizo en el capítulo anterior. Sea breve. Compruebe cuánto del «meollo» es capaz de condensar en unas pocas palabras. ¡Es una buena práctica! Recuerde que no debe tratar de elegir sus puntos importantes pensando en lo que elegiría el doctor Hill. Elija los puntos que son importantes para usted. Exprésalos con sus propias palabras en las páginas de anotaciones.

Cuando haya terminado de anotar sus puntos, lea los del doctor Hill, en la página 61. Como antes, fíjese en los puntos en que han estado de acuerdo y en los que no, y en las cosas que el doctor Hill ha puesto y usted no. Medite sobre esto.

A continuación vuelva sobre los útiles interrogantes que le permiten hacer tan valiosas preguntas: quién, por qué, qué, cuándo, dónde y cómo. Transforme los puntos de la página 61 en preguntas y trate de responder. Verá que algunas tocan temas que ya se han tratado en el capítulo anterior. Esto se ha hecho expresamente para reforzar su conocimiento y ayudarle a rebuscar con fuerza y confianza entre el amasijo de recuerdos y capacidades y talentos ocultos que lleva en su interior.

Haga al menos dos preguntas referentes a los Seis pasos. Haga al menos una pregunta referida al poema de doce versos que ha movido a tantos hombres a poner un alto precio a sus servicios y a extraer todo lo que llevaban en su interior para poder vivir felizmente.

Sintonice con el poema. En su vida, por bien que breves, habrán sido muchas las ocasiones en las que esperaba ser tratado como un príncipe. Recuerde esos momentos. Porque sigue siendo usted la misma persona. La sensación volverá a usted, y con ella volverá la confianza que la acompaña, primero durante breves instantes, luego en períodos de algunas horas, y finalmente durante semanas y años.

Tome especial nota de este pensamiento clave: nadie está realmente preparado para recibir riquezas a menos que crea que puede lograrlas y lo haga. El estado mental debe ser el de CREER, no el de la mera esperanza o el sueño.

Cuando haya hecho usted justicia a este capítulo, cuando esté seguro de haber asimilado bien su poderosa lección, vuelva al libro...

LEA EL PASO 2 HACIA LA RIQUEZA: LA FE

Lea a su ritmo, con atención, con un lápiz o bolígrafo a mano hasta el final del capítulo y saltándose como ya sabe los «Puntos para recordar». Subraye palabras, frases. Señale párrafos enteros sin miedo si siente que tienen un sentido especial para usted. Cambie cualquier cosa que haya destacado en la lectura previa si ahora lo ve desde un punto de vista diferente.

Ha leído sobre la fe, el químico responsable de su mente que combina los pensamientos con un poderoso catalizador espiritual que les confiere en muchas ocasiones antiguo poder. La fe está ahí, esperando a que la encuentre: no es un don que sólo esté al alcance de unos pocos afortunados. No tardará en aprender un método eficaz para dar órdenes a su inconsciente y desarrollar la fe, además de una forma de traducir esa fe en su contrapunto físico.

Para transformar los pensamientos de riqueza en riqueza sólida, para transformar los pensamientos en una vida plena y gratificante, en un disfrute real, olvídese de cualquier idea relacionada con la suerte. No crea en la buena suerte, ya que no es más que la manifestación de unas recompensas que usted se ha ganado a pulso. No crea tampoco en la mala suerte; la mala suerte no es más que pobreza y fracaso atraídos por ideas negativas, unas ideas que en ocasiones nuestro inconsciente busca deliberadamente.

En este capítulo ha descubierto usted el magnetismo de las emociones; la forma en que atraen pensamientos similares o relacionados (o una enrome cantidad de ayuda para hacer planes y crear campañas para la acción). Ha leído usted cinco pasos para ganar confianza, y estoy seguro de que se habrá fijado en que el cuarto paso vuelve a recordarle la importancia de escribir una descripción de su meta principal en la vida.

A continuación ponga el siguiente encabezamiento en una nota: «Cinco pasos para ganar confianza en mis palabras». Lea los cinco puntos que el doctor Hill expone en la página 69 y luego escriba cada uno con sus propias palabras. Escriba para usted: nadie más va a ver este manual, ni su copia personalizada y llena de anotaciones de *Piense y hágase rico*.

Este capítulo contiene otro breve poema que debería tener en su Manual para pasar a la acción. Aquí lo tiene:

> *Si piensas que estás vencido, lo estás.*
> *Si piensas que no te atreves, así es.*
> *Si te gusta ganar pero piensas que no puedes,*
> *es casi seguro: no ganarás.*
>
> *Si piensas que perderás, estás perdido.*
> *Pues el mundo nos enseña*
> *que el éxito empieza en la voluntad del hombre...*
> *Todo está en el estado de ánimo.*
>
> *Si piensas que eres superior, lo eres.*
> *Has tenido que pensar alto para ascender.*
> *Has tenido que estar seguro de ti mismo*
> *antes de ganar ningún premio.*

*Las batallas de la vida no siempre favorecen
al hombre más fuerte o al más rápido,
pero tarde o temprano el hombre que gana
¡es el hombre que piensa que puede!*

En este capítulo también ha leído la historia de Abraham Lincoln, que era un «fracaso» en todo lo que intentaba. Y sin embargo triunfó gloriosamente. Sí, en este libro sobre riquezas lee usted sobre el poder del amor, y espero que se dará cuenta de que existe una estrecha relación entre ambas cosas. Finalmente, ha leído la historia de Charles M. Schwab y la cola que trajo un discurso pronunciado después de una comida, historia que demuestra que la riqueza de un hombre empieza en su interior.

Ahora escriba los puntos que usted destacaría en este capítulo. No es necesario que anote ningún punto sobre la historia de Charles Schwab. ¡Sea breve!

Cuando haya escrito estos puntos, compárelos con los del doctor Hill, en la página 81.

Compare. Piense.

Utilice las preguntas quién, por qué, cuándo, dónde, qué y cómo para convertir los puntos señalados por el doctor Hill en preguntas. Agregue al menos dos preguntas personales a los cinco pasos para ganar confianza. Confianza con Quién, confianza Por qué, confianza Dónde y Cuándo y Cómo.

Tome nota de este enunciado clave: lo que uno se repite a sí mismo, tanto si es cierto como si es falso, es lo que acaba por creer y en lo que acaba por convertirse. En palabras de Ralph Waldo Emerson: «Un hombre es aquello en lo que piensa todo el día».

Cuando haya entendido bien el segundo paso hacia la riqueza, vuelva al libro...

Lea este capítulo reservando para después los «Puntos para recordar» que aparecen en la página 90. Ya conoce los métodos para despertar sus poderes ocultos y hacer suyo el libro:

subrayar
marcar
añadir sus propias notas

Utilice el que más le guste, ¡o todos! Y cambie las cosas que ha subrayado si le parece necesario.

Según ha leído, el inconsciente de la persona es como un jardín fértil, pero en un jardín fértil aparecerán malas hierbas a menos que se preocupe de plantar las semillas de plantas más deseables. Plantará usted semillas de pensamiento mediante el poder de la autosugestión.

El inconsciente seguirá cualquier instrucción que le demos con un espíritu de auténtica fe y actuará en consecuencia. Pero esas órdenes han de ir calando, arraigar, mediante la constante repetición.

Haga que su inconsciente crea que debe tener la cantidad de dinero que ha visualizado, que ese dinero le está esperando. Pronto desaparecerá cualquier señal de inhibición. (Algunos hombres nunca se hacen ricos porque no llegan a creer en su mente inconsciente que el dinero es suyo.) Véase a sí mismo haciendo dinero, haciendo el servicio o entregando la mercancía que ha de proporcionarle el dinero.

Ha leído usted los tres pasos de autosugestión que le ayudarán a dar órdenes invencibles a su inconsciente. Ha visto cómo se funden con los Seis pasos del segundo capítulo. Sin volver a releer los tres pasos para la autosugestión, haga este pequeño test. Marque con un Sí o un No cada pregunta.

¿Se plantearía usted su enunciado diciéndose que conseguirá el dinero que desea sólo si todo «va bien» o algo por el estilo?   Sí (   ) No (   )

¿Su enunciado incluiría una fecha concreta para la que piensa tener el dinero?   Sí (   ) No (   )

Para conseguir el dinero que desea, ¿dependería usted de que le tocara la lotería?   Sí (   ) No (   )

¿Conseguiría su dinero haciendo un servicio a sus semejantes o suministrando alguna mercancía?   Sí (   ) No (   )

¿Renunciaría a escribir su enunciado si estuviera seguro de recordarlo?   Sí (   ) No (   )

Las respuestas correctas son, por orden de aparición, No, Sí, No, Sí, No. Si alguna de sus respuestas estaba equivocada, vuelva a leer este capítulo y el capítulo 2.

A continuación escriba los puntos que considera importantes para este breve pero significativo capítulo. Y lea después los del doctor Hill, en la página 90, comparándolos con los suyos. Tómese tiempo para pensar. Tómese tiempo para volver a leer si es necesario.

Pregunte qué, dónde, por qué, cuándo, quién, cómo. Piense sobre todo en momentos en los que haya perdido alguna oportunidad porque ha esperado demasiado para decidirse. Y, lo que es mucho más importante, piense en momentos en los que ha actuado sin vacilar y ha logrado un avance.

Lea con atención, comprenda, recuerde este punto principal: la naturaleza ha creado de tal forma al hombre que tiene un control absoluto sobre las órdenes que llegan a su inconsciente.

Cuando haya dedicado a este capítulo el tiempo que merece, vuelva al libro...

LEA EL PASO 4 HACIA LA RIQUEZA: CONOCIMIENTO ESPECIALIZADO

Lea con un lápiz a mano, anotando y marcando todo aquello que le parezca significativo. A estas alturas el proceso debe estar suficientemente claro. También debe ser consciente de los patrones que sigue en su elección de lo que considera importante. Desde luego, esos patrones están ahí, forman parte de usted.

Con este capítulo usted dominará un punto que muchos hombres se saltan: todo conocimiento es poder potencial, pero el conocimiento general debe organizarse, respaldarse con conocimiento especializado y con planes definidos para la acción.

Ha comprendido por fin que la escuela es sólo una de las fuentes de nuestra educación. Seguramente se habrá reído usted mucho con la historia del doctor Hill de la lección que aprendió cuando quiso dejar un curso por correspondencia. Y se hace una idea de las dificultades que puede encontrar uno para dar con el trabajo adecuado.

Responda Sí o No:

Un hombre que se ha hecho a sí mismo y ha recibido escasa educación ¿podrá siempre hacer más dinero que un hombre bien educado?   Sí ( ) No ( )

Si su respuesta ha sido sí, lea el capítulo otra vez. Lo importante de este capítulo no es que sea más o menos importante tener una educación. Lo importante es que cada persona obtenga los conocimientos que necesita y los utilice en una dirección definida.

Mucho después de haber acabado la escolarización obligatoria un hombre puede seguir educándose por sí mismo de manera efectiva. La autodisciplina necesaria para seguir un programa definido de estudio especializado compensa de alguna forma esos conocimientos que nunca ha llegado a apreciar por el hecho de haberlos conseguido sin esfuerzo. Al final seguramente saldrá muy beneficiado, porque aprende como adulto, y aprende aquello que desea aprender, como parte de su plan escrito para hacer una cantidad determinada de dinero de una forma determinada

Lea otra vez las cinco fuentes de conocimiento enumeradas por el doctor Hill en la página 95. Pregúntese cuántas de ellas ha utilizado usted o está utilizando. Las indicaciones que se dan pueden hacerle empezar con diez años de ventaja en cualquier trabajo.

Escriba brevemente sus «Puntos para recordar».

Compárelos con los puntos que da el doctor Hill en la página 107 y piense.

Plantéese preguntas según lo que vea en la página 107. Ahora puede desviarse un poco de las preguntas estrictamente personales. Por ejemplo, en lugar de preguntar sólo: «¿Cuándo he sacado yo provecho de lo que he aprendido con la experiencia?», puede preguntar: «¿Quién, de mis amigos, ha sacado provecho de lo que ha aprendido por experiencia y cómo?». Se trata de desviarse un poco de propia experiencia y buscar lecciones que pueda aprender de la vida de los demás.

Tenga muy presente el siguiente enunciado: el «eslabón perdido» en la educación es con frecuencia la incapacidad de los profesores de enseñar a los alumnos cómo organizar y utilizar sus conocimientos.

Cuando considere que está preparado, vuelva a coger el libro.

Lápiz en mano, lea este capítulo y deténgase antes de los «Puntos para recordar» de la página 122.

Según ha leído, la imaginación puede ser sintética o creativa. Cada una de ellas trabajará para usted a su manera. La única limitación del hombre está en su desarrollo y el uso que haga de su imaginación. Y a través de nuestra imaginación, a través de los impulsos de pensamiento salpicados de imaginación, conectamos nuestras mentes con la energía que mueve el universo y podemos avanzar a la par con unas leyes inmutables y universales de incalculable valor para crear una vida digna y una fortuna.

La historia de la Coca-Cola, que pasó de la tetera antigua a convertirse en una empresa de alcance mundial, le enseña lo que puede suceder cuando una Idea encuentra un Deseo y el hombre emprende la acción. La historia del predicador filósofo que pidió, y consiguió, un millón de dólares es una prueba más del poderoso poder de la visualización. En este capítulo y en muchos otros lugares de *Piense y hágase rico* ha visto que detrás de cada buena oportunidad hay siempre algo más, una fuerza ineluctable, y que la mente de todo hombre es capaz de dominar esa fuerza ineluctable, ese algo omnipresente.

Cuando haya leído el capítulo, cuando haya resaltado aquellas partes que a usted le parezca que destacan por encima de las demás, escriba sus «Puntos para recordar».

Compare estos puntos con los que ha destacado el doctor Hill en la página 122.

¿Tiene usted alguna discrepancia seria con el doctor Hill? Haga siempre un alto para considerar esta cuestión y tomar conciencia del conflicto que supone conocerse a usted mismo.

Utilice los puntos señalados por el doctor Hill para formar preguntas. Pregunte sobre cualquier cosa que estos puntos le sugieran, siempre y cuando pueda encontrar una respuesta a cada una de ellas.

Retenga este pensamiento: todas las oportunidades que espera en la vida están en su imaginación.

Cuando haya asimilado todo lo expuesto en este capítulo, un capítulo breve cuajado de ideas, y haya tomado nota de las importantes indicaciones que le ofrece, estará preparado para pasar al siguiente capítulo. Vuelva al libro.

LEA EL PASO 6 HACIA LA RIQUEZA: PLANIFICACIÓN ORGANIZADA

Éste es un capítulo largo y se ha concebido expresamente de esta forma, para recoger todo cuanto se ha hablado hasta ahora. En este caso, para aprender las lecciones vitales que este capítulo nos enseña sobre la planificación organizada, vamos a proceder de una forma diferente.

Con el lápiz a mano, como siempre, y subrayando y marcando y tomando notas conforme avanza, lea hasta el principio del test de la página 152. Ya le echó un vistazo en la lectura previa. No lea el test ahora, sálteselo y continúe hasta llegar a los «Puntos para recordar» de la página 163. No los lea tampoco.

El capítulo se inicia con la explicación de lo que es el «equipo de trabajo». Volveremos a tratar sobre este importantísimo principio cuando lleguemos al paso 9 hacia la riqueza. Por el momento, basta con que sepa que «ningún individuo tiene la suficiente experiencia, educación, habilidad natural y conocimiento para asegurar la acumulación de una gran fortuna sin la cooperación de otras personas».

Esto no quita nada a la independencia esencial del individuo a la hora de buscar la forma que más le conviene para encontrar la riqueza. Se trata simplemente de constatar que todos compartimos el mismo mundo.

¿Derrota? ¿Qué es eso? Convierta la derrota en una forma de hacerse más fuerte. La derrota es una indicación de que debemos intentarlo otra vez, no de que nos rindamos. Si su idea es que la derrota es como la palabra Fin del final de la película, no está haciendo un uso correcto de su experiencia. Una persona que siempre abandona nunca ganará. Un ganador nunca abandona.

En la página 128 tiene los Once secretos para el liderazgo. Haga una pausa en esta página y lea los once secretos otra vez, con mucha atención. Piense. Entonces evalúe su propia persona con estos once factores vitales para convertir a un hombre en líder. Puntúe su caso entre 1 y 5. Si se ha puesto un 1 en autocontrol, por ejemplo, eso significaría que prácticamente no tiene autocontrol. Un 5 significaría que su capacidad de controlarse es prácticamente perfecta. Decida la puntuación que le corresponde con cuidado; recuerde que se trata de formarse una imagen de su persona, además de una guía muy personal hacia su éxito. Recuerde esto en los años que vendrán cuando repase sus notas y puntuación.

Lea también los comentarios que aparecen listados bajo diez categorías empezando por la página 130: las diez causas principales del fracaso en el liderazgo. Repase cada uno de estos temas, junto con los comentarios del doctor Hill. Haga una pausa para pensar en cada uno de ellos. Pregúntese: «¿Es esto aplicable a mí?» Trate de pensar una respuesta antes de pasar a la siguiente cuestión. Sea muy sincero cuando responda.

Cuando haya terminado con la lista, vuelva de nuevo a la primera de las causas. Una a una, debe cambiar cada por su contrario. Así, la incapacidad para organizar detalles se convertirá en un «puedo tomarme y me tomo el esfuerzo y el tiempo necesario para clasificar y disponer mis obligaciones, objetos, tiempo o lo que sea que debe organizarse», y debe fijarlo firmemente en su cabeza.

Utilice sus propias palabras. Hable por usted mismo.

El material que empieza en la página 133, «Cuándo y cómo salir en busca de empleo», tal vez no se aplique a su caso. Léa-

Valor inquebrantable	1	2	3	4	5
Autocontrol					
Un claro sentido de la justicia					
Determinación en las decisiones					
Exactitud en los planes					
El hábito de hacer más de lo que le corresponde					
Una personalidad agradable					
Simpatía y comprensión					
Dominio del detalle					
Disposición a asumir toda la responsabilidad					
Cooperación					

lo de todos modos, ya que un hombre con capacidad de liderazgo ayuda con frecuencia a otros a encontrar trabajo. Por el mismo motivo, debería leer atentamente las instrucciones para preparar un buen currículo.

Lo mismo puede decirse sobre los siete puntos que aparecen en la página 139 para conseguir el puesto que desea. Tal vez usted ya tenga el puesto que desea, pero siempre puede ayudar a otra persona a encontrar el suyo. O tal vez se dará cuenta, aplicando los criterios de estos siete puntos, que alguien que trabaja con usted necesita consejo, o que alguien para quien usted trabaja no le deja hacer de su trabajo su trabajo ideal. Es fundamental que cada persona tenga el trabajo que le corresponde en la vida, su trabajo «ideal». Cualquier persona que trabaje, cualquier persona que dé trabajo a otros, debería fijarse especialmente en el supuesto número 5: «Concéntrese en lo que usted puede dar». Este factor por sí solo ha sido decisivo para el éxito de muchos hombres.

Relacione esto con la fórmula de CCE que aparece en la página 142. Fíjese que en este apartado se menciona la insistencia de Andrew Carnegie en trabajar con hombres que actuaran con un espíritu de armonía. También Henry Ford —entre los muchos hombres de éxito que han dado empleo a miles de personas— comprendía el valor de unas relaciones personales armoniosas. Decía que pagaría más por la capacidad de dirigir a los hombres de lo que pagaría por cualquier otra capacidad. Charles M. Schwab fue famoso por su capacidad de liderazgo.

Empezando en la página 144, lea las treinta y una causas principales del fracaso del doctor Hill. Según nos recomienda el doctor: «A medida que lea la lista, vaya marcando, punto por punto, cuántas de estas causas de fracaso se interponen entre usted y el éxito». Hágalo. Y haga más aún: tome cada uno de los encabezamientos —antecedentes hereditarios desfavorables, falta de un propósito definido en la vida, etcétera— y escríbalo bajo uno de los dos siguiente enunciados. Haga dos listas, en el mismo libro.

Me concierne   No me concierne

Hágalo con mucha atención. Cuando haya terminado, coja cada una de las cuestiones que ha escrito bajo «Me concierne» y divida esta lista en dos nuevas listas.

Puedo hacer algo   No puedo hacer nada

Pero, antes de incluir ningún tema bajo «No puedo hacer nada», plantéese un desafío. Dígase: «Ahora lo único que hace falta es que haga algo al respecto», y es posible que vea cómo su resignación se transforma rápidamente en solución. Como les sucede a muchos hombres, cuando está a punto de colocar una característica suya bajo el enunciado de «No puedo hacer nada», ese rasgo se le atraviesa entre ceja y ceja. Y de pronto golpea con un puño la mesa y dice: «¿Y quién dice que no puedo?». Como dice el doctor Hill, hay muy pocos obstáculos insalvables. La vida está llena de caminos que llevan al éxito salvando los obstáculos, subiendo por encima de ellos, abriéndose paso a través de ellos.

La página 152 se inicia con veintiocho preguntas muy personales. Algunas de ellas pueden responderse con un simple Sí o un No. La número veintiocho requiere algo más de trabajo, pero cada minuto que dedique a contestar esta pregunta adecuadamente podría reportarle una enorme cantidad de dinero. (Esta pregunta se ha hecho tan larga deliberadamente; por ejemplo, le obliga a usted a aislar los principios fundamentales del éxito, y hasta es posible que tenga que leerse todo el libro otra vez para asegurarse de que los conoce.)

Responda a cada una de las preguntas. Anote las respuestas breves directamente en los márgenes. Cuando sea necesaria una respuesta más extensa, escríbala en una hoja y péguela al libro.

Asegúrese de que lee y digiere el texto del capítulo, así como las listas y el cuestionario. Dado que para «procesar» el capítulo ha tenido que pararse a considerar detenidamente cada punto, en este caso no es necesario que escriba sus «Puntos para recordar». Lea los puntos que destaca el doctor Hill en la página 163, y asegúrese de comprender plenamente su significado.

Aférrese a este pensamiento clave: el dinero no se puede mover, pensar o hablar; pero puede «oír» cuando el deseo de un hombre lo llama.

Ahora volvamos al libro.

LEA EL PASO 7 HACIA LA RIQUEZA: DECISIÓN

Dado que estamos ya en la mitad de los trece pasos hacia la riqueza, conoce ya el proceso para encontrar los puntos clave de cada capítulo. Y la forma de inculcarlos en su mente. A partir de ahora sólo le recordaré que «procese» cada capítulo y utilizaré otras breves instrucciones que usted ha aprendido a desarrollar.

El punto central de este breve capítulo está en la Declaración de la Independencia. Léala con atención. Es más profunda y significativa en el plano psicológico de lo que muchos hombres pensarían.

Fíjese especialmente en la página 176, pues la historia refleja al menos seis de los principios que ha aprendido a dominar en *Piense y hágase rico*.

¿Qué significa la palabra «decisión» para usted? ¿Reconoce la decisión en usted mismo? ¿Puede ver y recordar las lecciones que aprende observando a otros y observándose a sí mismo?

Haga una lista en la columna de la izquierda con diez personas que conozca y que sean o muy decididas o muy indecisas.

Nombres	Decidido	Indeciso	De éxito	Sin éxito
1.				
2.				
3.				
4.				
5.				
6.				
7.				
8.				
9.				
10.				

Cuando haya hecho la lista, vuelva atrás y trate de decidir si cada una de esas personas tiene o no éxito en su vida. Aplique estos términos en sus contextos particulares. O sea, una ama de casa con éxito es una persona con éxito, mientras que un hombre sin éxito puede manejar más dinero en un sólo día del que ella ve en un año entero y seguir sin ser un hombre de éxito.

Verá con cuánta frecuencia coinciden Decidido con De éxito. Sin duda eso es lo que va a descubrir.

Ahora siga con los «Puntos para recordar» —los suyos—, luego con los del doctor Hill y luego con las preguntas, como ha venido haciendo hasta ahora.

Tenga muy presente este pensamiento: todo hombre poderoso tiene en su interior su propio poder.

Cuando esté preparado, vuelva a coger el libro.

LEA EL PASO 8 HACIA LA RIQUEZA: PERSEVERANCIA

Procese los puntos principales de este capítulo.

Según ha podido comprobar, la perseverancia y la decisión van siempre de la mano; la decisión es algo inherentemente débil si el que decide no persevera. Incluso en el caso en que la perseverancia nos lleve a comprender que estábamos equivocados, la mente ha sido fuerte y los caminos de la decisión siguen bien claros y definidos, esperando a que los encontremos otra vez.

A lo largo del libro, hemos vuelto en repetidas ocasiones sobre el tema de la conciencia del dinero. Fíjese que la pobreza se ve atraída hacia aquellos cuya mente le es favorable, del mismo modo que el dinero acude a aquel cuya mente ha sido preparada expresamente para atraerlo. Y la conciencia de la pobreza se desarrollará sin una aplicación consciente de los hábitos que le son favorables. No lo olvide: a cada persona la gobierna su inconsciente; su consciente es sólo un agente que actúa en nombre de su «jefe» inconsciente, pero conscientemente puede enviarle órdenes que su inconsciente acabará por asimilar y que acabarán por dar su fruto.

La historia de Fannie Hurst y la de Kate Smith son grandes lecciones de perseverancia. En la página 188, habrá visto las ocho principales actitudes que se esconden detrás de la perseverancia. Vuelva a leerlas y después llene los espacios o las palabras que faltan en el pequeño juego que le proponemos a continuación.

La persistencia se asienta mayormente en:

De_____n de p_____to
C_____za en __ m____o
C_____to e_____o
F_____a de v_____d

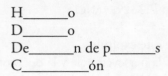

H_____o

D_____o

De_____n de p_____s

C_____ón

El inventario de perseverancia, que se inicia en la página 189, en principio no le dirá nada que no haya leído ya. Léalo con detenimiento una vez más. Si algún punto le parece nuevo o no le resulta familiar, vuelva atrás y lea de nuevo los capítulos 1, 2, 6 y 7. Asegúrese de que ha asimilado bien los diferentes temas que se plantean en *Piense y hágase rico*; ayúdese mediante la lista.

Lea la historia de Mahoma con detenimiento. Al igual que la historia de la Declaración de la Independencia, está llena de significados ocultos. Fíjese en sus elementos místicos y redúzcalos a términos prácticos; busque paralelismos en su propia vida, si es posible, aunque es probable que esos paralelismos tengan que ver con problemas del día a día, la oposición de otros hombres de negocios y otros sucesos igualmente familiares. Luego pregúntese a sí mismo: «¿Dónde entra la fe en mi vida?» No piense en la fe en sentido religioso; piense en la fe en su sentido global.

Entonces fíjese en este párrafo de la página 197: «Cuando se lleva a cabo un estudio imparcial de los profetas, los filósofos, los hombres que producen milagros y los líderes religiosos del pasado, se llega a la inevitable conclusión de que la perseverancia, la concentración del esfuerzo y la definición del propósito fueron las grandes fuentes que les permitieron alcanzar sus logros».

Ahora escriba cinco ejemplos de ocasiones en las que haya demostrado usted conciencia del dinero; si no puede encontrar ninguna, escriba sobre gente a la que conozca. Y mientras lo hace, aférrese bien a la definición de conciencia del dinero arraigada en la fe en uno mismo.

Porque lo cierto es que la expresión «conciencia del dinero» se puede malinterpretar fácilmente. No se trata de fomentar la tacañería, o sea, una conciencia abrumadora que nos lleve al deseo de amasar dinero sin más. Tampoco buscamos una perspectiva que nos lleve a valorarlo todo, incluso la existencia humana, en términos de dinero. Lo que usted busca —y espero que lo encuentre— es una conciencia que refuerce su fe en su capacidad para conseguir cantidades sustanciales de dinero, su fe en que conseguirá ese dinero, que está consiguiendo ese dinero.

Siga con los «Puntos para recordar». Y hágalo a conciencia. Puede considerar sus momentos de conciencia del dinero como parte de sus Puntos.

Recuerde: los deseos débiles sólo traen resultados débiles y cualquiera puede aprender a ser perseverante.

Cuando haya hecho todo lo que se le ha indicado a conciencia, vuelva al libro.

Lea el paso 9 hacia la riqueza: El poder del trabajo en equipo

Con el lápiz a mano (¡como si tuviera que recordárselo!) procese este capítulo dejando para luego los «Puntos para recordar».

Este capítulo refresca y refuerza su conciencia de la maravillosa forma en que una mente puede ayudar a otra. Ahora ha visto la extensión casi ilimitada de este principio que tan provechoso ha sido para tantas personas.

Ha visto que un hombre de la posición de Andrew Carnegie tenía un equipo de consejeros de unas cincuenta personas. Usted mismo podría obrar maravillas en su vida con la ayuda de media docena de amigos, o incluso con sólo tres o cuatro.

Hemos planificado este manual pensando expresamente en incluir más detalles sobre el uso del principio del trabajo en equipo. Aquí tiene su plan:

1. Empiece con dos o tres personas a las que conozca bien. Asegúrese de que están en armonía con usted y entre ellos. Pónganse de acuerdo en que el propósito principal de su alianza es la del crecimiento mutuo de mente y espíritu.

2. Manténganse al margen de temas como la política, la religión y cualquier otra cuestión que sea «delicada». Se trata de que se ayuden los unos a los otros mediante el conocimiento basado en su experiencia conjunta. Evidentemente, todos tendrán experiencias que los otros no han tenido. No introduzca ningún tema controvertido que pueda debilitar el espíritu cordial de cooperación del proyecto.

3. Su grupo actúa como una única mente y refrena su lengua. Todo lo que se digan entre ustedes debe ser tratado como confidencial. La libertad de expresión siempre debe animarse, nunca al revés.

4. Con el consentimiento de todos los miembros del grupo, de vez en cuando puede invitarse a alguna persona nueva a incorporarse al grupo. No permita que el grupo se haga tan grande que no sea manejable. Además, a los nuevos miembros debería ponérseles una especie de breve período de prueba para comprobar si están en armonía con los demás.

5. Si bien cada miembro del grupo puede plantear un enfoque diferente de cada cosa según su experiencia personal y su personalidad, todos deberían estar de acuerdo en los principios generales del éxito. Los principios expuestos en este libro han compensado tan ampliamente a tantos hombres que pueden recomendarse sin reserva.

6. Dé a cada miembro del grupo la oportunidad de hacer de presidente, cambiando la presidencia de forma rotatoria. Uno de los principales deberes del presidente será el de imponer un tiempo límite para hablar, lo que permitirá mantener a raya a los más habladores. También debería animar a cada uno de los miembros a decir lo que piensa realmente.

7. Algunos equipos de trabajo que han triunfado se han formado entre el personal de un determinado negocio. En tal caso, el grupo debe incluir miembros de la directiva; este plan ha resultado en una cooperación provechosa para todos.

8. Todo grupo de trabajo en equipo debería tener un propósito aparte del propósito más inmediato. Debe ponerse como meta proporcionar beneficios específicos a personas ajenas al grupo. Por ejemplo, podrían proponerse dirigir un centro de ayuda, o patrocinar algún club de jóvenes o alguna organización similar.

Un grupo de trabajo le recordará y le demostrará con frecuencia lo a cuenta que sale trabajar en colaboración con otras personas, al tiempo que, evidentemente, usted también pone sus capacidades al servicio de los otros.

En este capítulo hemos vuelto de nuevo a una cuestión fundamental: la pobreza no requiere ningún plan. Vea con el ojo de su mente la gran «corriente de poder». Compruebe que un plan reforzado con la fe en sí mismo, una fe que incluye una sólida conciencia del dinero, puede llevarlo hacia esa parte del río invisible que fluye hacia arriba, en dirección al logro, el disfrute y la abundancia.

Procese los «Puntos para recordar». Espero que siga poniendo este tipo de cuestiones cuidadosamente en las páginas de notas.

Cuando se haga las preguntas a sí mismo, haga que giren en torno a estas palabras del doctor Hill: «Seguir siendo pobre es muy fácil, no se necesita ningún plan».

Fíjese en las personas que demuestran este punto. Verá que en estos casos la voluntad inconsciente de seguir siendo pobre se apodera de la persona cuando ha conseguido remontar un poco, de forma que con un gran «esfuerzo» se deja caer otra vez. Entonces puede volverse a todas las personas que conoce y decirles: «¿Lo veis? No sirve de nada».

Recuerde: puede utilizar otras ideas aparte de las suyas.

Cuando haya hecho justicia a este capítulo, continúe con el siguiente paso.

LEA EL PASO 10 HACIA LA RIQUEZA: EL MISTERIO DE LA TRANSMUTACIÓN DEL SEXO

Lea este capítulo y procese la información a fin de extraer los puntos más importantes.

¿Está usted de acuerdo con la premisa principal del capítulo?

¿Se ha fijado en el magnetismo sexual de los hombres de éxito? ¿Se le ocurre algún personaje público actual que irradie magnetismo sexual?

Ha visto que la emoción del sexo tiene tres propósitos en nuestra vida. El más obvio es la perpetuación de la especie. Pero hay otros dos que son de gran importancia. Escríbalos aquí sin mirar el libro. Luego compruebe si lo ha hecho bien.

1. _____

2. _____

La emoción del sexo, cuando se controla y se orienta adecuadamente, es una fuerza motivadora que mantiene todos sus atributos de imaginación, valor, perseverancia y capacidad creativa. Todas las poderosas fuerzas que acompañan al impulso sexual se pueden aprovechar para grandes creaciones en literatura, arte, negocios, en asuntos de política, en cualquier profesión o vocación. Los hombres que acumulan grandes fortunas y consiguen el reconocimiento de los demás están invariablemente motivados por la influencia de una mujer.

La expresión sexual es la primera en cualquier lista de estímulos a los que la mente responde. Aquí tiene una doble lista de tales estímulos. Tache aquellos que no considere estímulos.

Cuando haya terminado compare sus respuestas con la lista que aparece en la página 214 de *Piense y hágase rico.*

Estímulos de la mente, buenos y malos

Frustración sexual	Expresión sexual
Un deseo ardiente de alcanzar su objetivo	Actitud de indiferencia
Amistad	Falta de amigos
Ausencia total de todo tipo de trastorno mental o físico	Sufrimiento compartido, como el que experimentan las personas de un grupo sometido a persecución
	Valor
Miedo Abstinencia	Drogas y alcohol
Ningún intento por llegar al inconsciente	Autosugestión
No pedir nunca consejo	Una alianza de trabajo en equipo
Música	Ausencia de aprecio por la música
Odio	Amor

Piense que algunos estímulos para la mente pueden resultar perjudiciales a la larga. Y sobre todo piense cuántos de estos estímulos son sanos y fortalecedores.

Una mente estimulada se eleva por encima del horizonte del pensamiento corriente. Esta fuente de genio, en combinación con la imaginación creativa o sexto sentido, está al alcance de todos. Y detrás de esta reserva ilimitada de energía dirigida está la magia de la transmutación sexual.

¿Significa transmutación sexual escasez de sexo? Nunca. Sólo significa que se hace un uso correcto del sexo en oposición al abuso. Piense por qué son tantos los hombres que inician su época de mayor auge después de los cuarenta. La experiencia tiene mucho que ver en ello; pero, aunque la mayoría de los hombres no lo saben, también se debe a que el control de la parte física del sexo expande la mente y la imaginación, proporciona una poderosa capacidad a las facultades creativas. Admítalo y alégrese: ¡la más importante fuerza motivadora del hombre es su deseo de complacer a las mujeres!

¿De dónde vienen los presentimientos? Lea y pondere las cuatro fuentes que se mencionan en la página 216. Cuando repase los «Puntos para recordar» de este capítulo, pregúntese si encuentra algún patrón determinado en sus presentimientos. ¿Tiene tendencia a tener presentimientos antes de acostarse? ¿Cuando se levanta? ¿Mientras se afeita? Puede ser de gran importancia que averigüe esto, ya que seguramente es en los momentos en que tiene sus presentimientos cuando está más en sintonía para tomar decisiones importantes.

Piense también en lo que ha pasado cada vez que ha seguido un presentimiento. Trate de ver la diferencia, según su propia experiencia, entre seguir un presentimiento y seguir los dictados de una ensoñación, o sea, de una especie de imagen mental de lo que lo que le gustaría que pasara.

Después de estas preguntas previas, puede pasar a los «Puntos para recordar».

El pensamiento clave es: la fuente de todo genio está a su alcance.

Cuando crea que ha acabado con este capítulo, siga adelante.

Procese la información y busque ideas que le hagan pensar.

En la página 239, ha leído —y espero que también subrayado— un enunciado fundamental: cualquier plan, pensamiento o propósito que se desee transmutar en su equivalente físico o monetario puede plantarse a voluntad en el subconsciente.

No se trata de un pensamiento novedoso. Se trata más bien de recordarle a usted esta gran verdad universal, y enfatizarla.

La mente inconsciente trabaja día y noche. Si no planta deseos en su interior, se alimentará de los pensamientos negativos que lleguen a ella como resultado de su negligencia.

Todo empieza con un impulso de pensamiento. La mente inconsciente es especialmente susceptible a la influencia del pensamiento combinado con emoción. Sus emociones pueden estar entre las siete emociones positivas. (Coloque las letras que faltan.)

D _ _ _ o
A _ _ _ r
En _ _ _ _ _ _ _ o
Es _ _ _ _ _ _ a
F _   (véase pág. 244)
S _ _ o
R _ _ _ _ _ _ _ _ _ o

O puede por el contrario convertirse en una víctima cayendo en las garras de los impulsos que imbuyen en el inconsciente las siete emociones negativas. (Complete con las letras que faltan.)

C _ _ _ s
V _ _ _ _ _ a

```
S _ _ _ _ _ _ _ _ _ n
C _ _ _ _ a                          (ver pág. 244)
T _ _ _ r
A _ _ _ _ _ _ a
O _ _ o
```

La mente no puede estar ocupada por emociones negativas y positivas al mismo tiempo. Deje que sean las positivas las que predominen. El efecto se dejará sentir también en su inconsciente y se contagiará a todos sus asuntos. Descubrirá también que su inconsciente es el intermediario que traduce sus plegarias en términos que la Inteligencia Infinita pueda reconocer y a través del cual podrá encontrar planes e ideas que realmente respondan a sus plegarias.

Repita este pensamiento clave: usted puede plantar voluntariamente en su inconsciente cualquier plan, pensamiento o propósito que desee trasladar a su equivalente físico o monetario.

A continuación siga con el proceso de los «Puntos para recordar».

Demórese en cada capítulo hasta que lo haya convertido en una parte de sí mismo. Cuando esté listo, cuando realmente conozca este capítulo, siga leyendo.

LEA EL PASO 12 HACIA LA RIQUEZA: EL CEREBRO

Lea el capítulo dejando para después los «Puntos para recordar».

Este capítulo le dará una idea de las fuerzas que entran en acción en su cerebro, donde entre 10 y 14 millones de células pueden formar mediante sus combinaciones una cantidad casi infinita de circuitos. Su cerebro tiene una capacidad potencial para el pensamiento, la memoria, el condicionamiento y la mejora personal mucho mayor que la de un ordenador, que al fin y al cabo se limita a recordar y procesar la información que se le ha dado. No lo olvide: un ordenador no puede añadir como usted imaginación creativa a los datos que guarda en sus bancos de memoria. No puede adentrarse en territorios inexplorados de pensamiento y logro. Este privilegio pertenece única y exclusivamente al hombre.

La mente subconsciente constituye la «estación emisora» del cerebro. Transmite vibraciones de pensamiento al «aparato receptor» de la imaginación creativa. Según unos cuidadosos tests científicos realizados en la Universidad de Duke, parece muy probable que la clarividencia y la telepatía existan, proporcionando un medio natural para la comunicación entre un cerebro y el cerebro de otra persona. Todos parecemos estar controlados por fuerzas intangibles e invisibles; pero se trata de fuerzas perfectamente naturales.

En un primer momento puede parecer que este capítulo tiene muy poco que ver con hacerse rico, en cualquier sentido. Léalo atentamente, procese la información y su atención será dirigida hacia su pensamiento central, que aparece en la página 251: la fuerza intangible (y la inteligencia) existente en el suelo de la Tierra, la fuerza que le proporcionan los alimentos que ingiere, la ropa que se pone, el dinero que lleva en los bolsillos.

Entonces podrá relacionar este pensamiento con el pensamiento que constituye la clave de *Piense y hágase rico*. Seguramente habrá reparado en él, aunque es probable que lo haya expresado para sus adentros con otras palabras. Éste es el pensamiento clave y la norma de oro del libro: aquello que la mente puede concebir puede lograrlo.

Así, su éxito, su felicidad, su salud, su vida entera no es sólo una cuestión de trabajo, juego y sueño. Es siempre una cuestión de mente; y el concepto de mente incluye aspectos que van mucho más allá del pensamiento consciente normal.

Cuando piense sus «Puntos para recordar», no los formalice, trate simplemente de parafrasear el capítulo. Comente los aspectos más importantes del capítulo para sus adentros en cien o doscientas palabras.

Cuando esté preparado, vaya al Paso 13 hacia la riqueza.

PASO 13 HACIA LA RIQUEZA: EL SEXTO SENTIDO

Lea este capítulo culminante dejando para después el resumen de los puntos más importantes del capítulo. Puede subrayar mientras lee, pero sólo hasta el final de la página 259. Lea pero no subraye el discutido relato sobre los «consejeros invisibles» del doctor Hill. Puede seguir subrayando a partir de la página 264, en «Recurra a la fuente de inspiración».

Fíjese que el gabinete imaginario del doctor Hill es producto de la imaginación creativa. Y sin embargo, como el mismo dice, los miembros de ese gabinete le han llevado a gloriosos senderos de aventura, han reavivado su aprecio por la verdadera grandeza, animado sus empresas creativas y personificado la imagen del pensamiento sincero.

El problema es que las personas con poca imaginación tienden a malinterpretar esta experiencia. Sin embargo, cualquiera que lea *Piense y hágase rico* comprenderá que la imaginación creativa puede incluso crear una relación de compañerismo entre mentes de personas desaparecidas hace mucho. No es una relación literal, claro, pero es tan efectiva como si lo fuera. Las mentes de las personas ya desaparecidas nos ayudan a mover el mundo presente con el pensamiento que dejaron tras ellos (en palabras) y la impresión general de sus personalidades, por no hablar de los logros, cuyos efectos seguimos sintiendo aún entre nosotros.

¿Quiere crear su propio gabinete de mentes privilegiadas que le visiten? No todo el mundo es capaz de hacerlo. Lo primero que necesita, como se mencionó anteriormente en este manual, es tener la capacidad para creer que puede mejorar su yo más profundo. El hombre que es capaz de convocar su propio gabinete imaginario se coloca varios pasos por delante de sus compañeros. Elija los miembros que quiere para su gabinete. Pueden ser hombres de Estado, genios de las finanzas, la industria, los descubrimientos o el arte. Elíjalos cuidadosamente. Su continua búsqueda de sí mismo, su nueva visión de sus objetivos y sus deseos, le ayudará a elegir para su gabinete a las personas que más le puedan ayudar.

El sexto sentido no puede definirse y delimitarse como los otros cinco sentidos. Con la práctica y con un poco de fe, el sexto sentido se convertirá en una especie de ángel guardián que le abrirá las puertas al templo de la sabiduría.

El pensamiento clave de este capítulo aparece en el apartado de «Puntos para recordar» del doctor Hill: «Ahora está usted en contacto con ese "algo" desconocido que ha estado ahí para los grandes hombres de todos los tiempos».

Cuando busque sus propios puntos para destacar, concéntrese en el principio de la guía. Busque momentos en su vida en los que ha sentido una guía invisible: un presentimiento, un sexto sentido. Ya lo ha hecho antes. Mientras leía, su inconsciente ha estado trabajando en ello, de modo que ahora, cuando trate de encontrar ejemplos, se le ocurrirán muchos más.

Cuando haya visto el gran poder de su sexto sentido, habrá concluido su lectura de los trece pasos hacia la riqueza. El capítulo final le ofrece información importante sobre el miedo y la forma de deshacerse de él. En este capítulo realizará también varios tests breves en preparación para la sección de examen que completa este manual. ¿Está preparado?

Lea Los seis fantasmas del temor

Lea y subraye el capítulo dejando para después los «Puntos para recordar», pero no responda al cuestionario que se inicia en la página 294.

Ha hecho un inventario de sí mismo, ha visto que los miedos no son más que estados mentales que, evidentemente, están sujetos a su control y dirección. La naturaleza ha dotado al hombre con la capacidad de controlarlo todo salvo una cosa: su pensamiento. Pocos hombres ejercen ese control, pero con la ayuda de la práctica y la fe, resulta muy efectivo.

¿Cuáles son los seis miedos básicos? Escríbalos aquí, sin mirar.

1.
2.
3.
4.
5.
6.

Ahora vaya a la página 268 para ver si los ha recordado correctamente.

Cuando analice sus propios miedos, es posible que descubra que tiene miedo a la pobreza, un miedo altamente destructivo. Tenemos tendencia a «comernos» unos a otros financieramente, así que este miedo se alimenta de sí mismo. ¿Cuáles son los síntomas característicos del miedo a la pobreza? Escriba las letras que faltan:

In_____a
In_____n
D_____
P_____n
Pr_____e____a
D_____n

Compruebe los síntomas en el libro, empezando por la página 273. Ya ha leído antes los comentarios sobre cada uno de ellos. Léalos otra vez.

¿Teme usted la crítica? Este miedo puede quitarle al hombre la iniciativa, destruir su capacidad de imaginación, perjudicarle en cientos de formas. Es un crimen que un padre provoque en un hijo el sentimiento de inferioridad mediante la crítica innecesaria. Es posible que se deje influir por vivencias de su infancia, pero puede superarlas. Escriba los siete síntomas que indican miedo a la crítica. Mientras escribe las letras que faltan, mire a estos miedos a la cara:

T_____z
F____a de s_____d
D_____ de c_____r
C_____o de i_____d
E_____a
F____a de i_____a
F___a de a_____n

Compruebe estos miedos corrosivos en la página 278. Y siga inmediatamente (cuando haya releído los comentarios) para comprobar lo bien que recuerda los síntomas que delatan miedo a la enfermedad:

A_____ n_____a
H_____a
F_____a de e_____o
S_____d
A_____o
F____a de m_____n
P_____n

Compruebe los resultados en la página 282. A estas alturas ha visto ya que ciertos síntomas se superponen; que un síntoma como la preocupación, por ejemplo, puede asomar su fea cabeza por una docena de áreas diferentes de la vida.

¿Cuáles son los tres síntomas principales del miedo a perder el amor?

C____s
J____o
D_____r i_____s

Compruebe si lo ha hecho bien en la página 284. Sigamos: ¿Qué cuatro síntomas indican miedo a la vejez?

D_____ p_____o
A____d de d_____a
P_____a de i_____a
A_____r como p____a j____n

Compruebe los resultados en la página 285. Sigamos: ¿qué tres síntomas indican miedo a la muerte?

P____r en la m____e
V_____o con t____r a p____a
V_____o con e_____d o d_____o

Vea la lista de la página 288

Ahora coja seis fichas y copie las listas en las tarjetas, una lista por tarjeta. Coloque las tarjetas sobre una mesa, en diferentes combinaciones que demuestren las relaciones de unas con otras. De nuevo, fíjese en los patrones de miedo que pueden empañar una vida y en la forma en que determinados miedos se superponen. Notará que un miedo básico puede tener más de un nombre, o más de un posible enfoque. Compruébelo usted mismo. Mire las listas hasta que lo vea. Mecanografíe o pegue estas listas a su cuaderno de notas.

La preocupación es miedo, un estado mental basado en el miedo. Una vez que la persona toma una decisión, está libre de preocupación. También es posible llegar a una conclusión de carácter más general: nada que la vida pueda ofrecerle merece preocupación.

Otro gran mal lo tenemos en la vulnerabilidad a las influencias negativas. Debe hacer un análisis cuidadoso para comprobar si es usted demasiado influenciable. El material que presentamos en la sección de examen le ayudará. Como dice el doctor Hill: «Sin duda, la debilidad más común entre los seres humanos es el hábito de dejar sus mentes abiertas a la influencia negativa de otras personas».

Antes de que responda al cuestionario de la página 294, escriba los puntos que considere que hay que recordar. Siga con los puntos que ha señalado el doctor Hill. Forme media docena de preguntas, todas basadas en la lista de excusas que empieza en la página 300. Guíese sobre todo por las excusas que usted haya subrayado.

Ahora siéntese con el cuestionario que empieza en la página 294. Debe hacerlo de una manera muy especial. Conteste primero en el libro. Espere tres días. Entonces respóndalo aquí, en el manual, donde se ha reproducido nuevamente. A continuación compare las respuestas con las respuestas que dio en el libro. Probablemente algunas serán diferentes. Piense por qué puede ser. Piense qué estado de ánimo o estado mental puede haber influido en sus respuestas.

Así que, por el momento, deje el cuestionario que tiene a continuación. Conteste primero el que aparece en el libro; cuando pasen tres días, responda el del manual.

PIENSE ANTES DE CONTESTAR

¿Se queja a menudo de sentirse mal y, si es así, por qué motivo?

¿Encuentra defectos en las otras personas a la menor provocación?

¿Comete con frecuencia errores en su trabajo? ¿Por qué?

¿Se muestra usted sarcástico y ofensivo en su conversación?

¿Evita deliberadamente la asociación con otros? Y si lo hace, ¿cuál es la causa?

¿Sufre con frecuencia de indigestión? En tal caso, ¿cuál es la causa?

¿Le parece que su vida es inútil y que no tiene esperanza de futuro?

¿Le gusta el trabajo que hace? Si no es así, ¿por qué?

¿Suele compadecerse de sí mismo? En tal caso, ¿por qué?

¿Siente envidia de aquellos que sobresalen por encima de usted?

¿A qué dedica más tiempo, a pensar en el éxito o a pensar en el fracaso?

A medida que transcurren los años, ¿aumenta su confianza en sí mismo o se debilita?

¿Aprende algo valioso de los errores que comete?

¿Permite que algún pariente o conocido le preocupe? En tal caso, ¿por qué?

¿Se encuentra a veces «en las nubes» y en otras ocasiones parece estar completamente hundido en la desesperación?

¿Quién le inspira más? ¿Cuál es la causa?

¿Permite influencias negativas o descorazonadoras que podría evitar?

¿Es descuidado con su aspecto personal? En tal caso, ¿cuándo y por qué?

¿Ha aprendido a «ahogar sus problemas» estando demasiado ocupado como para que estos le perturben?

¿Se consideraría a sí mismo un «débil falto de voluntad» si permitiera que los demás pensasen por usted?

¿Cuántas molestias previsibles le alteran? ¿Por qué las tolera?

¿Recurre al alcohol, las drogas o los cigarrillos para aplacar su nervios? Si es así, ¿por qué no prueba en vez de eso con la fuerza de voluntad?

¿Hay alguien que le fastidie? Si es así, ¿por qué razón?

¿Tiene un propósito definido?, y, si es así, ¿en qué consiste y qué planes tiene para lograrlo?

¿Sufre de alguno de los seis miedos básicos? ¿Cuáles?

¿Tiene algún método que le permita protegerse de las influencias negativas de otros?

¿Utiliza deliberadamente la autosugestión para tener una mente positiva?

¿Qué valora más, sus posesiones materiales o el privilegio de controlar sus propios pensamientos?

¿Se deja influir fácilmente por otros en contra de sus propias opiniones?

¿Ha añadido el día de hoy algo de valor a su acerbo de conocimientos o a su estado mental?

¿Afronta directamente las circunstancias que le hacen desdichado o evita la responsabilidad?

¿Analiza todos sus errores y fracasos y trata de sacar algún provecho o considera que ésa no es su obligación?

¿Puede nombrar tres de sus dos puntos flacos más perjudiciales? ¿Qué está haciendo para corregirlos?

¿Anima a otras personas a que le cuenten sus penas por compasión?

A partir de su experiencia diaria, ¿elige usted lecciones o influencias que ayuden a su desarrollo personal?

Normalmente, ¿tiene su presencia una influencia negativa en otros?

¿Qué hábitos le molestan más en otras personas?

¿Se forma usted sus propias opiniones o permite que otras personas le influyan?

¿Ha aprendido a crear un estado mental que le proteja de influencias desalentadoras?

¿Le inspira su ocupación fe y esperanza?

¿Es consciente de que posee unas fuerzas espirituales con el suficiente poder para permitirle mantener su mente libre de cualquier forma de miedo?

¿Le ayuda su religión a mantener una mentalidad positiva?

¿Considera que es su deber compartir las preocupaciones de otras personas? Si es así, ¿por qué?

Si cree que «las aves de la misma especie» se juntan, ¿qué ha aprendido sobre sí mismo por las personas a las que atrae?

¿Qué conexión, si es que hay alguna, ve entre las personas con las que se relaciona más estrechamente y cualquier infelicidad que pueda experimentar?

¿Es posible que alguna persona a quien usted considere un amigo sea, en realidad, su peor enemigo a causa de su influencia negativa sobre usted?

¿En base a qué normas determina usted quién le beneficia y quién le ayuda?

Sus asociados más íntimos, ¿son mentalmente superiores o inferiores a usted?

¿Cuánto tiempo dedica cada día a:

a) su trabajo
b) dormir
c) juego y relajación
d) adquirir conocimientos útiles
e) a malgastarlo?

Entre sus conocidos ¿quién

a) le anima más
b) le amonesta más
c) le desanima más?

¿Cuál es su principal preocupación? ¿Por qué la tolera?

Cuando otros le ofrecen su consejo sin que usted lo haya pedido, ¿lo acepta sin cuestionarlo o analiza sus posibles motivaciones?

¿Qué es lo que más desea por encima de todo? ¿Tiene intención de conseguirlo? ¿Piensa subordinar todos sus otros deseos a éste? ¿Cuánto tiempo dedica al día a conseguirlo?

¿Cambia de opinión con frecuencia? Si es así, ¿por qué? ¿Termina normalmente todo lo que empieza?

¿Se siente fácilmente impresionado por los negocios de otras personas, por sus títulos académicos o por sus riquezas?

¿Se deja influir fácilmente por lo que otras personas piensan o dicen de usted?

¿Se apega a las personas por su estatus social o económico?

¿Quién le parece la persona viva más importante? ¿En qué aspectos es superior a usted esa persona?

¿Cuánto tiempo ha dedicado a estudiar y contestar estas preguntas? (Al menos se necesita un día entero para estudiar y contestar la lista completa.)

SECCIÓN DE EXAMEN: COMPRUEBE SU CAPACIDAD PARA HACERSE RICO

Los tests y procesos que encontrará en esta sección deben iniciarse cuando esté bien preparado. Esto implica:

1. Pre-lectura de *Piense y hágase rico*, tal como se indica en este *Manual para pasar a la acción*, y después,

2. Lectura, tomando notas y utilizando métodos similares para «procesar» el contenido de *Piense y hágase rico*, tal como se indica también en el manual.

Cuando haya seguido estos pasos a conciencia, estará preparado para pasar a esta sección.

Conteste a los cuestionarios y otros materiales por orden, tal como aparecen aquí.

Comprobará que el material procede del libro o es de carácter muy similar. Esto se ha hecho así deliberadamente, siguiendo patrones de aprendizaje de eficacia probada. Conteste a cada pregunta como si no la hubiera visto nunca antes. Siga todas las instrucciones y dése las puntuaciones según se indica.

Examen 1

Hojee *Piense y hágase rico* página a página. Cada subtítulo que haya subrayado, debe copiarlo en una ficha separada.

Coloque todas las fichas sobre la mesa. Estúdielas y busque los patrones que puede haber seguido para su elección. Otros hombres han encontrado patrones que los movían a la acción instantánea, al pensamiento introspectivo o la planificación. No se deje guiar ni influir por nadie. Se trata de buscar el patrón que sigue usted. Si, después de una hora, no ha sido capaz de encontrar ningún patrón definido, deje las fichas y pruebe otra vez tres días más tarde.

Si sigue sin encontrar patrones definidos, busque en los subrayados que ha ido haciendo en el cuerpo del texto. Es casi seguro que encontrará algún patrón.

Cuando encuentre un patrón, anótelo cuidadosamente. Guarde las fichas para futuras referencias.

ANÁLISIS DE LOS RESULTADOS

Acaba de completar cinco hojas de examen con diez puntos cada una. ¿Cuál ha sido su puntuación? La nota máxima para cada hoja es de 50; el máximo total entre las cinco hojas es de 250; la media para cada una es de 25; la media total es de 125.

Aunque el resultado del conjunto es importante, es más importante estudiar el resultado de cada examen por separado. Luego debe establecer una relación con la puntuación que ha obtenido en otros tests similares que hayan aparecido a lo lar-

Examen 2

En la tabla de abajo se enumeran diez causas generales del miedo. No se pare a pensar si es usted «culpable» de tener estos miedos; limítese a preguntarse si se aplican en su caso. Póngase una puntuación del 1 al 3 tal como se indica. Si cree sinceramente que su nota está entre dos de las que se dan, añada una fracción a su puntuación, o sea, 1½ o 2½. Apunte su nota en la columna de la derecha. Cuando termine, sume el toral y apúntelo en la base de la columna.

Causa del miedo	Grado de su miedo			Puntuación
	1	2	3	
1. Miedo de la infancia a los padres	Antes tenía miedo de mi madre, de mi padre o de los dos.	Mis padres me daban miedo a veces.	No recuerdo haber tenido nunca miedo de mis padres.	
2. Sentimiento de ineptitud	Me siento como un perfecto inútil cuando me enfrento a un problema.	A veces, cuando me enfrento a algún problema, me siento un inepto.	Normalmente me siento perfectamente capaz de afrontar mis problemas.	
3. Aprensión en relación con el trabajo	Siempre tengo miedo de perder mi trabajo (o mi sueldo).	A veces me preocupa la estabilidad de mi trabajo.	Nunca dudo de mi capacidad de ganarme la vida.	
4. Lo que otros piensan de usted	Siempre estoy preocupado por la opinión de los demás.	Las opiniones de otras personas me preocupan a veces.	No me preocupa lo más mínimo lo que los otros piensen de mí.	
5. Presencia de personas agresivas en su vida	Las personas agresivas me asustan y preocupan.	Evito a esa clase de personas.	Nadie me da miedo.	
6. Animales inofensivos; perros, etc.	No puedo evitarlo: los gatos y los perros me dan miedo.	Los perros y los gatos me inquietan un poco.	Los animales domésticos nunca me han asustado.	
7. Inseguridad en el amor	Siempre tengo miedo de perder el amor de mi pareja.	A veces pienso en la posibilidad de perder el amor de mi pareja.	Estoy bastante seguro de mi relación.	
8. Salud	Siempre tengo miedo de contraer una enfermedad grave.	De tanto en tanto encuentro alguna señal que me lleva a preocuparme por mi salud.	No me inquieta mi salud.	
9. Decisiones	Me resulta muy angustioso tomar decisiones.	Me pongo nervioso con algunas de las decisiones que tengo que tomar.	No suelo tener problemas para decidirme.	
10. Responsabilidad	No acepto ninguna responsabilidad si puedo evitarlo.	Acepto la responsabilidad si veo que depende de mí.	Acepto de modo espontáneo la responsabilidad, hasta la busco.	

Examen 3

En la siguiente tabla aparecen diez causas significativas del sentimiento de culpa. No se pare a considerar su «responsabilidad» en ninguna de ellas, si es que la tiene; limítese a preguntarse si se aplican en su caso. Puntúe su caso del 1 a 3 o utilizando fracciones si realmente considera que es más adecuado. Anote su puntuación en la columna de la derecha y cuando termine sume el total y escríbalo en la base de la columna.

| Causa del miedo | Grado de su miedo | | | Puntuación |
	1	2	3	
1. Tiene tendencia a calumniar a los demás.	Siempre estoy perjudicando la reputación de otras personas.	Antes calumniaba a los demás, pero he dejado de hacerlo.	Nunca he perjudicado a nadie con calumnias o cotilleos.	
2. No cumple sus promesas.	Inevitablemente, siempre rompo mis promesas.	Eso era en el pasado: ahora mis promesas las cumplo.	Siempre procuro cumplir mis promesas.	
3. Roba.	¿Y qué? Es un respiro que me hace mucha falta.	En el pasado he cometido algún pequeño hurto sin importancia. Pero ya no lo hago.	Nunca robo a nadie, ni siquiera su tiempo.	
4. Nunca se siente bien con el sexo.	Nunca me he sentido ni me sentiré bien con el sexo. El sexo y la culpa van siempre de la mano.	A veces tengo la sensación de que el sexo está mal, pero no siempre.	El sexo me parece algo saludable, natural y entretenido.	
5. Vive rodeado de planes que no ha llevado a cabo.	Nada parece salir nunca como yo lo he planeado.	Consigo algunas de las cosas que ambiciono.	Cuando tengo un objetivo claro delante de mí, suelo conseguirlo.	
6. Siente que ha fallado a otras personas.	Es evidente que he decepcionado a muchas personas.	De tanto en tanto, sé que le fallo a alguien.	Invariablemente, siempre sobrepaso las expectativas de los demás.	
7. Descuida a su familia.	Me avergüenza, pero sé que descuido a las personas a las que amo.	De vez en cuando me escabullo de mis obligaciones para con mi familia.	Mi familia suele encontrar en mí a una persona amorosa y cooperadora.	
8. ¿Oportunidades en el trabajo? ¡Las desaprovecha!	¿Buenas oportunidades? Dejo que se me escapen entre los dedos.	Al menos intento conseguir algunos buenos trabajos.	Busco trabajos mejores continuamente.	
9. Miente usted de palabra y de hecho.	No puedo evitarlo.	Miento o engaño alguna que otra vez.	Pase lo que pase, nunca miento ni engaño.	
10. Deja que la educación le pase de largo.	Me niego a afrontar el hecho de que la educación sirva para algo.	Hice algún pequeño esfuerzo por adquirir conocimiento.	He adquirido una gran cantidad de conocimientos, en los libros y otras fuentes.	

356

Examen 4

En la siguiente tabla aparecen diez causas frecuentes de antagonismo. Siendo lo más objetivo posible, póngase una puntuación entre el 1 y el 3 en cada causa; o utilice números fraccionarios si cree que es más adecuado. Anote sus puntuaciones en la columna de la derecha, sume el total y escríbalo debajo de la columna.

Causa del miedo	Grado de su miedo			Puntuación
	1	2	3	
1. Envidia hacia otros.	Odio a la gente que tiene cosas que yo no tengo.	Hay personas a las que envidio.	Casi nunca siento envidia por nadie.	
2. Celos	Cuando me importa alguien, soy muy celoso.	Estoy aprendiendo a dejar a un lado la mezquindad de los celos.	¿Por qué estar celoso? No me entra en la cabeza.	
3. Resentimiento	Siempre estoy amargado por algo o por alguien.	De vez en cuando me dejo llevar por el resentimiento.	Es muy raro que yo me sienta resentido.	
4. Irascibilidad	¡Cuidado! Yo siempre estoy preparado para rugir.	De vez en cuando pierdo los nervios.	Es muy difícil sacarme de mis casillas.	
5. Intolerancia	O piensas lo mismo que yo o no quiero saber nada de ti.	Es posible que las personas que no están de acuerdo conmigo tengan razón a su manera.	Las diferencias de opinión y apariencia añaden sal a la vida.	
6. Desconfianza	Cualquiera puede traicionarme. No confío en nadie.	Hay personas en las que no se puede confiar.	Si algo tengo, es que soy demasiado confiado.	
7. Calumnias malintencionadas	Me gusta hablar mal de otros a sus espaldas.	A veces difundo cotilleos y rumores.	Este tipo de acciones no forman parte de mi vida.	
8. Antagonismo en el tono y las palabras	Prefiero ser brusco, y me da igual si a los demás no les gusta.	Mi tono y mis palabras a veces traicionan mi temperamento inestable.	Mis palabras son siempre amables y mi tono tranquilo.	
9. Impaciencia	Todos me tienen por una persona impaciente, pero no me importa.	De vez en cuando me impaciento.	La gente puede confiar en mi paciencia.	
10. Sarcasmo	Con frecuencia impresiono a los demás con mi sarcasmo.	De vez en cuando me siento sarcástico y lo demuestro.	Rara vez me muestro sarcástico, y sólo para dar énfasis.	

Examen 5

En la siguiente tabla aparecen diez factores comunes que afectan nuestra confianza en nosotros mismos. Puntúe su caso con atención, utilizando números fraccionarios si lo considera oportuno. Anote la puntuación para cada uno de los diez supuestos en la columna de la derecha y cuando acabe sume los resultados. (Se habrá dado cuenta de que los diferentes exámenes se superponen, pues se han concebido para demostrar la interdependencia entre los diferentes factores de su personalidad.)

Causa del miedo	Grado de su miedo			Puntuación
	1	2	3	
1. Una buena renta	Hay algo que me impide ganar lo suficiente.	No me va mal, aunque podría irme mucho mejor.	Gano una buena cantidad de dinero y disfruto gastándola.	
2. Muchos conocidos	No recuerdo a la gente y tampoco la necesito.	Tengo algunos amigos.	Tengo más amigos de los que puedo contar.	
3. Su cara y su porte	Sí, soy feo, lo sé.	Tengo una apariencia normal.	Dicen que tengo muy buena apariencia.	
4. Inteligencia	No parece que tenga muchas luces.	Diría que tengo una inteligencia media.	Sé que tengo un nivel alto de inteligencia.	
5. Aceptación a ojos de los demás	Estoy seguro de que la gente me evita.	Me llevo más o menos bien con todo el mundo.	A todo el mundo le gusta estar conmigo.	
6. Valor	Soy un ratoncito indefenso.	Cuando tengo que hacerlo, planto cara a cualquier persona o situación.	No tengo miedo de nada.	
7. Hablar en público	¡Yo no!	No me gusta, pero hablo en público en algunas ocasiones.	Me gusta hablar en público.	
8. Forma física	Tengo mala salud. No soy muy activo.	A veces me pongo enfermo.	Me siento muy fuerte y es raro que esté enfermo.	
9. Fe en el infinito	¿Qué es eso de la fe, y quién la necesita?	A veces siento fe.	Siento que estoy en sintonía con las fuerzas que me ayudan.	
10. Carácter estable	Las emergencias me dejan hecho polvo.	Es posible que me desmorone cuando estoy sometido a una fuerte presión.	Puedo afrontar casi cualquier situación con calma.	

Examen 6

En la siguiente tabla aparecen diez factores negativos que impiden que la gente llegue a madurar plenamente. Decida la puntuación que le corresponde como ha hecho en los casos anteriores. Anote cada puntuación en la columna de la derecha y escriba el total debajo.

Causa del miedo	Grado de su miedo			Puntuación
	1	2	3	
1. Una falsa fachada	Siempre doy una imagen falsa de lo que soy.	A veces me oculto bajo una fachada falsa.	Soy tal cual me ven los demás.	
2. Actitudes egoístas	Por supuesto, siempre me pongo por delante de los demás.	Sí, sé que a veces soy un poco egoísta.	Me preocupo por mí mismo, pero no soy egoísta.	
3. Manía persecutoria	Sé que hay mucha gente que va a por mí.	De vez en cuando encuentro a gente que me quiere hacer daño.	No tengo enemigos ni motivos para tenerlos.	
4. Falta de autocontrol	Cualquier pequeña tontería me saca de quicio.	Hay momentos en los que pierdo el control.	Siempre soy dueño de mis actos.	
5. Posponer las cosas	Ése soy yo, la persona más indecisa del mundo.	En algunos momentos pospongo cosas que debería hacer.	Hago las cosas cuanto antes.	
6. Ridiculizar a los demás	Me encanta rebajar a los demás.	Aunque rara vez critico, tampoco elogio a nadie.	Nunca critico a los demás, prefiero elogiar.	
7. Fanfarronería	Me encanta hablar de lo bien que lo hago.	Si he hecho algo de lo que pueda jactarme, me jacto.	Dejo que mis actos hablen por sí mismos.	
8. Crueldad	Disfruto haciendo comentarios desagradables.	Soy cruel con quien se lo merece.	Casi siempre evito los comentarios crueles.	
9. Estrechez de miras	¿Fanático? Sé que mi opinión es la correcta y punto.	Hay ciertas cosas que no admiten discusión.	Tengo mis opiniones, pero cambio de parecer si me dan una buena razón.	
10. Disculparse a uno mismo	La lista de excusas de *Piense y hágase rico* parecía hecha expresamente para mí.	Utilizo coartadas cuando me resulta conveniente.	Si alguna vez utilizo una excusa, siempre es válida.	

go del libro. No utilice el clásico Aprobado o Suspendido. Es mucho más importante que se vea como es.

ANÁLISIS DE UN GRÁFICO

En el sexto paso hacia las riquezas hizo un breve examen sobre su capacidad para el liderazgo, utilizando una puntuación del 1 al 5. Vuelva a esa tabla y trace líneas que unan las diferentes marcas que ha hecho para formar un gráfico vertical. Aquí tiene un ejemplo:

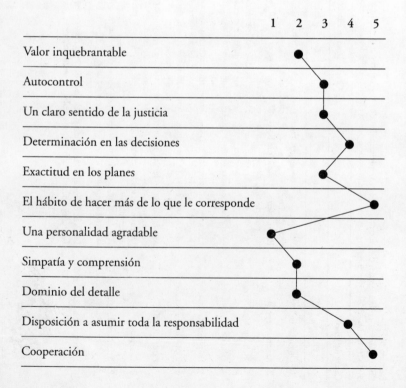

Dibuje ahora un gráfico similar con cada una de las hojas de examen que acaba de realizar. Si en algún caso se ha puesto una nota de 1½ o 2½, ponga el punto en la línea intermedia. Cuando la puntuación sea de 1, 2 o 3 coloque el punto entre las líneas. Una los puntos mediante líneas. Saldrán unos gráficos muy accidentados y dramáticos, y si su puntuación se concentra ante todo en el centro, la falta de dramatismo de su gráfico resultará muy significativa. ¿Por qué será? Considerarse normal en prácticamente todo es una clara indicación de que no desea conocerse a sí mismo.

Vuelva sobre los seis gráficos con intervalos de un mes, durante seis meses. En cada ocasión dibujará un nuevo gráfico. No cabe duda de que cambiará algunas de sus puntuaciones. Utilice lápices o bolígrafos de diferentes colores o, si se le acaban los colores, líneas de puntos, con rayitas, o con puntos y rayitas. No debe hacer más de seis gráficos en una misma página. Utilice también una clave para conocer la fecha de cada gráfico. Muchos hombres se sienten tan fascinados por este proceso y les ayuda tanto a formar su capacidad para hacerse rico que siguen haciendo los exámenes y los gráficos después de los seis meses.

No es necesario que vuelva a pasar por el proceso de la puntuación después de la primera prueba para familiarizarse con usted mismo. Confíe en los gráficos. Son un retrato de lo que es usted.

Cómo decantar cada gráfico hacia la derecha

Sin duda habrá observado que las indicaciones provechosas, positivas, saludables y que llevan a la riqueza están a la derecha de cada gráfico. Conforme rehaga cada gráfico mes tras mes, podrá juzgar su progreso por el desplazamiento de las líneas hacia la derecha.

¿Qué tendrá que hacer usted mientras tanto para asegurar ese desplazamiento hacia la derecha, hacia esos indicadores de que está aprendiendo a controlar ese yo que es el único responsable de darle la riqueza?

La siguiente lista, extraída a partir de cientos de temas no está pensada para ningún rasgo particular de carácter, o un determinado aspecto físico o capacidad. Se trata de que, con cada tema, piense usted: ¿Me atañe esto a mí?, ¿por qué?

Si marca alguno de los temas, debe hacerlo empleando sólo la barra, así: /. Más adelante, cuando ya se haya embarcado en el curso de acción adecuado, completará la marca de esta forma: ✓. Así, cuando se remita de nuevo a la lista (y debe hacerlo cada vez que vuelva sobre sus gráficos de progreso), cualquier marca que esté incompleta llamará su atención.

Ahora, lea la lista con atención y haga sólo la mitad de la marca:

ACCIONES PARA MODIFICAR LOS GRÁFICOS

Analizaré mis miedos.

Buscaré la ayuda de alguien que sepa manejar situaciones que me alteran y aprenderé de él.

Acudiré a un asesor de confianza.

Dejaré de cavilar y pasaré a la acción.

Aceptaré la posibilidad de que las cosas salgan mal y haré planes para este supuesto.

Insistiré en ser paciente.

Abandonaré todo tipo de murmuración y calumnia.

Haré amigos entre personas con las que no estoy de acuerdo.

Controlaré mi temperamento. Me reiré de él.

Me olvidaré del remordimiento.

No volveré a codiciar lo que otros tienen.

Superaré los celos.

Dejaré de odiar y sustituiré el odio por amor o al menos por comprensión.

Aprenderé a relajarme.

Practicaré el perdón.

Realizaré la suficiente actividad física para que mi cuerpo se mantenga en forma.

Rezaré en la forma que se establece en *Piense y hágase rico*.

Me someteré periódicamente a exámenes médicos.

No exageraré ningún defecto físico y recordaré cómo otros han superado esas deficiencias y otras peores.

Leeré cosas relacionadas con mi trabajo y también leeré por placer.

Haré cursos para salvar los vacíos que pueda haber en mi educación para el éxito y mi educación para el disfrute.

También realizaré cualquier curso especial que pueda necesitar; por ejemplo, un curso para aprender a hablar en público.

Prestaré mayor atención a mi vestuario y mi arreglo personal.

Participaré en grupos de debate y en otras actividades de grupo.

En dichas actividades, me aseguraré de que yo también intervengo.

Buscaré (y sé que las encontraré, como han hecho muchos otros) las energías y capacidades que proceden de una fuente cósmica.

Desarrollaré mi imaginación y la utilizaré para sintonizar con otras mentes.

Haré las cosas cuando tenga que hacerlas.

Haré las cosas bien hechas.

No inventaré fanfarronadas y así no tendré motivos para avergonzarme de ellas.

Ayudaré a los demás en lugar de molestarlos, evitaré la crueldad de palabra, hecho o actitud.

No alardearé, por grande que sea la tentación.

No avasallaré a nadie con mis opiniones

Acabaré lo que empiece.

Me respetaré a mí mismo.

Respetaré a los demás.

Tendré metas firmes y planes firmes para lograrlas.

Me desharé de los sentimientos de culpa en lo tocante al sexo.

Me desharé de cualquier sentimiento de culpa que no tenga justificación.

Me veré a mí mismo como una persona digna de conseguir lo mejor de la vida.

UNA LISTA ESPECIAL: HABILIDADES ESPECIALES QUE ESTÁN ESPERANDO PARA AYUDARLE

Muchos hombres se quedan bastante lejos de la cumbre porque les falta alguna habilidad que podían haber adquirido. Uno de los propósitos de la lista anterior era llamar su atención sobre habilidades generales que tal vez necesite. Entre éstas está la capacidad de leer con rapidez y retener lo que lee. Se trata de una capacidad de inestimable valor, porque el conocimiento es poder. Al igual que las otras capacidades generales que se mencionan brevemente, la de la lectura rápida tal vez no tenga una aplicación inmediata. No sabe en qué momento podrá serle de utilidad y proporcionarle un empujón significativo e indispensable.

Aquí tiene algunas indicaciones sobre la lectura rápida. Se trata de métodos tomados de diferentes cursos de lectura rápida. Tal vez le interese hacer uno de esos cursos.

Prelectura: ya ha encontrado algunas instrucciones sobre la prelectura. Se trata sobre todo de mirar por encima las cosas que el autor destaca en su libro: índice de contenidos, prólogo, subtítulos, índice temático, etcétera.

Anotaciones: el subrayado y otros procedimientos similares le ayudarán a encontrar la información que necesita con rapidez cuando vuelva sobre el texto. Además, cuando subraya fija las cosas en su mente.

No mueva la cabeza, los dedos o los labios cuando lea: mueva sólo los ojos. Que sean sus ojos los que recorran cada línea, no su cabeza ni su dedo. Sus ojos pueden desplazarse a la misma velocidad que su pensamiento, pero su cabeza, sus dedos y sus labios no, así que si deja que intervengan lo único que conseguirá será entorpecer la lectura.

Empiece a leer por la mitad; pruébelo; le sorprenderá ver lo bien que entiende.

Lea por frases. Esto requiere práctica. Sin embargo, descubrirá que buena parte de lo que lee está formado por frases familiares como «esto requiere práctica». No necesita leerlas, porque ya las conoce. Vaya ampliando este proceso gradualmente y pronto aprenderá a coger cuatro o cinco palabras como una unidad.

Lea lo primero y lo último. Utilice su buen juicio. Sin embargo, debe ser consciente de que, con frecuencia, el primer y el último párrafo de una carta o un informe nos dicen lo que realmente nos interesa. El primero o los dos primeros párrafos de un artículo de periódico suelen contener el «meollo» del asunto. Y responden a nuestras viejas conocidas, las preguntas por qué, quién, qué, cuándo y dónde. El primer párrafo de un editorial nos informa sobre el tema que trata; el último nos habla de la postura del editor.

Haga preguntas; busque las respuestas: cuando haya hecho una prelectura de un libro, o haya leído el primer y el último párrafo de un artículo o un informe surgirán ciertas preguntas en su mente. Lo que debe hacer a continuación es un barrido del texto escrito para buscar las respuestas. En realidad no tiene que hacerlo si no lo desea, pero no se pondrá a leer en serio hasta que llegue a una parte donde se responda a sus preguntas.

Por supuesto, la lectura rápida requiere práctica. Como con tantas otras capacidades, responde ante todo a su seguridad de que puede hacerlo.

Otras capacidades que pueden serle útiles (a veces por valor de un millón de dólares) son:

Mecanografía
Contabilidad básica
Psicología básica
Finanzas y banca básicas
Noticias actuales
Conocimientos de administración
Hablar en público
Facilidad para los idiomas
Conocimientos de arte
Conocimientos de música
Conocimiento de cuestiones comerciales
Conocimiento de tendencias y procesos técnicos
Capacidad de memorización
Capacidad de utilizar libros de referencia y bibliotecas

UNA ÚLTIMA INSTRUCCIÓN: REPASE

Ha leído usted *Piense y hágase rico* siguiendo las indicaciones de este manual. Ha seguido todas las instrucciones al pie de la letra. Ha hecho todos los exámenes. Ahora, ¡repase!

Es en estos repasos cuando las grandes lecciones del éxito se asientan en nuestro yo más profundo y pasan a formar parte de nuestra personalidad.

Algunas personas no repasan, no vuelven sobre los cuestionarios a los que han contestado, no refrescan lo aprendido repasando los exámenes. Estas personas no darán a un proceso que obra maravillas la oportunidad de obrar esas maravillas plenamente. En cambio, otros repasan y cuentan cada hora en miles de dólares y en otras formas de recompensa.

ES USTED DUEÑO DE SU DESTINO. SON SUS PROPIAS
MOTIVACIONES LAS QUE DEBEN IMPULSARLO HACIA DELANTE.

Nadie puede pensar por usted, nadie puede actuar por usted, nadie puede tener el éxito por usted, sólo usted puede hacerlo. ¡Alégrese!

Recuerde: lo que la mente puede concebir, puede lograrlo.

Piense y hágase rico ha dado a más hombres y mujeres que ningún otro libro la motivación para alcanzar el éxito.

Todos los secretos que necesita para pensar y hacerse rico están ahora en sus manos.

Piense y hágase rico
de Napoleón Hill
Esta obra se terminó de imprimir en octubre del 2008,
en los talleres de Litográfica Ingramex, S.A. de C.V.
Centeno 162-1, Col. Granjas Esmeralda,
C.P. 09810, México, D.F.